JN075166

中央競

妙味度
名鑑

1億5000万円稼いだ馬券裁判男が教える
儲かる騎手・種牡馬・厩舎

卍 著

oo-parts
publishing

CONTENTS

大阪の馬券課税裁判（刑事裁判）の概要

　大阪市の元会社員が2007 ～ 2009年の3年間で、インターネットで28億7000万円の馬券を購入し、払戻金30億1000万円を得た。税務調査に入った大阪国税局はこれに対し6億4000万円の所得税を課し、検察は払戻金を申告せず5億7000万円を脱税したとして起訴した（所得税約6億8000万円、無申告加算税約1億3000万円、地方税約1億7000万円、延滞税も合わせると10億円以上もの税金を支払うことが求められた）。

　2013年5月23日の大阪地裁判決は所得税法違反は認め、懲役2月・執行猶予2年を言い渡したが、脱税額については「利益は外れたレースも含めて継続的に馬券を購入してきた結果によるもので、当たった馬券の購入代だけでなく、外れ馬券の代金も必要経費になる」という元会社員側の主張を認め、5200万円に減額した。これを不服とした大阪地検は控訴し、本件は最高裁まで争われたが、2015年3月10日の最高裁判決でも「外れ馬券は経費」と認定された。

2005年～2009年における会社員の馬券収支

年度	購入金額	配当金額	差額
2005年	9900万円	1億800万円	900万円
2006年	5億3800万円	5億4400万円	600万円
2007年	6億6700万円	7億6700万円	1億円
2008年	14億2000万円	14億4600万円	2600万円
2009年	7億8400万円	7億9800万円	1400万円

※中村和洋法律事務所ホームページより引用

合計 1億5500万円

儲かる銘柄を買う!
競馬も投資も、それが基本

「妙味度」はデータ競馬の
一歩先を行くために作られた

——本書は卍さん独自の評価手法「妙味度」を一覧にしたものですが、まずは「妙味度」を作った意図から教えていただけますか?

卍　きっかけは「世に出ている競馬のデータ本は信頼度が低いな」と思ったことなんです。そういう本は回収率が100%を超える条件を並べているものが多いですよね。例えば「○○競馬場で○○産駒で前走の第4コーナーでの順位が○位以内」というような。

——調べる手間が省けるので便利ですけどね。

卍　一度、その本の出版日以降の回収率を集計してみたんです。すると、ほぼ全てのパターンの回収率が100%を下回る平凡な数字になっていました。

——そうなんですか。

卍　結局、回収率が100%を超えるような条件を無理やり見つけ出しているからなんです。それぞれのパターンに該当する馬の数がすごく少なくて、統計データとしての信頼性に欠けるんです。

——確かに、条件を絞れば絞るほど再現性は低くなっていきそうですね。

卍　馬券の回収率を向上させるためには、より信頼度の高い統計データが必要ですが、そのためには基本的にサンプル数が多くなければなりません。

——卍さんが億を稼いだツール「卍指数」で採用しているファクターは、ほとんどサンプル数が何千、何万ですもんね。

卍　はい。なので、以前の私は、サンプル数の少ないファクターを競馬予想に組み込むことに消極的でした。特に、騎手や種牡馬や厩舎は、個々の出走数に大きな偏りがあるだけでなく、馬券購入者の注目を集めやすいので人気の変動が生じやすく、信頼度の高い分析結果を得ることが難しいファクターです。

──でも、騎手、種牡馬、厩舎のデータを作ろうと思ったのはどうしてですか？

卍　これからの時代は、より少ないサンプル数からより高精度な分析結果を導き出し、その分析結果を競馬予想に活用していくことが重要になると思ったからです。現在はパソコンを使った競馬予想、人工知能による競馬予想が普及しつつあります。過去10年分や過去20年分の大量のデータを分析するというようにサンプル数に頼った分析手法だけでは、他の馬券購入者に対する優位性を保つことが難しくなってくるはずです。

──確かに、卍さんの馬券裁判以降、優秀なプログラマー達が競馬に興味を持ち始めましたよね。

卍　サンプル数が揃えば彼らが買い始めるので、彼らより先に買わなければ儲けることができません。そこで、より少ないサンプル数からより高精度な分析結果を導き出すための独自の評価手法を考えたというわけです。

──なるほど。この本があればいち早く儲かる騎手、種牡馬、厩舎に気付けるわけですね。

卍　「妙味度」が高いというのは、多くの人が儲かることに気付いていないということですから「買い」なんです。それが気付かれ始めたら「妙味度」が下がっていくので、そうなったら手を出さなければいいんです。

──なんだか株をやっているみたいですね。

卍　競馬も投資も、儲かる銘柄を買うのが基本ですからね。馬券の回収率を少しでも向上させたいという方は、本書の評価結果を見ながら個々の騎手や種牡馬や厩舎に対するイメージを修正していただければ

と思います。そうすることで、他の馬券購入者に対する優位性を得て、長期的な回収率が向上していくはずです。

ゲームのパラメータのような見やすさ

――実は、「妙味度」の書籍化は本書が初めてではなく、2020年1月に『1億5000万円稼いだ馬券裁判男が明かす いま儲かる騎手・種牡馬・厩舎ランキング』（ガイドワークス刊）という本が出ています。それとの違いは？

卍　前作は「妙味度」をベースに1年間買い続けた場合にどれだけ利益をもたらし得るかを示す「利益度」という指標を使って、項目ごとにベスト20・ワースト20を掲載する形でした。でも、今回は名鑑なので、騎手、種牡馬、厩舎それぞれの「妙味度」「利益度」が一覧になっています。

――ゲームのパラメータみたいで見やすいですね。でも、前のようにランキングで見たいという人もいるかもしれないですよね？

卍　それは問題ないと思います。ランキングはベスト10・ワースト3という形で残してあります。

――そのくらいがちょうど良さそうですね。ちなみに、昨年のランキング上位は、2020年はどのような成績だったんですか？

卍　前年度版の利益度トップ15の2020年単年妙味度を見ても（表参照）、6〜7割程度が平均を上回っているので、結構汎用的な、将来的にも使える指数だと思っています。それでもバラつきはある程度出てしまいますし、何かの要因によって大きく妙味度を下げることもありますからね。

――確かに、騎手だったらエージェントが変われば大きく変動しそうですし、厩舎だったらノーザンファームの馬が入らなくなったら変わりますよね。

卍　なので、毎年メンテナンスが必要だと思ってください。早く気付

昨年のトップ15の2020年単年妙味度

騎　手

前年度版の利益度トップ15				2020年
順位	騎手名	利益度	妙味度	単年妙味度
1	西村 淳也	11295	118	98
2	松山 弘平	5654	107	101
3	中井 裕二	4371	117	102
4	木幡 育也	4173	109	103
5	団野 大成	4167	113	100
6	国分 恭介	3838	109	107
7	菅原 明良	3798	109	101
8	北村 友一	3562	105	109
9	田辺 裕信	3531	105	98
10	森 裕太朗	3223	113	110
11	宮崎 北斗	2422	110	112
12	加藤 祥太	2365	109	113
13	嶋田 純次	2348	113	134
14	小林 凌大	2295	115	106
15	勝浦 正樹	2179	105	104

厩　舎

前年度版の利益度トップ15				2020年
順位	厩舎名	利益度	妙味度	単年妙味度
1	奥村 豊	4988	119	110
2	森田 直行	3548	112	112
3	高柳 大輔	3082	112	98
4	鈴木 孝志	2957	111	111
5	大橋 勇樹	2898	110	96
6	荒川 義之	2725	108	126
7	畠山 吉宏	2654	110	95
8	寺島 良	2576	108	101
9	大根田 裕之	2438	111	95
10	安達 昭夫	2396	111	117
11	矢作 芳人	2068	104	110
12	浜田 多実雄	2048	108	94
13	高橋 文雅	2034	109	111
14	金成 貴史	2009	108	106
15	松山 将樹	1959	109	85

種牡馬

前年度版の利益度トップ15				2020年
順位	種牡馬名	利益度	妙味度	単年妙味度
1	サウスヴィグラス	4365	107	100
2	アイルハヴアナザー	4326	107	96
3	ヘニーヒューズ	4088	105	111
4	スクリーンヒーロー	3686	106	107
5	カジノドライヴ	3618	113	98
6	トーセンラー	3578	131	95
7	ブラックタイド	3509	104	101
8	タートルボウル	2988	107	110
9	ヨハネスブルグ	2641	105	98
10	モンテロッソ	2486	109	117
11	ステイゴールド	2444	103	104
12	ダンカーク	2433	106	87
13	エピファネイア	2366	117	101
14	グランプリボス	2188	108	95
15	タイキシャトル	2065	105	82

妙味度とは？

基準値を100として算出されます。妙味度が100を超えているということは、配当的に妙味があることを意味します。

利益度とは？

1年間購入し続けた場合に、おおよそどれだけの「利益」を馬券購入者にもたらし得るかを示唆する指標。

算出方法はchapter_1を参照

妙味度が高いものは
妙味度が低いものに比べて
翌年も平均以上の
成績になりやすい!!

いた人は常に有利になりますし、昔のイメージのままの人は不利になります。わかりやすい例だと、ルメール騎手とM.デムーロ騎手がJRA所属になった当初は、二人を買っていれば儲かりました。でも、今はルメール騎手は平均に近づいていますし、M.デムーロ騎手は妙味のない騎手になっています。

——M.デムーロ騎手はそこからさらに主戦場を関東に移して、昨年末にはエージェントも変えましたよね。そういう変化にも対応しながら「いま何を買うべきか」を考えないといけないということですね。

卍　競馬で勝つには過小評価されているものを買うしかありませんからね。「これは儲かる」「これは儲からない」というイメージを常に最新の状態にしておいて、過小評価されているものを軸にして買っていけば、回収率の向上が見込めるはずです。

「馬券術製造ツール」としても使える！

——「妙味度」を一覧にしたことで、騎手、種牡馬、厩舎の特徴がわかりやすく見えてきましたよね。

卍　そうですね。例えば、矢作芳人厩舎だと「距離が長くなるほど良い」「上級条件に強い」「古馬になって妙味度がさらに増す」「叩いて良くなる」という感じですね。

——こういう馬券のツボが見えやすくなったというのが、今作の良いところかもしれませんね。これを眺めているだけで、様々な馬券術を見つけられます。

卍　それはありそうですね。

——僕が特に気に入っているのが「アイルハヴアナザーのダート道悪」（利益度ベスト3位）です。東海Sの3連複5万9670円は、netkeiba.comの連載コラム「1億5000万円稼いだ馬券裁判男が教える儲かる軸馬」の中で宣言して獲らせていただきました。

卍　「妙味度」は色々な使い方ができますね。出走馬の中からもっと

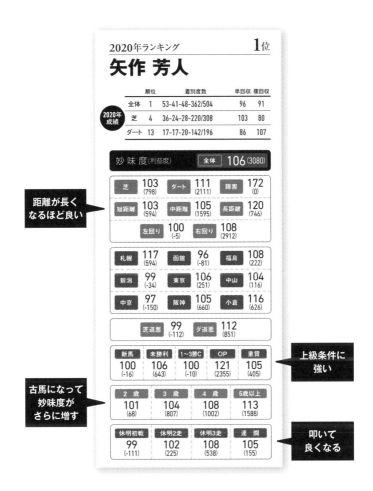

2020年ランキング　1位

矢作 芳人

	順位	着別度数	単回収	複回収
全体	1	53-41-48-362/504	96	91
芝	4	36-24-28-220/308	103	80
ダート	13	17-17-20-142/196	86	107

2020年成績

妙味度(利益度)　　　全体　106 (3080)

芝 103 (798)	ダート 111 (2111)	障害 172 (0)
短距離 103 (594)	中距離 105 (1595)	長距離 120 (746)
左回り 100 (-5)	右回り 108 (2912)	

距離が長くなるほど良い

札幌 117 (594)	函館 96 (-81)	福島 108 (222)
新潟 99 (-34)	東京 106 (251)	中山 104 (116)
中京 97 (-150)	阪神 105 (660)	小倉 116 (626)

芝道悪 99 (-112)	ダ道悪 112 (851)

新馬 100 (-16)	未勝利 106 (643)	1〜3勝C 100 (-10)	OP 121 (2355)	重賞 105 (405)

上級条件に強い

2 歳 101 (68)	3 歳 104 (807)	4 歳 108 (1002)	5歳以上 113 (1588)

古馬になって妙味度がさらに増す

休明初戦 99 (-111)	休明2走 102 (225)	休明3走 108 (538)	連 闘 105 (155)

叩いて良くなる

も妙味度の高い馬を探すのもいいですし、狙うパターンを決めておいて該当馬が出てきたレースを買うというのもいいです。netkeiba.comのコラムの中では、妙味度を組み合わせた「総合妙味度」を出して「儲かる軸馬」を選んでいますしね（3月21日時点、計23レースで複勝率56.5%、複勝回収率135%）。

——どんなアプローチにしたって、妙味度が高いものを軸にするというのがどれだけ重要か身をもって感じています。

2021年の馬券トレンド

騎　手

世間の常識とは逆になっているところに注意

――ここからは騎手、種牡馬、厩舎の最新トレンドを見ていきましょう。まずは騎手です。イメージしやすいように、上位20人を利益度で並べた図を作ってみました。

卍　右に行くほど過小評価で、左に行くほど過大評価ということですね。これを見ると、ルメール騎手、川田騎手、福永騎手、松山騎手は軽視できないということがわかります。一方で、武豊騎手、横山武史騎手、三浦皇成騎手は過大評価されていますね。

――「史上最年少○○」「○年に一度の天才」みたいに騒がれた人はそうなりがちなんですかね。

卍　印象に左右される部分が大きいですからね。

――P73の利益度ランキングを見ると西村淳也騎手が2年連続利益度1位です。

卍　西村淳也騎手は半分くらいの項目でトップ10に入っていますよね。ただ、ちょっと注目を浴びすぎたかもしれません。2020年の単年妙味度が98で平均をやや下回っているのが気になりますね。

――先日、金鯱賞のギベオンで重賞初制覇をしましたが、あれも単勝2万2730円ですから、相当目立っちゃいましたね。

卍　ローカルでの単年妙味度は平均を上回っているので、裏開催で狙うなど、条件を絞って買ったほうがいいかもしれません。

――卍さんが今年もっとも注目する騎手は誰ですか？

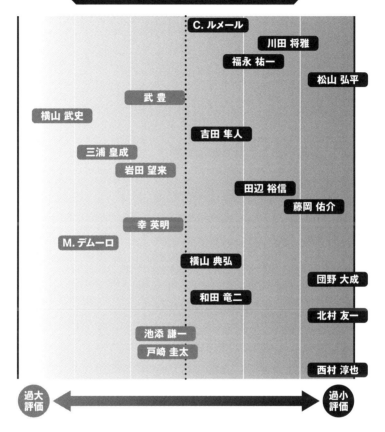

上位騎手の利益度イメージ

C. ルメール
川田 将雅
福永 祐一
松山 弘平
武 豊
横山 武史
吉田 隼人
三浦 皇成
岩田 望来
田辺 裕信
藤岡 佑介
幸 英明
M. デムーロ
横山 典弘
団野 大成
和田 竜二
北村 友一
池添 謙一
戸崎 圭太
西村 淳也

過大評価 ←――――――――→ 過小評価

　卍　本来なら利益度1位の人なんでしょうけど、西村淳也騎手は昨年の単年妙味度98が気になるので、横山和生騎手ですね。過去2年の妙味度が非常に高く、明らかに上向いています。

　──確かに、ほとんどの項目で妙味度が100を超えてますね。最近は弟の武史騎手ばかりが注目されていましたけど、買うべきなのは武史騎手ではなく和生騎手なんですね。

　卍　期待値で見ると面白いですね。世間の常識とは逆になっているわ

けですから。

──他に警戒すべき騎手はいますか?

卍 嶋田純次騎手と伊藤工真騎手ですね。昔は低い数字だったのが、近年飛躍的に良くなっているので覚えておいたほうがいいでしょう。

──二人とも若手時代は注目されていましたけど、何かしら変化があったんでしょうね。

卍 実力がついてきているのか、周りの評価が低すぎているのか、もしくは両方かですね。

──あと、「妙味度」は儲かる減量騎手を見抜くのにも役に立ちますよね。

卍 はい。減量騎手には▲△☆印が付くことで、ひとくくりに軽視される傾向にありますけど、実力がある新人がいた場合はそれが大きな妙味に変わります。

──団野騎手の減量が取れた今、注目すべき減量騎手は誰でしょうか?

卍 小林凌大騎手、菅原明良騎手、秋山稔樹騎手の3人は利益度が高いですね。泉谷楓真騎手は、初騎乗初勝利からの快進撃で注目を浴びすぎたようで、利益度ワースト2位となっています。

──それも世間の評価とギャップがあって興味深いですね。

種牡馬

いま馬券を買うならディープよりキズナ

──続いて種牡馬です。

卍 利益度1位はキズナですね。いま馬券を買うならディープインパクト産駒よりもキズナ産駒でしょうね。

──確かに、キズナ産駒ってまだGⅠを勝っていないので、そこまで人気しない印象があります。

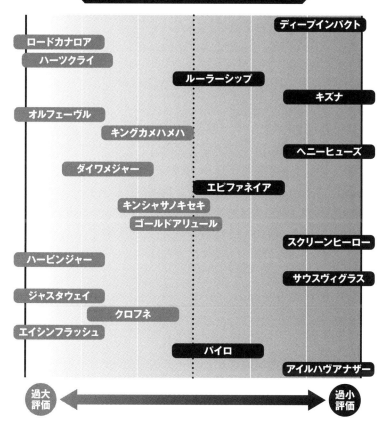

上位種牡馬の利益度イメージ

ディープインパクト

ロードカナロア

ハーツクライ

ルーラーシップ

キズナ

オルフェーヴル

キングカメハメハ

ヘニーヒューズ

ダイワメジャー

エピファネイア

キンシャサノキセキ

ゴールドアリュール

スクリーンヒーロー

ハービンジャー

サウスヴィグラス

ジャスタウェイ

クロフネ

エイシンフラッシュ

パイロ

アイルハヴアナザー

過大評価 ←　　　　　　　　　　　　→ 過小評価

卍　なおさら、いまのうちに買っておいたほうがいいですね。

――そう考えると、イメージが固まっていない若い種牡馬のほうが妙味はあるんでしょうか?

卍　それはあると思います。種牡馬の初年度は良い繁殖牝馬につけて、なるべく早く勝たせようという意識が高くなるので、よっぽど過剰人気しない限り、妙味度は高くなります。一昨年産駒デビューのキズナやエピファネイアだって、昨年産駒デビューのモーリス、リオンディ

ーズだって、多くの人たちが様子見していたから妙味度が高くなったんだと思います。一方で、かつては儲かっていたのに、今では全く儲からなくなっている種牡馬もたくさんいます。

――過去のイメージに囚われる人が多いからこそ、新たに儲かるものを見つけると有利になるわけですね。

卍 そうです。

――そう考えると、2位のヘニーヒューズって驚異的ですよね？ P129の種牡馬ランキングを見ても、15項目でトップ10に入ってますね。

卍 2020年の単年妙味度は110なので、まだまだ狙えそうです。

――驚いたのは、ロードカナロアが全然儲からないという事実です。

卍 利益度が下から5番目ですね。妙味度がすごく低いわけではないんですけど、産駒数が多いとこうなります。買い続けるとこれだけ利益度が下がってしまうということですね。

――卍さんがよく言う「ジワジワ負ける」というやつですね。とりあえず、エイシンフラッシュ、ハービンジャー、オルフェーヴル、ロードカナロアあたりは軸にしないようにします。

卍 そうですね。短期的には当たったり外れたりするんですけど、ある程度長期的な観点で買い続けると効果が見えてくると思います。

――確かに、上位人気のヘニーヒューズ産駒を軸にして買うと儲かりやすいなというのは実感としてありますから。

卍 パターンを決めて、長期的に買っていくというのがオススメですね。

厩　舎

リーディングの順位と利益度に相関なし

――最後は厩舎です。厩舎の利益度ランキングを見ると、リーディング上位ではない厩舎が並んでいますよね？　これは出走数に差が出な

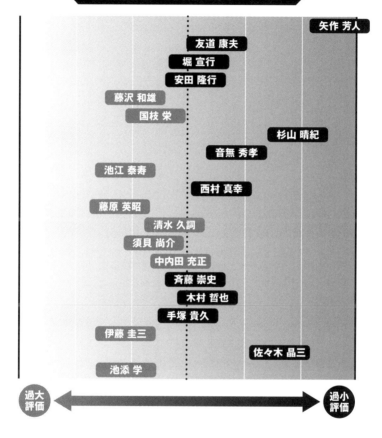

いからでしょうか？

卍　そうかもしれないですね。もちろん、矢作厩舎と中内田厩舎は倍以上出走数が違いますけど、騎手や種牡馬ほどの差ではないですからね。

──利益度1位は荒川厩舎です。

卍　荒川厩舎はここ3年登り調子です。デンコウアンジュなど穴をあけるイメージが強く、複勝ベタ買いでもいい数字を出していますけど、

均等配当で馴らしても期待値が高いですね。

――荒川厩舎は昨年6位でしたよね。

卍　2020年の単年妙味度は126でした。突然過剰人気する要素も特になさそうなので、今年も注目ですね。他にも昨年上位だった奥村厩舎、森田厩舎、鈴木孝志厩舎も単年妙味度が平均より高かったので、狙っていきたいですね。もちろん、バラツキはどうしても出るので、今年たまたま悪くなる厩舎ももちろんあるかもしれないですけど、全体として見れば、妙味のある厩舎と妙味のない厩舎で分かれると思います。

――驚いたのが、矢作厩舎です。昨年も散々儲かるって言っていましたし、三冠馬が出て、リーディングトレーナーになっても、妙味度が上がってるんですね。

卍　そうですね。いまの競馬でルメール騎手、ディープインパクト産駒、矢作厩舎に逆らっても良いことはないということですね。

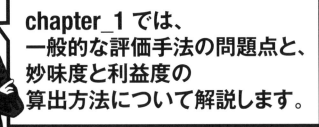

chapter_1 では、
一般的な評価手法の問題点と、
妙味度と利益度の
算出方法について解説します。

chapter_1
高度な分析を
するために

一般的な評価手法と
その問題点

01 勝利数による評価

　騎手や種牡馬や厩舎を評価するために用いられる一般的な評価手法として、勝利数による評価があります。ここでは騎手を評価する場合について説明しますが、以下の話は種牡馬や厩舎を評価する場合にも当てはまります。

　勝利数によって騎手を評価することは多く、リーディングジョッキーも勝利数によって決まります。

　でも、騎乗数が多い騎手ほど勝利数も基本的に多くなるので、勝利数による評価の場合、単純に騎乗数が多い騎手ほど評価が高くなる傾向があります。

　騎乗数が多い騎手は、競走馬の能力を十分に引き出すことができるからこそ、厩舎や馬主の信頼を得て、その結果として騎乗数が多くなっているはずです。なので、勝利数が多い騎手に対して高い評価を与えることは間違いではありません。

　しかしながら、騎乗数が多い騎手というのは、多くの馬券購入者が注目しているため人気を集めやすく、オッズが低くなりがちです。つまり、騎乗数が多い騎手は、馬券としての妙味に欠けることが多いです。

　私たちのように馬券を購入する側からすれば、もちろん馬券が的中することは大事ですが、それよりもさらに大事なことは、馬券の収支（回収率）が向上することです。勝利数による評価に頼っていると回

収率の向上は見込めません。

　連対数による評価についても同じことが言えます。

02　勝率による評価

　勝率による評価は、勝利数による評価とは異なり、騎乗数の影響を受けません。よって、勝利数による評価よりも公平に評価することができます。

　でも、勝率は騎乗馬の能力（≒人気）に大きく左右されてしまいます。例えば、1番人気馬の勝率が平均すると30％なのに対して、5番人気馬の勝率は7％しかありません。さらに、10番人気馬になると勝率は2％にまで落ちてしまいます。

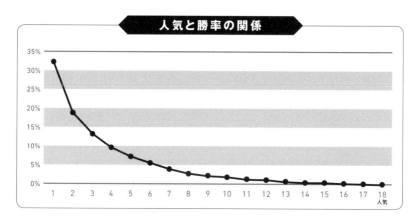

人気と勝率の関係

　よって、リーディングジョッキーのように1番人気馬にたくさん騎乗している騎手の勝率は高くなる傾向があり、逆に、一般的な若手騎手のように主に人気薄馬に騎乗している騎手の勝率は低くなる傾向があります。

　しかしながら、1番人気馬にたくさん騎乗するような騎手は、多くの馬券購入者が注目しているため人気を集めやすく、馬券としての妙味に欠けることが多いです。勝率による評価に頼っていると回収率の

向上は見込めません。

　連対率や着度数による評価についても同じことが言えます。

03 　回収率による評価

　長期的な馬券収支を向上させるためには、馬券を的中させることよりも回収率（すなわち、トータルの賭け金に対するトータルの払戻金の比率）を向上させることが重要です。よって、長期的な馬券収支をいかに向上させるかという観点では、回収率による評価が重要です。

　回収率による評価では、均等買い、すなわち一定の賭け金（例えば100円）で単勝馬券を買い続けた場合の単勝回収率や、一定の賭け金で複勝馬券を買い続けた場合の複勝回収率を用いるのが一般的です。

　でも、このように均等買いで馬券を買い続けた場合の回収率は、高配当な買い目、すなわち人気薄馬の成績に大きく左右されてしまうという問題があります。

　例えば、ある騎手が100回騎乗して、そのうちの1回だけしか勝利しなかったとしても、その勝利時の騎乗馬が単勝100倍を超える人気薄馬だったとすると、トータルの単勝回収率は100％を超えることになります。一方、もしその人気薄馬が2着だったとすると、トータルの単勝回収率は0％になります。このように、たった1頭の人気薄馬が1着になるか否かによって単勝回収率は大きく変化してしまうことになります。

　複勝回収率についても同様で、たった1頭の人気薄馬が3着以内に入るか否かによって複勝回収率は大きく変化してしまいます。これでは騎手を正しく評価することができません。

04 　騎手の能力や人気の変化

　騎手を評価する場合、過去の一定期間（例えば5年間）の成績に基づいて評価するのが一般的だと思います。

　でも、経験を積むことによる能力の向上や、怪我や老化による筋力の衰えなどにより、同じ騎手でも5年経てば別人のように能力が変化することがあります。よって、例えば5年前の成績と1年前の成績を同じ尺度で評価すべきではありません。

　また、騎手のように馬券購入者に注目されやすい予想ファクターは、時間の経過により妙味が変化しやすいです。例えば、デビュー当時は回収率が低かった新人騎手が、その後、どんどん実力をつけていくことで、回収率が徐々に上がってくることがあります。逆に、最初のうちは回収率が高かった外国人騎手が、馬券購入者の注目を集めて人気が出てくることによって、回収率が徐々に下がってくることもあります。このようなことからも、5年前の成績と1年前の成績を同じ尺度で評価すべきではありません。

05　人気バイアス

　単勝回収率を人気別に分析してみると、6番人気あたりの単勝回収率が最も高く、1番人気や13 〜 18番人気あたりの単勝回収率は低いという傾向があります。

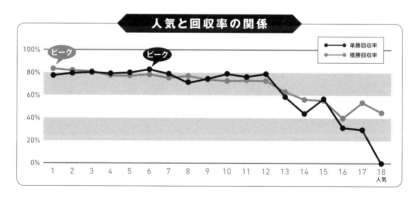

　1番人気馬は、馬券購入者の注目を集めやすいため、その馬の実力以上に買われてしまっていると考えられます。また、13 〜 18番人

気馬は、高配当狙いの馬券購入者によって、その馬の実力以上に買われてしまっていると考えられます。

　よって、単勝回収率によって騎手を評価する場合、6番人気あたりの馬に騎乗する機会が多い騎手は、1番人気や13 〜 18番人気あたりの馬に騎乗する機会が多い騎手と比べて、本来よりも高く評価されてしまうおそれがあります。

　また、複勝回収率を人気別に分析してみると、人気が上位の馬ほど複勝回収率が高くなる傾向があります。上位人気馬については、複勝オッズが低くて馬券購入者にとって面白みが少なく、複勝馬券よりも単勝馬券が買われやすいため、複勝回収率が高くなるのだろうと考えられます。

　よって、複勝回収率によって騎手を評価する場合、上位人気馬に騎乗する機会が多い騎手は、下位人気馬に騎乗する機会が多い騎手と比べて、本来よりも高く評価されてしまうおそれがあります。

06　騎乗数のばらつき

　騎手によって騎乗数に大きなばらつきがあります。1年間で800回騎乗する騎手がいる一方で、1年間に数回しか騎乗しない騎手もいます。

　回収率は、サンプル数が多いほど本来の値に収束しやすくなります。よって、騎乗数が多い騎手の方が、騎乗数が少ない騎手に比べて、回収率の信頼度が高くなります。

　一方、騎乗数が少ない騎手の回収率は、本来の値から大きくブレやすくなります。極端な例を挙げると、騎乗数が1回だけだった騎手の回収率は、100％を大きく超えるか、0％かのどちらかになってしまいます。

　よって、回収率で評価する場合は、騎乗数が少ない騎手ほど極端に高い（または極端に低い）回収率になりやすく、全体として評価結果の信頼度は低くなってしまいます。

卍流評価手法の概要

01　卍流評価手法とは

　競馬では、どれだけ高い的中率で馬券を的中させることができたとしても、オッズが低すぎる場合には、回収率の期待値が低くなるため、長期的に馬券で儲けることはできません。

　例えば、単勝1.1倍の馬の単勝馬券を無条件に買い続けた場合、およそ80％という非常に高い的中率で馬券を的中させることができるのですが、回収率の期待値はおよそ90％となり、100％を下回ってしまいます。

　騎手についても同様に、たとえどれだけ能力が高い騎手だとしても、人気がありすぎて過剰人気になっていると、回収率の期待値はそれほどでもないことになります。

　私は、競馬を長期的に楽しむためには的中率よりも回収率の方が重要だと考えているので、騎手を評価する際にも的中率よりも回収率を重視します。

　でも、回収率によって騎手を評価する場合には、前述したように、以下のような問題点があります。

➡人気薄馬の成績に大きく左右される
➡騎手の能力や人気の変化
➡人気バイアス
➡騎乗数の差

　そこで私は、騎乗馬のオッズ、年度別の回収率、年度別の騎乗数などのデータから、これらの問題点を全て解消した独自の評価手法（卍流評価手法）を考案しました。

　この項では卍流評価手法の詳細について説明しますが、詳細を知らなくても本書を競馬予想に活用することは十分に可能ですので、興味のない方はこの項を飛ばして名鑑の章へと進んで下さい。

02　妙味度とは

　卍流評価手法では、騎乗馬のオッズ、年度別の回収率、年度別の騎乗数などのデータから、騎手ごとに独自の指標を算出します。この独自の指標を便宜的に「妙味度」と呼ぶことにします。

　妙味度は、基準値を100として算出されます。**妙味度が100を超えているということは、配当的に妙味がある**（つまり、実力のわりには人気がなく、おいしい配当になっている）ことを意味します。**妙味度が100を下回るということは、配当的に妙味がない**（つまり、実力以上に人気がありすぎて、買われ過ぎている）ことを意味します。

　妙味度が高い騎手の騎乗馬を優先的に買い目に含め、逆に妙味度が低い騎手の騎乗馬をなるべく買い目から除外することで、長期的な回収率の向上が期待できます。

　もちろん、競馬には騎手以外にも様々な予想ファクターがあるので、騎手の妙味度以外の予想ファクターも考慮した上で、総合的に買い目を決定する必要があります。

　なお、妙味度は、あくまで過去データに基づいて機械的に算出される指標ですので、必ずしも騎手同士の能力の優劣や、騎手の得意／苦手条件を示すものではありません。たとえ騎手の能力がどれだけ優れていても、それを上回るほどの過剰人気になれば、妙味度は低くなります。「妙味度が低い騎手は能力が低い」というような誤った認識をしないようにご注意下さい。

03 　妙味度の算出方法

　妙味度の算出にあたって、まず、過去5年間（2016年1月1日～2020年12月31日）を1年間ごとの年度に区切ります。

⇒ **第1年度:2016年1月1日～ 2016年12月31日**
⇒ **第2年度:2017年1月1日～ 2017年12月31日**
⇒ **第3年度:2018年1月1日～ 2018年12月31日**
⇒ **第4年度:2019年1月1日～ 2019年12月31日**
⇒ **第5年度:2020年1月1日～ 2020年12月31日**

　つづいて、年度ごとに各騎手の補正回収率を算出します。補正回収率の算出方法は少しややこしくなっています。
　補正回収率は、基本的には年度ごとの各騎手の複勝回収率に基づいて算出されます。ただし、「一般的な評価手法とその問題点」で説明したように、一般的に算出される複勝回収率では人気バイアスの影響を受けてしまうので、人気バイアスを除去する必要があります。
　グラフ1は、複勝オッズ（下限）と複勝回収率の関係を表しています。複勝オッズが17倍以上つく馬は、複勝回収率がかなり低くなっています。これは高配当狙いの馬券購入者によって、その馬の実力以上に買われてしまっているからだと考えられます。
　グラフ2は複勝オッズ1倍台（下限）で調べたものですが、複勝オッズが1.0倍に近づくほど複勝回収率は高くなっていきます。これは、1倍台の複勝を買うくらいなら単勝で勝負したいと考える馬券購入者の心理や、「JRAプラス10」の影響によるものと思われます。
　こうして見ると、人気によって複勝回収率に10％ぐらいの差があるので、一般的な複勝回収率で評価すると、人気になりやすい騎手を過大評価して、人気になりにくい騎手を過小評価してしまうことになります。
　卍流評価手法では、このような人気バイアスを除去するために、「人

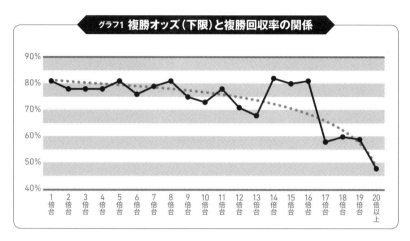

グラフ1 複勝オッズ（下限）と複勝回収率の関係

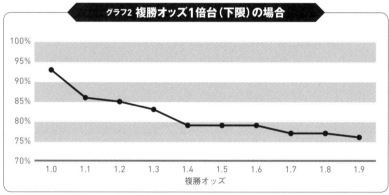

グラフ2 複勝オッズ1倍台（下限）の場合

複勝オッズ

　気に応じて複勝配当を補正する」という補正処理を入れています。

　具体的な数式は省略しますが、非常に大雑把に言うと、複勝オッズが17倍以上つく馬の複勝配当には1より大きな係数を乗算し、複勝オッズが1倍台の馬の複勝配当には1より小さな係数を乗算します。このようにして「補正複勝配当」を算出し、この補正複勝配当に基づいて補正回収率を算出します。

　なお、回収率は、どのような賭け方をするかによって大きく変化します。回収率の算出方法として一般的なのは、例えば1点100円とい

うように一定の賭け金で馬券を購入する、いわゆる「均等買い」による方法です。

　でも、均等買いによる算出方法には、人気薄馬の成績に大きく左右されるという欠点があります。この欠点を解消するためには、的中時の払戻金が一定になるように賭け金をオッズに反比例させる「均等払戻」によって回収率を算出するのが有効です。「均等払戻」では、オッズが低いほど賭け金が多くなり、オッズが高いほど賭け金が少なくなるので、人気薄馬の成績に大きく左右されることがなくなります。

　卍流評価手法では、各馬の複勝オッズに反比例する賭け金と前述した補正複勝配当に基づいて、補正回収率を算出します。

　騎手それぞれについて年度ごとの補正回収率が算出されると、つづいて、年度ごとの補正回収率から妙味度を算出します。そのために、まず、年度ごとの補正回収率の重み付け平均を算出します。

　重み付け平均を算出する際の重みは、基本的に現在に近い年度ほど重みが大きくなるようにします。

▶**第1年度／重み0.2**
▶**第2年度／重み0.4**
▶**第3年度／重み0.6**
▶**第4年度／重み0.8**
▶**第5年度／重み1.0**

　また、年度によって騎乗数にばらつきがあり、騎乗数が多い年度ほど補正回収率の精度は高く、騎乗数が少ない年度ほど補正回収率の精度は低くなります。そこで、年度ごとの騎乗数に応じて重みを補正します。具体的には、騎乗数が多い年度ほど重みを大きくします。

　このようにして算出される重み付け平均の値は、80ぐらいをピークとした分布になります。このままでは値が相対的に高いのか低いのかが直感的に分かりづらいので、平均値が100になるように20ぐらい（騎手の場合は21）の定数を加算し、その結果を「妙味度」とし

ています。

　妙味度は、基準値を100として算出されます。妙味度が100を超えているということは、配当的に妙味がある（つまり、実力のわりには人気がなく、おいしい配当になっている）ことを意味します。妙味度が100を下回るということは、配当的に妙味がない（つまり、実力以上に人気がありすぎて、買われ過ぎている）ことを意味します。

「妙味度」算出方法のまとめ

01 人気薄馬の成績（特に激走）に大きく左右されてしまわないように「均等払い戻し」で購入した場合の複勝回収率をベースにしている。

02 人気バイアスを補正するために、複勝オッズに応じて複勝配当金を補正して複勝回収率を算出している（人気馬は配当を減らし、人気薄馬は配当を増やす）。

03 近年の成績がより反映されるように、過去5年間を1年毎に区切り、各年度の複勝回収率（補正済み）を直近の年度から順に1.0-0.8-0.6-0.4-0.2の重みで加重平均して算出している。

04 出走数のばらつきの修正については、妙味度を修正するのではなく、利益度（出走数×妙味度のようなもの）でソートするだけにした。

04　妙味度の問題点

　これまで説明したような様々な補正を行って妙味度を算出していますが、妙味度にも問題点があります。

　妙味度は、基本的には回収率に基づいて算出されるので、騎乗数が極端に少ない騎手については妙味度が極端な値（異常に大きい値や異常に小さい値）になりやすい傾向があります。

　この問題点は、回収率に基づいて算出されるという妙味度の特性上、どうしても避けられない問題点です。

　なお、この問題点を解消するために、騎乗数が極端に少ない騎手については妙味度を100に近づけるように補正するということも考えられます。しかしながら、この場合は、騎乗数が少ないけれども本当は妙味がある騎手をみすみす見過ごしてしまうことになります。

　卍流評価手法では、このような妙味度の問題点を別方面から補うための独自の指標として、「利益度」という指標を用います。

05　利益度とは

「利益度」とは、その騎手の馬券を1年間購入し続けた場合に、おおよそどれだけの「利益」を馬券購入者にもたらし得るかを示唆する指標です。 ただし、ここで言う「利益」は馬券での黒字を意味するものではなく、他の一般的な馬券購入者に対する優位性という意味です。ランダムに馬券を購入した場合に対する優位性と言い換えることもできます。

「利益度」という用語に違和感がある方は、例えば「年間馬券貢献度」のような別の用語に脳内で置換していただければと思います。本書では、表のスペースの都合もあって「利益度」という用語を採用しています。

　利益度は、大雑把に言ってしまうと、直近1年間の騎乗数と妙味度を掛け合わせたようなものです。具体的には、第5年度の騎乗数が

500で、妙味度が107の騎手の場合、妙味度が平均の100よりも7だけ高いので、500に7をかけたものが利益度になります。また、第5年度の騎乗数が300で、妙味度が87の騎手の場合、妙味度が平均から13だけ低いので、300にマイナス13をかけたものが利益度になります。

　このようにして算出された利益度によって騎手をソート（順位付け）すると、あなたの馬券収支に大きな影響を及ぼし得る騎手が一目瞭然となります。

　利益度順で上位にランクインする騎手の中には、

▶▶ **妙味度が高く、騎乗数が多い騎手**
▶▶ **妙味度がやや高く、騎乗数が多い騎手**
▶▶ **妙味度が高く、騎乗数がやや多い騎手**

が含まれますが、妙味度が高くても騎乗数が少ない騎手は含まれません。

　また、利益度順で下位にランクインする騎手の中には、

▶▶ **妙味度が低く、騎乗数が多い騎手**
▶▶ **妙味度がやや低く、騎乗数が多い騎手**
▶▶ **妙味度が低く、騎乗数がやや多い騎手**

が含まれますが、妙味度が低くても騎乗数が少ない騎手は含まれません。

　このように、卍流評価手法では、利益度によって騎手をソートすることによって、騎乗数が少ない騎手の妙味度が極端な値になりやすいという妙味度の問題点を補っています。これにより、信頼度の低い妙味度に惑わされてしまうことを回避することができます。

評価結果の見方

01 妙味度・利益度を馬券にどう落とし込むか?

　ここでは、騎手・種牡馬・厩舎の評価結果の見方について説明します。

　各章では、騎手・種牡馬・厩舎ごとに、全体的な妙味度と、様々な条件別の妙味度を確認することができます。

　全体のランキングページでは、全騎手・全種牡馬・全厩舎の妙味度を、利益度でソート(順位付け)された状態で確認することができます。「芝」、「ダート」などの条件別のランキングページでは、利益度でソートされた上位10件と下位3件の騎手・種牡馬・厩舎の妙味度を確認することができます。

　P24でも説明しましたが、妙味度は、基準値を100として算出されています。妙味度が100を超えているということは、配当的に妙味がある(つまり、実力のわりには人気がなく、おいしい配当になっている)ことを意味します。妙味度が100を下回るということは、配当的に妙味がない(つまり、実力以上に人気がありすぎて、買われ過ぎている)ことを意味します。

　妙味度は、基本的に複勝回収率に基づいて算出されているので、大雑把な目安として、妙味度が10違えば複勝回収率も10%違うという感覚を持っていただければと思います。実際には過去のデータが未来に完全に通用することはあり得ませんので、あくまで目安としていただきたいと思います。

　妙味度が120を超えている場合、単勝馬券や複勝馬券としても勝

負になると考えられます。 ただし、実際には他のファクターによって回収率の期待値が変わってきますので、注意が必要です。例えば、P21で説明したように、13〜18番人気あたりの単勝回収率は人気バイアスによって低くなります。よって、妙味度が120だからといって15番人気の単勝馬券で勝負するのはおすすめできません。

　妙味度が110を超えている場合は軸馬に適していて、妙味度が100以上の場合は紐（軸馬の相手）に適していると思います。

「芝」、「ダート」などの条件別のランキングページでは、条件によって妙味度の信頼度が全体的に低下するものがあります。例えば、「障害」のランキングページでは、障害レース自体の数が少ないため、騎手・種牡馬・厩舎ごとの騎乗数・出走数が全体的に少なくなります。そのため、「芝」や「ダート」のような他の条件に比べて、妙味度の信頼度は全体的に低いと考えられます。「札幌」や「函館」や「連闘」などについても同じことが言えます。

2020年ランキング

C.ルメール

	順位	着別度数	単回
全体	1	204-137-85-355/781	74
芝	1	112-88-48-209/457	66
ダート	1	92-49-37-146/324	85

2020年成績

妙味度（利益度）　　全体　101

100 (11)	ダート	102 (534)	短距
00 (86)	中距離	100 (-119)	長距離
左回り	104 (1328)	右回り	99 (-518)
札幌 100 (-33)	函館 97 (-123)	福島
新潟 102 (10)	東京 104 (1291)	中山
中京 100 (11)	阪神 101 (41)	小倉
芝道悪 103 (374)	ダ道悪 106 (741)	

新馬	未勝利	1~3勝C	OP
102 (153)	101 (307)	101 (335)	100 (-33)

年々人気傾向が強まるも
まだまだ妙味は高い

昨年は204勝を挙げ、4年連続
全国リーディングを達成。昨年の
□は2.0人気で、半分以上のレー
□なっている。その影響も□
年の期待値は平均をやや下回った□
れでもまだ多くの項目で妙味度が

chapter_2

騎手
名鑑

※「2020年ランキング」は着別度数ランキングであり、
リーディングの順位とは異なります。
※2021年デビューの新人騎手は掲載していません。

 **騎手 TOP 20**

2020年ランキング　1位
C.ルメール

2020年成績	順位	着別度数	単回収	複回収
全体	1	204-137-85-355/781	74	79
芝	1	112-88-48-209/457	66	76
ダート	1	92-49-37-146/324	85	83

妙味度(利益度)　**全体 101** (545)

芝 100 (11)	ダート 102 (534)	障害 —
短距離 100 (86)	中距離 100 (-119)	長距離 112 (658)
左回り 104 (1328)	右回り 99 (-518)	

札幌 100 (-33)	函館 97 (-123)	福島 — —
新潟 102 (10)	東京 104 (1291)	中山 99 (-187)
中京 100 (11)	阪神 101 (41)	小倉 73 (-270)

芝道悪 103 (374)	ダ道悪 106 (741)

新馬	未勝利	1〜3勝C	OP	重賞
102 (153)	101 (307)	101 (335)	100 (-33)	102 (157)

年々人気傾向が強まるも
まだまだ妙味は高い

　昨年は204勝を挙げ、4年連続となる全国リーディングを達成。昨年の平均人気は2.0人気で、半分以上のレースで1番人気になっている。その影響もあり昨年の期待値は平均をやや下回ったが、それでもまだ多くの項目で妙味度が100を超えており、軽視してはいけない存在と言える。数字を見ればわかるとおり、東京芝2400mはぴったりの条件だ。

2020年ランキング　2位
川田 将雅

2020年成績	順位	着別度数	単回収	複回収
全体	2	167-111-62-254/594	85	84
芝	2	99-66-51-160/376	87	85
ダート	2	68-45-11-94/218	83	81

妙味度(利益度)　**全体 103** (1815)

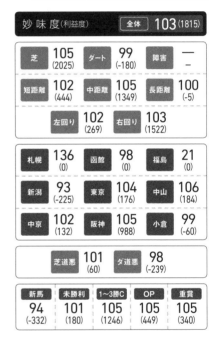

芝 105 (2025)	ダート 99 (-180)	障害 —
短距離 102 (444)	中距離 105 (1349)	長距離 100 (-5)
左回り 102 (269)	右回り 103 (1522)	

札幌 136 (0)	函館 98 (0)	福島 21 (0)
新潟 93 (-225)	東京 104 (176)	中山 106 (184)
中京 102 (132)	阪神 105 (988)	小倉 99 (-60)

芝道悪 101 (60)	ダ道悪 98 (-239)

新馬	未勝利	1〜3勝C	OP	重賞
94 (-332)	101 (180)	105 (1246)	105 (449)	105 (340)

上位人気馬を堅実に走らせる
安定感と妙味度を併せ持つ騎手

　2020年は自己最多となる167勝を挙げた。騎乗馬の半数が1番人気だったが、複勝率67.7％と水準以上に走らせており、馬券的な信頼度は高い。妙味度で見ると「芝」「中距離」「中央場所」「上級条件」の数字が高く、特に重賞では上位人気馬を堅実に走らせている。なお、「芝」の利益度はベスト9位、「阪神」の利益度はベスト10位となっている。

2020年ランキング　3位
福永 祐一

2020年成績

	順位	着別度数	単回収	複回収
全体	3	134-91-85-388/698	92	80
芝	3	91-60-59-205/415	110	92
ダート	7	43-31-26-183/283	65	62

妙味度(利益度)　**全体 102**(1143)

芝 105 (1903)　ダート 97 (-786)　障害 —
短距離 103 (1090)　中距離 101 (197)　長距離 95 (-182)
左回り 103 (558)　右回り 101 (592)

札幌 97 (-13)　函館 126 (0)　福島 115 (89)
新潟 106 (297)　東京 103 (247)　中山 88 (-170)
中京 101 (57)　阪神 102 (605)　小倉 107 (175)

芝道悪 104 (452)　ダ道悪 99 (-148)

新馬 99 (-106)　未勝利 105 (877)　1〜3勝C 103 (837)　OP 97 (-318)　重賞 100 (-24)

芝の未勝利、条件戦では積極的に買うべき

　2020年はコントレイルでクラシック三冠を達成。芝の妙味度が高く、2017年、2018年、2020年は均等買いの単勝回収率でもプラスになっている。上級条件ではやや過剰人気傾向で、狙うなら下級条件。特に、芝の未勝利、1〜3勝クラスでは積極的に軸にしたい。競馬場別の利益度を見ると、苦手はなくほとんどの競馬場に対応していることがわかる。

2020年ランキング　4位
松山 弘平

2020年成績

	順位	着別度数	単回収	複回収
全体	4	127-86-92-613/918	87	78
芝	5	60-43-47-315/465	85	81
ダート	3	67-43-45-298/453	89	74

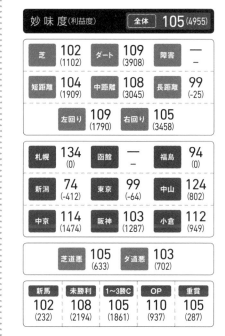

妙味度(利益度)　**全体 105**(4955)

芝 102 (1102)　ダート 109 (3908)　障害 —
短距離 104 (1909)　中距離 108 (3045)　長距離 99 (-25)
左回り 109 (1790)　右回り 105 (3458)

札幌 134 (0)　函館 —　福島 94 (0)
新潟 74 (-412)　東京 99 (-64)　中山 124 (802)
中京 114 (1474)　阪神 103 (1287)　小倉 112 (949)

芝道悪 105 (633)　ダ道悪 103 (702)

新馬 102 (232)　未勝利 108 (2194)　1〜3勝C 105 (1861)　OP 110 (937)　重賞 105 (287)

昨年の利益度ランキング2位 注目度アップも、まだ儲かる!!

　昨年度版の「全体」利益度ベスト2位。2020年はデアリングタクトで牝馬三冠を達成して注目されたが、妙味度が大きく下がることはなかった。引き続き狙っていきたい騎手だ。「ダート」の利益度はベスト2位で、ダートで美味しい騎手であるということがバレるまでが勝負か。その他、「中距離」「中京」「未勝利」など、10項目で利益度トップ10に入っている。

2020年ランキング　　5位
武 豊

2020年成績		順位	着別度数	単回収	複回収
	全体	5	115-103-60-389/667	72	76
	芝	4	64-60-32-212/368	78	76
	ダート	4	51-43-28-177/299	65	76

妙 味 度 (利益度)	全体	99 (-695)

芝 97 (-942)	ダート 101 (313)	障害 — –
短距離 99 (-258)	中距離 99 (-151)	長距離 88 (-405)

左回り 99 (-224)	右回り 99 (-469)

札幌 110 (519)	函館 99 (-34)	福島 97 (-18)
新潟 77 (0)	東京 92 (-806)	中山 113 (439)
中京 108 (485)	阪神 96 (-942)	小倉 91 (-341)

芝道悪 106 (499)	ダ道悪 98 (-245)

新馬 98 (-161)	未勝利 97 (-509)	1〜3勝C 102 (599)	OP 97 (-253)	重賞 101 (47)

全体の妙味度はやや改善したが 馬券的には狙いづらい

　武豊というだけでいまだに過剰人気するため、馬券的には狙いづらい。妙味度は芝よりはダートのほうが少しだけマシというような状況。特に「長距離」「東京」「阪神」では過度に期待され、妙味度が低くなっている。重賞は妙味度101だが、近年は短距離重賞での活躍が目立っている。なお、過去4年で小倉2歳Sを3勝しているが、小倉の妙味度自体は低い。

2020年ランキング　　6位
横山 武史

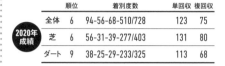

2020年成績		順位	着別度数	単回収	複回収
	全体	6	94-56-68-510/728	123	75
	芝	6	56-31-39-277/403	131	80
	ダート	9	38-25-29-233/325	113	68

妙 味 度 (利益度)	全体	97 (-2260)

芝 97 (-1335)	ダート 97 (-886)	障害 — –
短距離 94 (-2157)	中距離 101 (277)	長距離 90 (-430)

左回り 96 (-772)	右回り 98 (-1117)

札幌 93 (-869)	函館 109 (829)	福島 88 (-523)
新潟 92 (-427)	東京 96 (-479)	中山 100 (-57)
中京 98 (-52)	阪神 63 (-442)	小倉 101 (97)

芝道悪 101 (140)	ダ道悪 93 (-609)

新馬 99 (-36)	未勝利 106 (1484)	1〜3勝C 89 (-3519)	OP 91 (-490)	重賞 70 (-898)

若手の有望株だが、妙味度は 上位のなかでもっとも低い

　4年目となる2020年は94勝を挙げ、史上最年少で関東リーディングに輝いた。均等買いの単勝回収率は100%を超えているが、単勝万馬券を含む高額配当によって引き上げられているため鵜呑みにはできない。むしろ、妙味度はリーディング上位騎手のなかでもっとも低いため注意が必要だ。狙うとしたら未勝利で、重賞は軽視のスタンスで臨みたい。

2020年ランキング　7位
吉田 隼人

2020年成績		順位	着別度数	単回収	複回収
	全体	7	91-75-70-507/743	108	88
	芝	7	54-46-37-281/418	109	93
	ダート	11	37-29-33-226/325	107	82

妙 味 度(利益度)　**全体 101**(632)

芝 101 (294)	ダート 101 (271)	障害 —
短距離 102 (823)	中距離 99 (-191)	長距離 99 (-40)
	左回り 99 (-280)	右回り 102 (943)

札幌 111 (1197)	函館 102 (227)	福島 101 (114)
新潟 103 (203)	東京 99 (-19)	中山 93 (-109)
中京 96 (-516)	阪神 118 (1380)	小倉 93 (-639)

芝道悪 95 (-581)	夕道悪 95 (-557)

新馬	未勝利	1~3勝C	OP	重賞
83 (-824)	97 (-762)	105 (1844)	98 (-113)	94 (-179)

栗東に拠点を移し大成功!
上昇度はトップクラス

　関東所属ながらも栗東に拠点を移し、2020年はキャリアハイとなる91勝をマーク。妙味度も一気に上がり、上昇度は特筆に値する。特に、北海道や新潟では良い馬が集まっているようなので、積極的に狙っていきたい。なお、利益度ランキングでは「札幌」がベスト3位、「阪神」がベスト6位、「1~3勝クラス」がベスト9位となっている。

2020年ランキング　8位
三浦 皇成

2020年成績		順位	着別度数	単回収	複回収
	全体	8	78-67-65-419/629	71	73
	芝	15	32-30-27-242/331	60	59
	ダート	5	46-37-38-177/298	83	89

妙 味 度(利益度)　**全体 98**(-1406)

芝 95 (-1595)	ダート 100 (34)	障害 —
短距離 100 (-7)	中距離 95 (-1301)	長距離 96 (-119)
	左回り 97 (-1283)	右回り 98 (-397)

札幌 116 (0)	函館 102 (0)	福島 98 (-77)
新潟 100 (-37)	東京 97 (-862)	中山 98 (-367)
中京 92 (-190)	阪神 81 (-736)	小倉 122 (0)

芝道悪 91 (-1016)	夕道悪 103 (340)

新馬	未勝利	1~3勝C	OP	重賞
99 (-71)	102 (354)	94 (-1593)	99 (-46)	83 (-639)

利益度がマイナスの項目が多く
積極的には買えない

　2020年は年始に落馬負傷があったものの、3月から巻き返して78勝を挙げた。ただし、全体の妙味度は98と低調。2019年に102勝を挙げたときも妙味度が高くなかったことを考えると、馬券的に儲かるタイプの騎手ではなさそうだ（裏開催に行く機会が減ったことも大きい）。特に、重賞では妙味度が83なので、軸にするのは避けたい。

2020年ランキング　9位
岩田 望来

2020年成績		順位	着別度数	単回収	複回収
	全体	9	76-67-72-577/792	76	84
	芝	13	32-39-34-282/387	62	83
	ダート	6	44-28-38-295/405	90	85

妙味度(利益度)　全体 99 (-807)

下級条件のダート短距離で
狙い撃ちしたい騎手

　2年目となる2020年は76勝を挙げ、一気にトップ騎手の仲間入りを果たした。「芝よりもダート」「長距離よりも短距離」「上級条件よりも下級条件」というはっきりとした傾向が出ている（利益度では「短距離」がベスト4位、「未勝利」がベスト2位）。実際に、ダート1600m以下の未勝利・1勝クラスでは、均等買いの回収率が100%を超えている。

2020年ランキング　10位
田辺 裕信

2020年成績		順位	着別度数	単回収	複回収
	全体	10	74-87-78-520/759	65	78
	芝	12	32-48-42-272/394	63	76
	ダート	8	42-39-36-248/365	68	81

妙味度(利益度)　全体 102 (1324)

若駒のレースに強く
特に新馬、未勝利に注目

　2013年以降、関東リーディング2〜5位をキープ。安定して80勝程度勝ちながら、妙味度も高いという優等生タイプ。若駒のレースに強く、特に「新馬」は利益度ベスト6位の成績。一方で、「OP」「重賞」では妙味度が大幅に下がっている。勝ち星がもっとも多いのは東京だが、妙味度で見ると福島、中山、新潟のほうが狙える（「福島」は利益度ベスト8位）。

2020年ランキング　11位
藤岡 佑介

2020年成績	順位	着別度数	単回収	複回収
全体	11	68-74-43-396/581	86	90
芝	10	35-48-18-246/347	56	67
ダート	15	33-26-25-150/234	129	122

妙味度(利益度)　全体 104 (2281)

芝 100 (14)	ダート 109 (2198)	障害 —／—
短距離 101 (364)	中距離 108 (2127)	長距離 92 (-229)

左回り 95 (-265)	右回り 105 (2545)

札幌 86 (-959)	函館 103 (206)	福島 139 (0)
新潟 90 (-41)	東京 111 (46)	中山 113 (91)
中京 89 (-491)	阪神 104 (675)	小倉 110 (497)

芝道悪 98 (-175)	ダ道悪 101 (130)

新馬 101 (45)	未勝利 102 (390)	1〜3勝C 104 (873)	OP 114 (1018)	重賞 112 (424)

妙味の高いダート中距離を
ピンポイントに狙え!!

　「ダート」は利益度ベスト8位で、上位人気でも下位人気でも水準を上回る成績。また、「中距離」も利益度ランキング8位となっている。このふたつを掛け合わせたダート中距離は回収率が高く、藤岡佑介騎手を買うならここだろう。「OP」は利益度ベスト7位、「重賞」は利益度ベスト8位だが、こちらもダートのほうが狙えると覚えておきたい。

2020年ランキング　12位
幸 英明

2020年成績	順位	着別度数	単回収	複回収
全体	12	65-82-74-686/907	93	77
芝	18	28-32-33-346/439	132	82
ダート	10	37-50-41-340/468	55	73

妙味度(利益度)　全体 99 (-652)

芝 97 (-1464)	ダート 102 (709)	障害 —／—
短距離 102 (949)	中距離 98 (-982)	長距離 72 (-834)

左回り 101 (111)	右回り 99 (-754)

札幌 98 (0)	函館 52 (0)	福島 193 (0)
新潟 116 (781)	東京 85 (-176)	中山 107 (0)
中京 101 (62)	阪神 97 (-1206)	小倉 96 (-375)

芝道悪 95 (-614)	ダ道悪 98 (-396)

新馬 104 (433)	未勝利 102 (720)	1〜3勝C 96 (-1388)	OP 93 (-670)	重賞 84 (-791)

たまに出る単穴で高回収率も
妙味度で見ると平均を下回る

　2019年と2020年に単勝万馬券を2本ずつ出しており、見た目の回収率は高くなるが、妙味度で計算すると平均を下回る。距離は長くなるほど下がっていき、クラスは上級条件になるほど下がっていくというのが特徴的。中央4場のなかでは京都競馬場の妙味度がもっとも高かっただけに、京都開催がない間は狙いづらいかもしれない。

2020年ランキング 13位
M.デムーロ

2020年成績	順位	着別度数	単回収	複回収
全体	13	65-50-55-372/542	73	69
芝	9	41-23-41-224/329	85	74
ダート	21	24-27-14-148/213	54	61

妙味度(利益度)　全体 97 (-1837)

芝 98 (-822)	ダート 95 (-1015)	障害 —
短距離 93 (-2079)	中距離 101 (278)	長距離 95 (-128)

左回り 99 (-416)	右回り 95 (-1094)

札幌 100 (0)	函館 —	福島 75 (-655)
新潟 97 (-248)	東京 99 (-316)	中山 93 (-1013)
中京 99 (-15)	阪神 96 (-143)	小倉 102 (0)

芝道悪 100 (3)	ダ道悪 103 (249)

新馬	未勝利	1～3勝C	OP	重賞
101 (59)	98 (-195)	96 (-852)	93 (-649)	93 (-401)

勝利数のみならず
年々期待値も低くなっている

　2017年の171勝から、153勝、91勝と年々勝利数を減らし、2020年は65勝止まりだった。もともと妙味度が高い騎手ではなかったが、エージェントを変更し、活動拠点を関東に移した後はさらに数値が低くなっている。2021年は年明けから絶好調だが、これがずっと続くという保証はないため、疑ってかかったほうがいいだろう。

2020年ランキング 14位
横山 典弘

2020年成績	順位	着別度数	単回収	複回収
全体	14	63-45-36-277/421	95	78
芝	19	28-18-21-155/222	80	71
ダート	12	35-27-15-122/199	113	85

妙味度(利益度)　全体 101 (487)

芝 95 (-1052)	ダート 107 (1325)	障害 —
短距離 102 (511)	中距離 99 (-192)	長距離 105 (154)

左回り 98 (-458)	右回り 104 (867)

札幌 99 (-22)	函館 —	福島 95 (-86)
新潟 113 (281)	東京 97 (-534)	中山 112 (1525)
中京 95 (-68)	阪神 99 (-30)	小倉 —

芝道悪 88 (-799)	ダ道悪 95 (-398)

新馬	未勝利	1～3勝C	OP	重賞
74 (-1163)	111 (989)	99 (-110)	103 (250)	108 (388)

中山ダートでは安定
中山の芝重賞も狙い目

　芝の好走率が低く、ダートの好走率が高い傾向にある。近年はその差が大きくなってきており、それは妙味度にも顕著に現れている。「中山」は利益度ベスト7位で、特に中山ダートは成績が安定しているので狙いやすい。「重賞」は利益度ベスト9位で、中山の芝重賞はステイヤーズS、オーシャンSなど、手の内に入れているレースが多い。

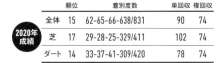

2020年ランキング　15位
団野 大成

		順位	着別度数	単回収	複回収
2020年成績	全体	15	62-65-66-638/831	90	74
	芝	17	29-28-25-329/411	102	74
	ダート	14	33-37-41-309/420	78	74

妙味度(利益度)		全体 **104** (2983)

芝 **104** (1703)	ダート **104** (1578)	障害 —
短距離 **100** (119)	中距離 **107** (2830)	長距離 **102** (68)
左回り **105** (922)		右回り **103** (2264)

札幌 **90** (-1199)	函館 **113** (730)	福島 **100** (21)
新潟 **124** (1473)	東京 —	中山 **436** (2353)
中京 **90** (-1171)	阪神 **119** (3898)	小倉 **89** (-1148)

芝道悪 **83** (-2045)	夕道悪 **98** (-352)

新馬	未勝利	1〜3勝C	OP	重賞
102 (101)	**103** (1119)	**103** (1009)	**134** (1249)	**165** (969)

7項目で利益度トップ10入りも
まだバラツキが見られる

　2年目となる2020年は62勝を挙げ、リーディング15位まで浮上。さらに、2021年1月の日経新春杯で初重賞制覇を果たした。全体的に妙味度が高く、「中距離」「函館」「新潟」「中山」「阪神」「OP」「重賞」の7項目で利益度トップ10に入っているが、「札幌」「小倉」「芝道悪」がワースト3に入るなどバラツキも見られるため、もう少し様子を見たい。

2020年ランキング　16位
和田 竜二

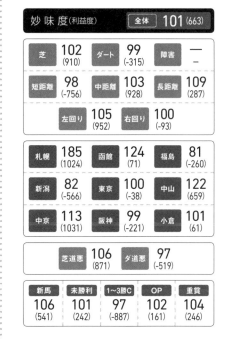

		順位	着別度数	単回収	複回収
2020年成績	全体	16	60-91-82-613/846	77	87
	芝	20	27-38-42-316/423	82	87
	ダート	13	33-53-40-297/423	72	87

妙味度(利益度)		全体 **101** (663)

芝 **102** (910)	ダート **99** (-315)	障害 —
短距離 **98** (-756)	中距離 **103** (928)	長距離 **109** (287)
左回り **105** (952)		右回り **100** (-93)

札幌 **185** (1024)	函館 **124** (71)	福島 **81** (-260)
新潟 **82** (-566)	東京 **100** (-38)	中山 **122** (659)
中京 **113** (1031)	阪神 **99** (-221)	小倉 **101** (61)

芝道悪 **106** (871)	夕道悪 **97** (-519)

新馬	未勝利	1〜3勝C	OP	重賞
106 (541)	**101** (242)	**97** (-887)	**102** (161)	**104** (246)

重賞で存在感を放つ!
特に中長距離で警戒

　2020年の勝利数は近5年ではもっとも少なかったが、オークスのウインマイティーなど、重賞で12回馬券に絡んで存在感を示した。距離が長いほうが妙味度が高い傾向にあり、重賞勝利も1800m以上に偏っている。「中京」は利益度ベスト5位で注意が必要。回数は少ないが「中山」では好成績を残しており、特に関西馬に乗ったときは狙い目だ。

2020年ランキング 17位
北村 友一

2020年成績	順位	着別度数	単回収	複回収
全体	17	58-59-70-370/557	84	86
芝	8	41-40-42-207/330	93	95
ダート	37	17-19-28-163/227	72	72

妙味度(利益度) 　全体 107 (3821)

芝 108 (2761)	ダート 104 (967)	障害 — —

短距離 106 (1809)	中距離 108 (1899)	長距離 104 (79)

左回り 108 (992)	右回り 107 (2875)

札幌 47 (0)	函館 115 (0)	福島 84 (-65)
新潟 92 (-209)	東京 112 (423)	中山 86 (-304)
中京 113 (794)	阪神 108 (1386)	小倉 110 (645)

芝道悪 108 (795)	ダ道悪 101 (67)

新馬	未勝利	1〜3勝C	OP	重賞
109 (525)	101 (194)	108 (1771)	117 (1242)	111 (571)

全体的に妙味度が高く
特に芝・重賞・関西圏が狙い目

　2020年はクロノジェネシスで春秋グランプリ連覇を達成。昨年度版でも再三儲かる騎手であることを伝えたが、さらに妙味度を上げてきた。「芝」と「オープン（重賞含む）」の利益度ランキングはともに5位で、実際に芝重賞での活躍は目覚ましい。特に関西圏のレースに警戒。ただし、昨年末にエージェントを変更したことがどう影響するかには注意。

2020年ランキング 18位
池添 謙一

2020年成績	順位	着別度数	単回収	複回収
全体	18	58-57-55-373/543	61	75
芝	11	34-37-40-211/322	57	76
ダート	22	24-20-15-162/221	67	74

妙味度(利益度) 　全体 99 (-343)

芝 99 (-447)	ダート 101 (131)	障害 — —

短距離 100 (-71)	中距離 100 (-91)	長距離 91 (-259)

左回り 101 (45)	右回り 99 (-354)

札幌 97 (-253)	函館 105 (403)	福島 85 (-161)
新潟 121 (105)	東京 97 (-105)	中山 85 (-525)
中京 89 (-317)	阪神 102 (293)	小倉 45 (-111)

芝道悪 108 (560)	ダ道悪 104 (293)

新馬	未勝利	1〜3勝C	OP	重賞
116 (818)	102 (270)	95 (-1061)	90 (-833)	83 (-919)

新馬・未勝利で狙い
OP・重賞で軽視が得策

　クラスが上がるほど妙味度が低くなる傾向があり、「新馬」は利益度ベスト8位、「重賞」は利益度ワースト3位と、極端な結果になっている。おそらくかつての「大一番に強い」というイメージと実際の成績とのギャップによるものだろう。2020年はダービーのヴェルトライゼンデ、宝塚記念のモズベッロで穴をあけたが、それでも妙味度は低いままだ。

2020年ランキング　19位
戸崎 圭太

	順位	着別度数	単回収	複回収
全体	19	56-53-39-280/428	72	72
芝	14	32-33-28-153/246	71	83
ダート	23	24-20-11-127/182	73	57

2020年成績

妙味度(利益度)　全体 99 (-239)

水準をやや下回っており
買うのであればOPと重賞で

　2019年11月に落馬事故で重傷を負い、2020年5月に復帰。そのため2020年は、JRAに移籍した2013年以降初めて100勝に達しなかった。関東のトップジョッキーだけに人気傾向にあり、全体の妙味度は水準をやや下回っているため積極的には狙えない。ただ、「OP」と「重賞」の妙味度は高くなっているので、買うとしたらここぐらいだろう。

2020年ランキング　20位
西村 淳也

	順位	着別度数	単回収	複回収
全体	20	50-61-50-517/678	86	83
芝	16	30-26-29-261/346	74	85
ダート	29	20-35-21-256/332	97	80

2020年成績

妙味度(利益度)　全体 109 (5794)

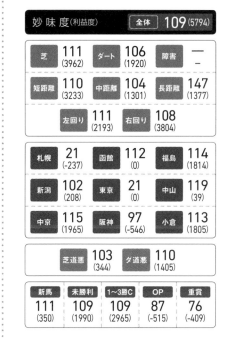

2年連続妙味度No.1!
裏開催では絶対に買うべき

　2年連続の「全体」利益度ランキング1位。2020年は表開催での成績によって少し数字を下げたが、裏開催では相変わらずの無双状態だった。利益度ランキングで見ても、「中京」は1位、「福島」は2位、「小倉」は4位となっている。積極的な競馬が持ち味のため、OPや重賞よりは、先行力を活かせる下級条件のほうがいい。

騎　手

秋山 真一郎

2020年
ランキング
50位

妙味度 (利益度)		全体	99 (-449)

芝	101 (236)	ダート	95 (-702)	障害	—
短距離	102 (407)	中距離	93 (-982)	長距離	118 (160)

左回り	90 (-537)	右回り	100 (129)

札幌	56 (0)	函館	159 (0)	福島	117 (249)
新潟	102 (52)	東京	106 (49)	中山	64 (-144)
中京	86 (-432)	阪神	117 (1947)	小倉	103 (159)

芝道悪	93 (-595)	ダ道悪	92 (-763)

新馬	未勝利	1～3勝C	OP	重賞
89 (-269)	91 (-908)	99 (-156)	123 (948)	112 (236)

POINT 「阪神」利益度ベスト2位。上位クラスほど○。「OP」利益度ベスト8位。

秋山 稔樹

2020年
ランキング
58位

妙味度 (利益度)		全体	106 (2240)

芝	106 (897)	ダート	107 (1320)	障害	—
短距離	107 (1386)	中距離	103 (378)	長距離	134 (410)

左回り	107 (607)	右回り	105 (1189)

札幌	113 (1024)	函館	76 (-995)	福島	118 (1049)
新潟	121 (964)	東京	139 (973)	中山	91 (-703)
中京	73 (-673)	阪神	159 (177)	小倉	—

芝道悪	121 (447)	ダ道悪	129 (1264)

新馬	未勝利	1～3勝C	OP	重賞
139 (851)	83 (-2871)	124 (3792)	21 (-316)	—

POINT 「函館」利益度ワースト2位。道悪で○。「1～3勝C」利益度ベスト1位。

五十嵐 雄祐

2020年
ランキング
85位

妙味度 (利益度)		全体	92 (-823)

芝	21 (0)	ダート	21 (0)	障害	92 (-813)
短距離	21 (0)	中距離	21 (0)	長距離	92 (-815)

左回り	21 (0)	右回り	21 (0)

札幌	—	函館	—	福島	86 (-314)
新潟	105 (89)	東京	95 (-36)	中山	96 (-69)
中京	86 (-184)	阪神	63 (-439)	小倉	36 (-128)

芝道悪	21 (0)	ダ道悪	21 (0)

新馬	未勝利	1～3勝C	OP	重賞
21 (0)	89 (-747)	21 (0)	97 (-103)	—

POINT 「障害」利益度ワースト4位。「長距離」利益度ワースト6位。未勝利戦よりはオープン戦。

石神 深一

2020年
ランキング
74位

妙味度 (利益度)		全体	92 (-491)

芝	36 (0)	ダート	21 (-79)	障害	92 (-448)
短距離	21 (0)	中距離	21 (-79)	長距離	92 (-468)

左回り	21 (0)	右回り	34 (-66)

札幌	—	函館	—	福島	90 (-155)
新潟	75 (-177)	東京	111 (22)	中山	102 (22)
中京	86 (-69)	阪神	110 (71)	小倉	59 (0)

芝道悪	21 (0)	ダ道悪	21 (-79)

新馬	未勝利	1～3勝C	OP	重賞
21 (0)	89 (-430)	48 (0)	100 (-8)	21 (0)

POINT 「障害」利益度ワースト6位。未勝利戦よりはオープン戦。ローカル競馬場よりもメイン競馬場。

石川 裕紀人

2020年ランキング 62位

妙味度（利益度）　全体 **98** (-1051)

芝 93 (-1623)	ダート 102 (609)	障害 — –
短距離 96 (-1160)	中距離 101 (270)	長距離 93 (-163)
左回り 91 (-1687)	右回り 102 (700)	

札幌 97 (-182)	函館 81 (-231)	福島 93 (-234)
新潟 78 (-240)	東京 95 (-898)	中山 111 (1917)
中京 47 (-211)	阪神 81 (-175)	小倉 50 (-843)

芝道悪 121 (1750)	ダ道悪 104 (486)

新馬	未勝利	1～3勝C	OP	重賞
103 (116)	95 (-836)	94 (-1249)	103 (174)	93 (-202)

POINT ▶ 「中山」利益度ベスト3位。「小倉」利益度ワースト6位。「芝道悪」利益度ベスト2位。

石橋 脩

2020年ランキング 24位

妙味度（利益度）　全体 **99** (-425)

芝 99 (-158)	ダート 99 (-283)	障害 — –
短距離 94 (-1816)	中距離 104 (968)	長距離 110 (314)
左回り 97 (-942)	右回り 102 (434)	

札幌 21 (0)	函館 70 (0)	福島 101 (22)
新潟 89 (-694)	東京 99 (-240)	中山 104 (760)
中京 108 (0)	阪神 92 (-255)	小倉 35 (0)

芝道悪 99 (-73)	ダ道悪 95 (-541)

新馬	未勝利	1～3勝C	OP	重賞
118 (1328)	95 (-837)	98 (-519)	97 (-226)	98 (-91)

POINT ▶ 長距離ほど○。「新潟」利益度ワースト8位。「新馬」利益度ベスト3位。

泉谷 楓真

2020年ランキング 52位

妙味度（利益度）　全体 **82** (-8941)

芝 81 (-3740)	ダート 82 (-5233)	障害 — –
短距離 80 (-5327)	中距離 85 (-3359)	長距離 69 (-250)
左回り 88 (-1204)	右回り 80 (-7703)	

札幌 —	函館 —	福島 —
新潟 85 (-372)	東京 —	中山 —
中京 89 (-837)	阪神 89 (-2397)	小倉 108 (304)

芝道悪 78 (-1386)	ダ道悪 89 (-1504)

新馬	未勝利	1～3勝C	OP	重賞
21 (-2449)	79 (-4834)	90 (-2321)	21 (-237)	21 (-158)

POINT ▶ 「全体」利益度ワースト2位。「芝」利益度ワースト3位。「ダート」利益度ワースト1位。

伊藤 工真

2020年ランキング 97位

妙味度（利益度）　全体 **121** (2775)

芝 114 (685)	ダート 123 (1475)	障害 127 (625)
短距離 115 (1091)	中距離 126 (951)	長距離 117 (413)
左回り 143 (3247)	右回り 89 (-402)	

札幌 —	函館 21 (0)	福島 97 (-69)
新潟 121 (320)	東京 152 (2630)	中山 95 (-139)
中京 184 (1434)	阪神 —	小倉 21 (-158)

芝道悪 132 (515)	ダ道悪 143 (1152)

新馬	未勝利	1～3勝C	OP	重賞
80 (-264)	135 (2413)	100 (-6)	172 (722)	167 (133)

POINT ▶ 「全体」利益度ベスト10位。「障害」利益度ベスト6位。道悪で○。直線長い競馬場で○。

井上 敏樹

2020年ランキング **139位**

妙味度（利益度） 全体 100(-1)

芝 101(20)	ダート 100(-19)	障害 —
短距離 82(-564)	中距離 110(282)	長距離 167(336)
左回り 82(-682)	右回り 110(289)	

札幌 113(0)	函館 86(0)	福島 111(157)
新潟 84(-131)	東京 97(-56)	中山 118(248)
中京 58(-416)	阪神 253(0)	小倉 21(0)

芝道悪 183(827)	ダ道悪 104(61)

新馬	未勝利	1~3勝C	OP	重賞
68(-315)	114(366)	91(-259)	48(0)	21(0)

POINT 長距離ほど○。左回りよりも右回り。中京は×。芝の道悪は○。新馬戦は×。

岩田 康誠

2020年ランキング **22位**

妙味度（利益度） 全体 99(-664)

芝 99(-249)	ダート 99(-417)	障害 —
短距離 98(-435)	中距離 99(-369)	長距離 105(126)
左回り 94(-924)	右回り 100(-36)	

札幌 91(-219)	函館 93(-307)	福島 92(0)
新潟 92(-319)	東京 97(-138)	中山 119(667)
中京 86(-777)	阪神 97(-456)	小倉 101(0)

芝道悪 99(-94)	ダ道悪 99(-182)

新馬	未勝利	1~3勝C	OP	重賞
88(-775)	100(-86)	101(200)	98(-145)	107(290)

POINT 左回りは×。中山で○。「中京」利益度ワースト7位。新馬戦は×。

岩部 純二

2020年ランキング **117位**

妙味度（利益度） 全体 84(-2658)

芝 74(-1631)	ダート 85(-1458)	障害 —
短距離 91(-1041)	中距離 34(-2659)	長距離 83(-50)
左回り 76(-2192)	右回り 89(-756)	

札幌 21(0)	函館 113(0)	福島 89(-140)
新潟 72(-424)	東京 80(-1494)	中山 90(-568)
中京 21(-158)	阪神 21(0)	小倉 —

芝道悪 64(-571)	ダ道悪 85(-549)

新馬	未勝利	1~3勝C	OP	重賞
95(-162)	88(-972)	72(-1362)	52(-48)	64(0)

POINT 「左回り」利益度ワースト6位。「東京」利益度ワースト6位。上位クラスほど×。

上野 翔

2020年ランキング **107位**

妙味度（利益度） 全体 80(-1772)

芝 21(-79)	ダート 21(0)	障害 80(-1722)
短距離 21(-79)	中距離 21(0)	長距離 80(-1721)
左回り 21(0)	右回り 21(-79)	

札幌 —	函館 —	福島 94(-77)
新潟 83(-374)	東京 67(-134)	中山 81(-252)
中京 85(-180)	阪神 37(-505)	小倉 21(-158)

芝道悪 21(-79)	ダ道悪 21(0)

新馬	未勝利	1~3勝C	OP	重賞
—	87(-844)	21(-79)	48(-1135)	—

POINT 「障害」利益度ワースト1位。「長距離」利益度ワースト1位。オープン戦よりは未勝利戦。

植野 貴也

2020年ランキング **92位**

妙味度（利益度）　全体 **115** (1176)

芝	ダート	障害
—	—	115 (1176)

短距離	中距離	長距離
—	—	115 (1176)

左回り	右回り
—	—

札幌	函館	福島
—	—	112 (143)
新潟 98 (-31)	**東京** 96 (-21)	**中山** 97 (-35)
中京 130 (335)	**阪神** 128 (335)	**小倉** 119 (38)

芝道悪	ダ道悪
—	—

新馬	未勝利	1～3勝C	OP	重賞
—	108 (435)	—	129 (759)	—

POINT 「障害」利益度ベスト1位。「長距離」利益度ベスト3位。中京・阪神で○。オープン戦で○。

内田 博幸

2020年ランキング **40位**

妙味度（利益度）　全体 **93** (-4665)

芝	ダート	障害
91 (-2556)	95 (-2066)	—

短距離	中距離	長距離
96 (-1332)	90 (-2687)	72 (-670)

左回り	右回り
97 (-928)	88 (-3682)

札幌	函館	福島
80 (-82)	58 (0)	96 (-162)
新潟 95 (-383)	**東京** 97 (-687)	**中山** 87 (-3187)
中京 97 (-23)	**阪神** 62 (-225)	**小倉** 91 (0)

芝道悪	ダ道悪
94 (-693)	98 (-245)

新馬	未勝利	1～3勝C	OP	重賞
94 (-389)	95 (-1221)	91 (-2172)	88 (-707)	93 (-266)

POINT 「全体」利益度ワースト6位。「芝」利益度ワースト6位。長距離ほど×。

江田 照男

2020年ランキング **43位**

妙味度（利益度）　全体 **89** (-6271)

芝	ダート	障害
96 (-1074)	85 (-4946)	—

短距離	中距離	長距離
89 (-3920)	88 (-2286)	91 (-234)

左回り	右回り
83 (-4982)	97 (-955)

札幌	函館	福島
21 (-158)	495 (0)	87 (-584)
新潟 75 (-1589)	**東京** 84 (-4001)	**中山** 99 (-176)
中京 83 (0)	**阪神** 21 (0)	**小倉** 21 (0)

芝道悪	ダ道悪
113 (1118)	82 (-2169)

新馬	未勝利	1～3勝C	OP	重賞
96 (-273)	82 (-4246)	91 (-1899)	92 (-276)	114 (198)

POINT 「全体」利益度ワースト3位。「ダート」利益度ワースト4位。ダートよりは芝。重賞で○。

江田 勇亮

2020年ランキング **137位**

妙味度（利益度）　全体 **95** (-239)

芝	ダート	障害
21 (0)	21 (-79)	95 (-207)

短距離	中距離	長距離
21 (0)	21 (-79)	95 (-207)

左回り	右回り
21 (-79)	21 (0)

札幌	函館	福島
—	—	66 (-271)
新潟 109 (72)	**東京** 93 (-39)	**中山** 79 (-192)
中京 125 (228)	**阪神** 41 (-59)	**小倉** —

芝道悪	ダ道悪
—	21 (0)

新馬	未勝利	1～3勝C	OP	重賞
—	97 (-91)	21 (-79)	96 (-42)	—

POINT 「障害」利益度ワースト10位。福島・中山は×。中京で○。

騎 手

大江原 圭

2020年
ランキング
102位

妙味度 (利益度)				全体 106 (468)

芝	21 (0)	ダート	21 (0)	障害	107 (514)
短距離	21 (0)	中距離	21 (0)	長距離	107 (514)
	左回り	21 (0)	右回り	21 (0)	

札幌	—	函館	—	福島	114 (295)
新潟	90 (-125)	東京	80 (-102)	中山	127 (372)
中京	108 (86)	阪神	58 (-169)	小倉	283 (367)

	芝道悪	—	ダ道悪	21 (0)	

新馬	未勝利	1～3勝C	OP	重賞
21 (0)	110 (512)	21 (0)	78 (-550)	—

POINT 「障害」利益度ベスト8位。中山・小倉で○。オープン戦よりも未勝利戦。

大塚 海渡

2020年
ランキング
184位

妙味度 (利益度)				全体 99 (-1)

芝	103 (3)	ダート	95 (0)	障害	—
短距離	107 (0)	中距離	90 (-10)	長距離	21 (0)
	左回り	96 (0)	右回り	98 (-2)	

札幌	—	函館	21 (0)	福島	86 (0)
新潟	108 (0)	東京	68 (0)	中山	130 (30)
中京	237 (0)	阪神	—	小倉	—

	芝道悪	100 (0)	ダ道悪	110 (0)	

新馬	未勝利	1～3勝C	OP	重賞
21 (0)	98 (0)	108 (8)	—	—

POINT ダートよりも芝。短距離ほど○。中山で○。上位クラスほど○。

大野 拓弥

2020年
ランキング
34位

妙味度 (利益度)				全体 101 (712)

芝	98 (-524)	ダート	103 (1073)	障害	—
短距離	100 (-15)	中距離	104 (1353)	長距離	77 (-817)
	左回り	100 (89)	右回り	102 (846)	

札幌	116 (1571)	函館	109 (926)	福島	103 (25)
新潟	105 (215)	東京	99 (-215)	中山	99 (-375)
中京	124 (141)	阪神	71 (-258)	小倉	21 (0)

	芝道悪	98 (-198)	ダ道悪	103 (308)	

新馬	未勝利	1～3勝C	OP	重賞
87 (-818)	103 (822)	102 (697)	105 (330)	95 (-178)

POINT 「長距離」利益度ワースト5位。「札幌」利益度ベスト1位。「函館」利益度ベスト3位。

大庭 和弥

2020年
ランキング
112位

妙味度 (利益度)				全体 104 (367)

芝	97 (-80)	ダート	86 (-387)	障害	106 (218)
短距離	92 (-251)	中距離	92 (-150)	長距離	105 (200)
	左回り	90 (-214)	右回り	99 (-30)	

札幌	239 (556)	函館	—	福島	156 (1001)
新潟	107 (115)	東京	87 (-217)	中山	61 (-901)
中京	85 (-108)	阪神	21 (0)	小倉	21 (0)

	芝道悪	78 (-199)	ダ道悪	131 (346)	

新馬	未勝利	1～3勝C	OP	重賞
21 (-553)	120 (1271)	30 (-915)	21 (-158)	—

POINT ダートは×。札幌・福島で○。「福島」利益度ベスト7位。未勝利戦で○。

岡田 祥嗣

妙味度（利益度）　全体　95 (-530)

芝	87 (-474)	ダート	96 (-245)	障害	—
短距離	98 (-115)	中距離	90 (-405)	長距離	21 (-79)
		左回り	104 (95)	右回り	91 (-705)

札幌	—	函館	—	福島	21 (0)
新潟	138 (263)	東京	74 (-185)	中山	163 (125)
中京	103 (28)	阪神	100 (18)	小倉	90 (-71)

芝道悪	55 (-628)	ダ道悪	97 (-100)

新馬	未勝利	1～3勝C	OP	重賞
126 (209)	88 (-518)	100 (-2)	35 (-588)	21 (-237)

POINT 芝は×。長距離ほど×。芝の道悪は×。新馬戦で○。オープン戦・重賞は×。

荻野 極

妙味度（利益度）　全体　95 (-1894)

芝	95 (-1045)	ダート	94 (-1108)	障害	—
短距離	90 (-1932)	中距離	98 (-452)	長距離	128 (365)
		左回り	99 (-219)	右回り	94 (-1432)

札幌	95 (-5)	函館	89 (-157)	福島	126 (1320)
新潟	96 (-228)	東京	104 (91)	中山	64 (-146)
中京	98 (-133)	阪神	79 (-1586)	小倉	101 (79)

芝道悪	106 (445)	ダ道悪	91 (-880)

新馬	未勝利	1～3勝C	OP	重賞
65 (-831)	92 (-1102)	99 (-158)	89 (-286)	84 (-111)

POINT 長距離ほど○。「福島」利益度ベスト5位。「阪神」利益度ワースト6位。

荻野 琢真

妙味度（利益度）　全体　96 (-588)

芝	90 (-639)	ダート	100 (-3)	障害	—
短距離	104 (295)	中距離	92 (-566)	長距離	55 (-181)
		左回り	121 (504)	右回り	93 (-834)

札幌	85 (-387)	函館	98 (-56)	福島	73 (-81)
新潟	65 (-316)	東京	252 (457)	中山	71 (-29)
中京	102 (26)	阪神	83 (-494)	小倉	80 (-98)

芝道悪	103 (70)	ダ道悪	108 (264)

新馬	未勝利	1～3勝C	OP	重賞
116 (191)	94 (-445)	86 (-521)	82 (-323)	21 (-237)

POINT 短距離ほど○。右回りよりも左回り。「札幌」利益度ワースト9位。下位クラスほど○。

小野寺 祐太

妙味度（利益度）　全体　83 (-1120)

芝	115 (0)	ダート	519 (839)	障害	80 (-1298)
短距離	913 (0)	中距離	21 (-158)	長距離	80 (-1276)
		左回り	58 (-42)	右回り	636 (536)

札幌	—	函館	—	福島	77 (-397)
新潟	106 (69)	東京	35 (-327)	中山	25 (-671)
中京	117 (268)	阪神	21 (-79)	小倉	33 (-133)

芝道悪	160 (0)	ダ道悪	768 (1337)

新馬	未勝利	1～3勝C	OP	重賞
1848 (0)	82 (-926)	54 (-46)	57 (-563)	—

POINT 「障害」利益度ワースト2位。障害よりも平地（特にダート）。道悪で○。

勝浦 正樹

2020年ランキング 57位

妙味度（利益度）		全体 106 (2608)

芝	105 (1182)	ダート	108 (1442)	障害	—
短距離	103 (672)	中距離	110 (1712)	長距離	111 (228)
	左回り	101 (45)	右回り	108 (2810)	

札幌	118 (1140)	函館	101 (98)	福島	104 (279)
新潟	108 (361)	東京	94 (-63)	中山	107 (502)
中京	67 (-163)	阪神	21 (0)	小倉	134 (2080)

芝道悪	103 (179)	ダ道悪	112 (594)

新馬	未勝利	1～3勝C	OP	重賞
108 (237)	107 (1069)	107 (1211)	95 (-127)	104 (54)

POINT 長距離ほど○。「札幌」利益度ベスト4位。「小倉」利益度ベスト2位。

加藤 祥太

2020年ランキング 81位

妙味度（利益度）		全体 111 (2064)

芝	115 (1090)	ダート	107 (839)	障害	—
短距離	108 (784)	中距離	115 (1393)	長距離	96 (-7)
	左回り	119 (611)	右回り	108 (1261)	

札幌	115 (310)	函館	100 (11)	福島	96 (-8)
新潟	109 (38)	東京	52 (-190)	中山	110 (41)
中京	128 (695)	阪神	110 (526)	小倉	113 (51)

芝道悪	86 (-220)	ダ道悪	94 (-251)

新馬	未勝利	1～3勝C	OP	重賞
129 (490)	114 (1175)	104 (216)	72 (-196)	38 (-124)

POINT 「芝」で○。「中京」利益度ベスト8位。道悪は×。下位クラスほど○。

嘉藤 貴行

2020年ランキング 116位

妙味度（利益度）		全体 90 (-1962)

芝	78 (-1891)	ダート	94 (-610)	障害	—
短距離	79 (-2697)	中距離	105 (299)	長距離	65 (-104)
	左回り	96 (-532)	右回り	83 (-998)	

札幌	—	函館	—	福島	85 (-250)
新潟	111 (359)	東京	87 (-1299)	中山	82 (-768)
中京	50 (-50)	阪神	21 (0)	小倉	157 (0)

芝道悪	86 (-421)	ダ道悪	83 (-815)

新馬	未勝利	1～3勝C	OP	重賞
101 (56)	86 (-1415)	97 (-120)	93 (-22)	85 (-15)

POINT 芝よりはダート。「短距離」利益度ワースト7位。「東京」利益度ワースト7位。道悪は×。

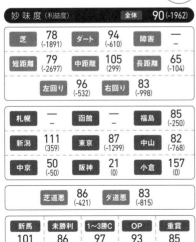

金子 光希

2020年ランキング 123位

妙味度（利益度）		全体 97 (-109)

芝	—	ダート	—	障害	97 (-109)
短距離	—	中距離	—	長距離	97 (-109)
	左回り	—	右回り	—	

札幌	—	函館	—	福島	110 (49)
新潟	76 (-259)	東京	73 (-81)	中山	113 (94)
中京	122 (176)	阪神	71 (-29)	小倉	21 (0)

芝道悪	—	ダ道悪	—

新馬	未勝利	1～3勝C	OP	重賞
—	101 (19)	—	90 (-142)	—

POINT 新潟は×。中京で○。オープン戦よりも未勝利戦。

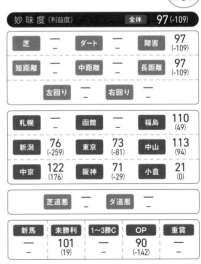

亀田 温心

2020年ランキング 29位

妙味度（利益度）　　全体 97 (-2055)

芝 95 (-1716)	ダート 99 (-472)	障害 —
短距離 89 (-4026)	中距離 105 (1655)	長距離 115 (458)

左回り 103 (731)	右回り 94 (-2752)

札幌 96 (-404)	函館 89 (-971)	福島 112 (959)
新潟 123 (1795)	東京 92 (-95)	中山 141 (248)
中京 96 (-498)	阪神 69 (-2331)	小倉 133 (2075)

芝道悪 104 (296)	ダ道悪 84 (-2159)

新馬	未勝利	1～3勝C	OP	重賞
70 (-968)	86 (-4185)	108 (2700)	62 (-451)	21 (-237)

POINT 「短距離」利益度ワースト2位。「新潟」利益度ベスト2位。「小倉」利益度ベスト3位。

川島 信二

2020年ランキング 77位

妙味度（利益度）　　全体 106 (1187)

芝 100 (38)	ダート 109 (980)	障害 —
短距離 111 (1199)	中距離 99 (-89)	長距離 84 (-113)

左回り 97 (-69)	右回り 108 (1363)

札幌 134 (1251)	函館 83 (-428)	福島 62 (-38)
新潟 95 (-9)	東京 117 (34)	中山 122 (0)
中京 91 (-182)	阪神 122 (885)	小倉 102 (0)

芝道悪 88 (-226)	ダ道悪 110 (490)

新馬	未勝利	1～3勝C	OP	重賞
111 (170)	118 (1624)	78 (-1431)	120 (180)	146 (182)

POINT 短距離ほど○。「札幌」利益度ベスト2位。「函館」利益度ワースト6位。オープン戦・重賞で○。

川須 栄彦

2020年ランキング 46位

妙味度（利益度）　　全体 102 (695)

芝 84 (-2926)	ダート 111 (2863)	障害 —
短距離 108 (2346)	中距離 94 (-1030)	長距離 60 (-361)

左回り 98 (-135)	右回り 102 (912)

札幌 —	函館 90 (0)	福島 108 (0)
新潟 87 (-267)	東京 103 (11)	中山 89 (-42)
中京 103 (179)	阪神 90 (-1798)	小倉 94 (-180)

芝道悪 70 (-2109)	ダ道悪 112 (1515)

新馬	未勝利	1～3勝C	OP	重賞
94 (-285)	100 (-61)	103 (552)	92 (-227)	83 (-156)

POINT 「芝」利益度ワースト5位。「ダート」利益度ベスト6位。芝よりもダート。短距離ほど○。

川又 賢治

2020年ランキング 56位

妙味度（利益度）　　全体 103 (1182)

芝 109 (1452)	ダート 98 (-336)	障害 —
短距離 103 (468)	中距離 105 (844)	長距離 95 (-60)

左回り 100 (19)	右回り 104 (1081)

札幌 —	函館 —	福島 121 (1555)
新潟 100 (9)	東京 140	中山 174 (815)
中京 102 (117)	阪神 93 (-585)	小倉 91 (-384)

芝道悪 107 (308)	ダ道悪 101 (64)

新馬	未勝利	1～3勝C	OP	重賞
119 (472)	101 (134)	103 (480)	124 (437)	21 (-632)

POINT ダートよりも芝。福島・中山で○。「福島」利益度ベスト3位。オープン戦で○。

菊沢 一樹

2020年 ランキング 70位

妙味度（利益度）　全体 105 (2413)

芝	99 (-224)	ダート	108 (2471)	障害	—
短距離	109 (2669)	中距離	101 (283)	長距離	60 (-320)

左回り	99 (-334)	右回り	109 (2007)

札幌	109 (0)	函館	60 (0)	福島	112 (1435)
新潟	105 (679)	東京	105 (461)	中山	117 (1364)
中京	77 (-1702)	阪神	46 (-377)	小倉	—

芝道悪	101 (55)	ダ道悪	111 (1180)

新馬	未勝利	1〜3勝C	OP	重賞
89 (-281)	111 (2269)	95 (-1117)	130 (415)	112 (24)

POINT 短距離ほど◎。「福島」利益度ベスト4位。「中京」利益度ワースト3位。オープン戦で◎。

北沢 伸也

2020年 ランキング 89位

妙味度（利益度）　全体 101 (52)

芝	—	ダート	—	障害	101 (52)
短距離	—	中距離	—	長距離	101 (52)

左回り	—	右回り	—

札幌	—	函館	—	福島	115 (226)
新潟	93 (-103)	東京	107 (20)	中山	99 (-4)
中京	75 (-329)	阪神	115 (206)	小倉	86 (-57)

芝道悪	—	ダ道悪	—

新馬	未勝利	1〜3勝C	OP	重賞
—	104 (216)	—	97 (-95)	—

POINT 福島・阪神で◎。中京は×。オープン戦よりも未勝利戦。

北村 宏司

2020年 ランキング 26位

妙味度（利益度）　全体 98 (-1139)

芝	93 (-2079)	ダート	103 (966)	障害	—
短距離	96 (-1404)	中距離	101 (359)	長距離	97 (-77)

左回り	100 (-162)	右回り	97 (-791)

札幌	86 (-42)	函館	21 (0)	福島	102 (63)
新潟	100 (33)	東京	99 (-327)	中山	95 (-1107)
中京	81 (-150)	阪神	57 (-560)	小倉	—

芝道悪	87 (-1284)	ダ道悪	110 (1271)

新馬	未勝利	1〜3勝C	OP	重賞
105 (409)	96 (-759)	101 (152)	96 (-253)	79 (-692)

POINT 「芝」利益度ワースト10位。芝よりもダート。「重賞」利益度ワースト6位。

城戸 義政

2020年 ランキング 126位

妙味度（利益度）　全体 103 (484)

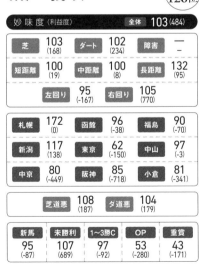

芝	103 (168)	ダート	102 (234)	障害	—
短距離	100 (19)	中距離	100 (8)	長距離	132 (95)

左回り	95 (-167)	右回り	105 (770)

札幌	172 (-38)	函館	96 (-38)	福島	90 (-70)
新潟	117 (138)	東京	62 (-150)	中山	97 (-3)
中京	80 (-449)	阪神	66 (-718)	小倉	81 (-341)

芝道悪	108 (187)	ダ道悪	104 (179)

新馬	未勝利	1〜3勝C	OP	重賞
95 (-87)	107 (689)	97 (-92)	53 (-280)	43 (-171)

POINT 左回りよりも右回り。阪神は×。未勝利で◎。オープン戦・重賞は×。

草野 太郎

2020年ランキング 105位

妙味度（利益度）　全体 **98** (-180)

芝	21 (0)	ダート	21 (-79)	障害	98 (-171)
短距離	21 (-79)	中距離	21 (0)	長距離	98 (-171)
		左回り	21 (0)	右回り	21 (-79)

札幌	—	函館	—	福島	92 (-160)
新潟	68 (-577)	東京	110 (73)	中山	145 (590)
中京	107 (104)	阪神	101 (6)	小倉	21 (-79)

芝道悪	—	ダ道悪	21 (0)

新馬	未勝利	1〜3勝C	OP	重賞
—	96 (-297)	21 (0)	109 (246)	—

POINT　「新潟」利益度ワースト10位。中山で○。未勝利戦よりもオープン戦。

熊沢 重文

2020年ランキング 88位

妙味度（利益度）　全体 **101** (69)

芝	67 (-327)	ダート	74 (-234)	障害	102 (164)
短距離	93 (-48)	中距離	66 (-335)	長距離	102 (163)
		左回り	61 (-194)	右回り	89 (-150)

札幌	—	函館	—	福島	83 (-207)
新潟	77 (-326)	東京	118 (74)	中山	92 (-46)
中京	109 (121)	阪神	129 (492)	小倉	112 (83)

芝道悪	52 (-144)	ダ道悪	119 (56)

新馬	未勝利	1〜3勝C	OP	重賞
21 (-237)	103 (133)	51 (-535)	103 (71)	21 (0)

POINT　平地よりも障害。福島・新潟は×。阪神で○。新馬戦・条件戦は×。

黒岩 悠

2020年ランキング 144位

妙味度（利益度）　全体 **89** (-456)

芝	21 (-79)	ダート	21 (-316)	障害	91 (-314)
短距離	21 (-316)	中距離	21 (-79)	長距離	91 (-314)
		左回り	21 (-79)	右回り	21 (-316)

札幌	—	函館	—	福島	81 (-134)
新潟	123 (117)	東京	106 (13)	中山	21 (0)
中京	80 (-181)	阪神	50 (-402)	小倉	121 (21)

芝道悪	21 (0)	ダ道悪	21 (-158)

新馬	未勝利	1〜3勝C	OP	重賞
21 (-158)	82 (-575)	21 (0)	121 (126)	—

POINT　「障害」利益度ワースト8位。新潟で○。未勝利戦よりもオープン戦。

国分 恭介

2020年ランキング 75位

妙味度（利益度）　全体 **111** (4669)

芝	103 (465)	ダート	114 (3754)	障害	—
短距離	119 (4051)	中距離	104 (777)	長距離	108 (93)
		左回り	103 (89)	右回り	111 (4733)

札幌	128 (554)	函館	107 (286)	福島	21 (0)
新潟	87 (0)	東京	54 (-46)	中山	21 (0)
中京	108 (229)	阪神	105 (746)	小倉	99 (-38)

芝道悪	95 (-224)	ダ道悪	108 (885)

新馬	未勝利	1〜3勝C	OP	重賞
104 (164)	108 (1446)	118 (2890)	118 (406)	84 (-80)

POINT　「全体」利益度ベスト4位。「ダート」利益度ベスト4位。短距離で○。上位クラスほど○。

騎手

国分 優作

2020年ランキング 68位

妙味度(利益度) 全体 94 (-2823)

芝 89 (-2386)	ダート 97 (-734)	障害 —	
短距離 94 (-1665)	中距離 96 (-784)	長距離 63 (-225)	
左回り 101 (70)	右回り 92 (-3304)		

札幌 21 (0)	函館 85 (-15)	福島 83 (-306)
新潟 167 (866)	東京 21 (0)	中山 70 (-268)
中京 106 (338)	阪神 103 (580)	小倉 82 (-860)

芝道悪 109 (641)	ダ道悪 95 (-596)

新馬	未勝利	1~3勝C	OP	重賞
114 (772)	92 (-1668)	102 (316)	75 (-1095)	92 (-127)

POINT ▶ 「芝」利益度ワースト7位。新潟で○。「小倉」利益度ワースト5位。「OP」利益度ワースト5位。

小坂 忠士

2020年ランキング 124位

妙味度(利益度) 全体 96 (-233)

芝 70 (-30)	ダート 115 (182)	障害 93 (-274)	
短距離 106 (26)	中距離 99 (-7)	長距離 93 (-285)	
左回り 98 (-4)	右回り 101 (7)		

札幌 —	函館 —	福島 77 (-140)
新潟 63 (-441)	東京 124 (94)	中山 122 (88)
中京 118 (54)	阪神 103 (27)	小倉 89 (-45)

芝道悪 21 (0)	ダ道悪 153 (369)

新馬	未勝利	1~3勝C	OP	重賞
21 (-79)	89 (-232)	83 (-119)	102 (36)	21 (0)

POINT ▶ 「障害」利益度ワースト9位。障害よりもダート。上位クラスほど○。

小崎 綾也

2020年ランキング 99位

妙味度(利益度) 全体 92 (-1737)

芝 96 (-405)	ダート 89 (-1363)	障害 —	
短距離 92 (-1013)	中距離 95 (-555)	長距離 58 (-127)	
左回り 92 (-381)	右回り 93 (-1215)		

札幌 62 (0)	函館 82 (0)	福島 53 (-284)
新潟 87 (-200)	東京 157	中山 21 (0)
中京 90 (-309)	阪神 93 (-595)	小倉 114 (378)

芝道悪 94 (-199)	ダ道悪 91 (-374)

新馬	未勝利	1~3勝C	OP	重賞
110 (272)	90 (-961)	92 (-622)	70 (-358)	73 (-134)

POINT ▶ ダートは×。短距離は×。阪神は×。小倉で○。新馬戦で○。新馬戦以外は×。

小林 脩斗

2020年ランキング 101位

妙味度(利益度) 全体 95 (-1058)

芝 120 (1833)	ダート 74 (-3354)	障害 —	
短距離 101 (169)	中距離 87 (-1072)	長距離 21 (-316)	
左回り 95 (-622)	右回り 87 (-1283)		

札幌 —	函館 —	福島 109 (396)
新潟 126 (1514)	東京 99 (-64)	中山 70 (-1620)
中京 21 (-1027)	阪神 21 (-158)	小倉 —

芝道悪 128 (708)	ダ道悪 76 (-1232)

新馬	未勝利	1~3勝C	OP	重賞
21 (-711)	86 (-1425)	109 (944)	—	—

POINT ▶ 「ダート」利益度ワースト7位。ダートよりも芝。短距離ほど○。上位クラスほど○。

小林 凌大

2020年
ランキング
82位

妙 味 度（利益度）　　　全体 **107** (2604)

芝	103 (396)	ダート	108 (1971)	障害	—
短距離	110 (2261)	中距離	105 (697)	長距離	21 (-553)
	左回り	101 (70)	右回り	107 (1616)	

札幌	—	函館	—	福島	89 (-901)
新潟	96 (-262)	東京	145 (2405)	中山	110 (1098)
中京	89 (-144)	阪神	—	小倉	127 (1237)

芝道悪	128 (1354)	ダ道悪	98 (-214)

新馬	未勝利	1～3勝C	OP	重賞
61 (-965)	85 (-2859)	124 (3518)	—	—

POINT 「ダート」利益度ベスト10位。短距離ほど◯。東京で◯。上位クラスほど◯。

小牧 太

2020年
ランキング
76位

妙 味 度（利益度）　　　全体 **98** (-423)

芝	87 (-971)	ダート	102 (352)	障害	—
短距離	93 (-798)	中距離	103 (343)	長距離	67 (-164)
	左回り	110 (267)	右回り	97 (-704)	

札幌	177 (0)	函館	—	福島	185 (0)
新潟	93 (-34)	東京	94 (-6)	中山	21 (0)
中京	116 (311)	阪神	99 (-127)	小倉	123 (655)

芝道悪	90 (-280)	ダ道悪	105 (411)

新馬	未勝利	1～3勝C	OP	重賞
119 (329)	93 (-605)	100 (45)	78 (-370)	88 (-71)

POINT 芝よりもダート。短距離は×。小倉で◯。新馬戦で◯。オープン戦・重賞は×。

木幡 育也

2020年
ランキング
51位

妙 味 度（利益度）　　　全体 **106** (3131)

芝	108 (1727)	ダート	105 (1517)	障害	—
短距離	99 (-179)	中距離	116 (2556)	長距離	130 (418)
	左回り	98 (-537)	右回り	114 (3165)	

札幌	21 (-158)	函館	177 (613)	福島	118 (580)
新潟	94 (-358)	東京	100 (51)	中山	110 (1768)
中京	112 (24)	阪神	21 (-316)	小倉	—

芝道悪	116 (1176)	ダ道悪	118 (2327)

新馬	未勝利	1～3勝C	OP	重賞
98 (-112)	110 (2560)	102 (320)	84 (-299)	91 (-86)

POINT 「全体」利益度ベスト8位。長距離ほど◯。函館・福島で◯。道悪で◯。

木幡 巧也

2020年
ランキング
42位

妙 味 度（利益度）　　　全体 **101** (611)

芝	103 (814)	ダート	99 (-238)	障害	—
短距離	102 (944)	中距離	98 (-408)	長距離	105 (113)
	左回り	106 (2036)	右回り	97 (-1003)	

札幌	—	函館	116 (0)	福島	95 (-202)
新潟	116 (1291)	東京	98 (-494)	中山	97 (-848)
中京	81 (0)	阪神	—	小倉	111 (0)

芝道悪	88 (-979)	ダ道悪	108 (1308)

新馬	未勝利	1～3勝C	OP	重賞
117 (1234)	91 (-2364)	105 (1218)	81 (-576)	144 (614)

POINT 「新潟」利益度ベスト5位。「新馬」利益度ベスト4位。重賞で◯。

騎　手

木幡 初也

2020年ランキング **113位**

妙味度（利益度）		全体 90 (-1801)

芝 77 (-2271)	ダート 100 (11)	障害 —
短距離 94 (-690)	中距離 87 (-889)	長距離 55 (-136)
	左回り 94 (-353)	右回り 89 (-1358)

札幌 85 (0)	函館 109 (0)	福島 82 (-724)
新潟 87 (-450)	東京 129 (550)	中山 96 (-248)
中京 74 (-131)	阪神 217 (117)	小倉 73 (-755)

芝道悪 81 (-559)	ダ道悪 86 (-550)

新馬	未勝利	1～3勝C	OP	重賞
77 (-676)	92 (-708)	88 (-750)	54 (-93)	21 (0)

POINT　「芝」利益度ワースト9位。芝よりもダート。長距離ほど×。道悪は×。

斎藤 新

2020年ランキング **35位**

妙味度（利益度）		全体 92 (-5516)

芝 95 (-1611)	ダート 90 (-3659)	障害 —
短距離 90 (-3900)	中距離 94 (-1680)	長距離 99 (-21)
	左回り 87 (-3579)	右回り 95 (-1956)

札幌 —	函館 21 (0)	福島 110 (766)
新潟 100 (12)	東京 89 (-374)	中山 88 (-423)
中京 73 (-2710)	阪神 99 (-190)	小倉 79 (-1547)

芝道悪 98 (-215)	ダ道悪 93 (-1259)

新馬	未勝利	1～3勝C	OP	重賞
107 (294)	95 (-1418)	89 (-3510)	85 (-578)	139 (704)

POINT　「全体」利益度ワースト4位。「ダート」利益度ワースト5位。短距離よりは長距離。重賞で○。

酒井 学

2020年ランキング **48位**

妙味度（利益度）		全体 103 (1577)

芝 121 (5416)	ダート 88 (-3373)	障害 —
短距離 103 (830)	中距離 104 (883)	長距離 96 (-50)
	左回り 78 (-1611)	右回り 108 (3875)

札幌 117 (50)	函館 —	福島 113 (424)
新潟 66 (-405)	東京 121 (84)	中山 122 (199)
中京 68 (-1847)	阪神 107 (1369)	小倉 115 (1441)

芝道悪 117 (1344)	ダ道悪 88 (-1614)

新馬	未勝利	1～3勝C	OP	重賞
89 (-672)	90 (-1857)	107 (1355)	135 (1821)	122 (607)

POINT　「芝」利益度ベスト1位。「ダート」利益度ワースト6位。東京・中山で○。上位クラスほど○。

坂井 瑠星

2020年ランキング **27位**

妙味度（利益度）		全体 102 (1440)

芝 96 (-1307)	ダート 109 (2975)	障害 —
短距離 107 (2161)	中距離 97 (-858)	長距離 104 (110)
	左回り 127 (1256)	右回り 99 (-404)

札幌 104 (242)	函館 95 (-380)	福島 97 (-64)
新潟 108 (32)	東京 148 (822)	中山 97 (-144)
中京 115 (415)	阪神 107 (1281)	小倉 119 (0)

芝道悪 82 (-1444)	ダ道悪 103 (471)

新馬	未勝利	1～3勝C	OP	重賞
91 (-461)	99 (-266)	103 (655)	120 (1506)	102 (79)

POINT　「ダート」利益度ベスト5位。芝よりもダート。左回りで○。上位クラスほど○。

鮫島 克駿

2020年ランキング **31位**

妙味度（利益度）　　　全体 **102** (1508)

芝	103 (1086)	ダート	101 (450)	障害	—
短距離	104 (1376)	中距離	100 (40)	長距離	99 (-31)
		左回り	105 (891)	右回り	99 (-402)

札幌	—	函館	90 (0)	福島	110 (961)
新潟	121 (1885)	東京	42 (-233)	中山	121 (358)
中京	101 (112)	阪神	97 (-435)	小倉	95 (-610)

芝道悪	107 (832)	ダ道悪	111 (1550)

新馬	未勝利	1～3勝C	OP	重賞
112 (530)	100 (-76)	103 (799)	96 (-192)	89 (-204)

POINT 短距離ほど○。「新潟」利益度ベスト1位。道悪で○。「ダ道悪」利益度ベスト3位。

鮫島 良太

2020年ランキング **86位**

妙味度（利益度）　　　全体 **103** (608)

芝	78 (-1518)	ダート	109 (1250)	障害	—
短距離	110 (1025)	中距離	93 (-654)	長距離	83 (-66)
		左回り	87 (-414)	右回り	105 (806)

札幌	—	函館	—	福島	137 (447)
新潟	119 (190)	東京	139 (116)	中山	39 (-121)
中京	82 (-369)	阪神	96 (-297)	小倉	114 (482)

芝道悪	110 (197)	ダ道悪	110 (666)

新馬	未勝利	1～3勝C	OP	重賞
87 (-193)	115 (1378)	94 (-371)	124 (235)	21 (-237)

POINT 芝よりもダート。短距離ほど○。福島で○。中京は×。道悪で○。オープン戦で○。

柴田 大知

2020年ランキング **45位**

妙味度（利益度）　　　全体 **94** (-3275)

芝	99 (-272)	ダート	86 (-2991)	障害	—
短距離	92 (-2407)	中距離	99 (-259)	長距離	76 (-512)
		左回り	91 (-2191)	右回り	97 (-927)

札幌	74 (0)	函館	—	福島	101 (103)
新潟	92 (-818)	東京	88 (-1721)	中山	93 (-992)
中京	145 (1124)	阪神	154 (486)	小倉	110 (575)

芝道悪	100 (-42)	ダ道悪	85 (-1309)

新馬	未勝利	1～3勝C	OP	重賞
85 (-913)	96 (-763)	93 (-1645)	81 (-623)	78 (-366)

POINT 「全体」利益度ワースト8位。「ダート」利益度ワースト8位。ダートよりは芝。中京・阪神で○。

柴田 未崎

2020年ランキング **142位**

妙味度（利益度）　　　全体 **103** (115)

芝	96 (-70)	ダート	90 (-263)	障害	—
短距離	109 (220)	中距離	96 (-78)	長距離	54 (-46)
		左回り	93 (-78)	右回り	104 (141)

札幌	—	函館	—	福島	21 (-158)
新潟	143 (0)	東京	21 (-79)	中山	21 (0)
中京	82 (-181)	阪神	120 (344)	小倉	109 (74)

芝道悪	114 (70)	ダ道悪	118 (109)

新馬	未勝利	1～3勝C	OP	重賞
70 (-236)	108 (116)	102 (48)	21 (-79)	21 (0)

POINT ダートは×。短距離ほど○。阪神で○。道悪で○。新馬戦は×。

柴田 善臣

2020年ランキング **49位**

妙味度 (利益度)		全体 100 (2)

芝 107 (1454)	ダート 92 (-1301)	障害 —
短距離 98 (-527)	中距離 95 (-650)	長距離 146 (1375)

左回り 104 (735)	右回り 96 (-616)

札幌 60 (-122)	函館 134 (0)	福島 100 (14)
新潟 90 (-696)	東京 109 (1131)	中山 95 (-663)
中京 112 (0)	阪神 80 (0)	小倉 207 (214)

芝道悪 107 (373)	ダ道悪 112 (659)

新馬	未勝利	1~3勝C	OP	重賞
100 (-1)	101 (81)	101 (176)	116 (392)	109 (137)

POINT ダートよりも芝。「長距離」利益度ベスト2位。「新潟」利益度ワースト7位。上位クラスほど○。

柴山 雄一

2020年ランキング **72位**

妙味度 (利益度)		全体 95 (-1898)

芝 97 (-602)	ダート 92 (-1305)	障害 —
短距離 97 (-479)	中距離 92 (-1328)	長距離 89 (-126)

左回り 95 (-562)	右回り 95 (-1314)

札幌 100 (-13)	函館 91 (-374)	福島 90 (-244)
新潟 93 (-229)	東京 100 (0)	中山 94 (-107)
中京 91 (-711)	阪神 88 (-366)	小倉 103 (63)

芝道悪 112 (457)	ダ道悪 101 (41)

新馬	未勝利	1~3勝C	OP	重賞
99 (-12)	98 (-286)	92 (-1287)	74 (-654)	78 (-198)

POINT 長距離ほど×。「函館」利益度ワースト9位。「中京」利益度ワースト9位。上位クラスほど×。

嶋田 純次

2020年ランキング **100位**

妙味度 (利益度)		全体 120 (3605)

芝 123 (2417)	ダート 110 (737)	障害 —
短距離 128 (3944)	中距離 102 (58)	長距離 72 (-112)

左回り 128 (1553)	右回り 118 (2112)

札幌 104 (0)	函館 134 (480)	福島 113 (409)
新潟 103 (76)	東京 155 (1609)	中山 123 (926)
中京 97 (-11)	阪神 21 (0)	小倉 126 (767)

芝道悪 134 (1683)	ダ道悪 104 (95)

新馬	未勝利	1~3勝C	OP	重賞
182 (1883)	106 (283)	116 (1535)	104 (17)	21 (-158)

POINT 「全体」利益度ベスト6位。「芝」利益度ベスト7位。短距離ほど○。東京・中山で○。

白浜 雄造

2020年ランキング **110位**

妙味度 (利益度)		全体 93 (-337)

芝 21 (0)	ダート 21 (0)	障害 94 (-326)
短距離 21 (0)	中距離 —	長距離 94 (-326)

左回り 21 (0)	右回り 21 (0)

札幌 —	函館 —	福島 82 (-161)
新潟 57 (-345)	東京 29 (-212)	中山 112 (60)
中京 87 (-125)	阪神 97 (-20)	小倉 74 (-131)

芝道悪 —	ダ道悪 21 (0)

新馬	未勝利	1~3勝C	OP	重賞
21 (0)	108 (218)	21 (0)	77 (-547)	—

POINT 「障害」利益度ワースト7位。中山で○。オープン戦よりも未勝利戦。

菅原 隆一

2020年ランキング **138位**

妙味度（利益度） 全体 **97 (-191)**

芝	70 (-505)	ダート	103 (157)	障害	—
短距離	90 (-434)	中距離	110 (200)	長距離	44 (0)
		左回り	109 (306)	右回り	72 (-661)

札幌	133 (0)	函館	21 (0)	福島	48 (-258)
新潟	141 (367)	東京	96 (-107)	中山	74 (-491)
中京	130 (60)	阪神	21 (0)	小倉	—

| 芝道悪 | 36 (-515) | ダ道悪 | 87 (-355) |

新馬	未勝利	1～3勝C	OP	重賞
39 (-545)	110 (420)	100 (-1)	21 (-158)	21 (0)

 POINT 芝よりもダート。短距離は×。右回りは×。新潟で○。道悪は×。新馬戦は×。

菅原 明良

2020年ランキング **39位**

妙味度（利益度） 全体 **104 (2359)**

芝	110 (2806)	ダート	100 (-10)	障害	—
短距離	97 (-1056)	中距離	115 (3613)	長距離	80 (-489)
		左回り	98 (-656)	右回り	108 (2136)

札幌	111 (0)	函館	121 (0)	福島	98 (-385)
新潟	101 (161)	東京	98 (-227)	中山	118 (1715)
中京	83 (-692)	阪神	157 (171)	小倉	—

| 芝道悪 | 121 (1730) | ダ道悪 | 116 (1624) |

新馬	未勝利	1～3勝C	OP	重賞
86 (-740)	107 (1575)	105 (1419)	68 (-380)	21 (-158)

POINT 「芝」利益度ベスト3位。「中距離」利益度ベスト2位。「中山」利益度ベスト5位。道悪で○。

杉原 誠人

2020年ランキング **66位**

妙味度（利益度） 全体 **107 (2019)**

芝	112 (2118)	ダート	97 (-378)	障害	—
短距離	112 (2262)	中距離	99 (-134)	長距離	43 (-342)
		左回り	92 (-656)	右回り	113 (2472)

札幌	191 (272)	函館	159 (1357)	福島	106 (251)
新潟	96 (-219)	東京	82 (-514)	中山	107 (532)
中京	135 (319)	阪神	43 (-401)	小倉	120 (895)

| 芝道悪 | 122 (1546) | ダ道悪 | 105 (182) |

新馬	未勝利	1～3勝C	OP	重賞
63 (-786)	118 (2275)	107 (761)	94 (-79)	90 (-60)

 POINT 「芝」利益度ベスト8位。ダートよりも芝。短距離ほど○。北海道で○。

鈴木 慶太

2020年ランキング **151位**

妙味度（利益度） 全体 **124 (309)**

芝	—	ダート	21 (0)	障害	124 (314)
短距離	21 (0)	中距離	—	長距離	124 (314)
		左回り	—	右回り	21 (0)

札幌	—	函館	—	福島	309 (628)
新潟	158 (175)	東京	50 (-50)	中山	21 (-237)
中京	90 (-10)	阪神	140 (40)	小倉	21 (0)

| 芝道悪 | — | ダ道悪 | — |

新馬	未勝利	1～3勝C	OP	重賞
21 (0)	131 (401)	—	93 (0)	—

POINT 「障害」利益度ベスト9位。福島・新潟で○。未勝利戦で○。

騎 手

高倉 稜
2020年ランキング **98位**

妙味度（利益度）　全体 **95 (-1257)**

芝 94 (-648)	ダート 97 (-443)	障害 —
短距離 92 (-1070)	中距離 96 (-388)	長距離 98 (-10)
左回り 102 (115)	右回り 93 (-1343)	

札幌 —	函館 —	福島 67 (-333)
新潟 154 (816)	東京 106 (12)	中山 105 (11)
中京 90 (-309)	阪神 106 (466)	小倉 93 (-305)

芝道悪 66 (-1379)	ダ道悪 89 (-750)

新馬	未勝利	1〜3勝C	OP	重賞
77 (-598)	105 (487)	85 (-1154)	109 (239)	122 (244)

POINT 短距離ほど×。「新潟」利益度ベスト9位。道悪は×。「芝道悪」利益度ワースト8位。

高田 潤
2020年ランキング **90位**

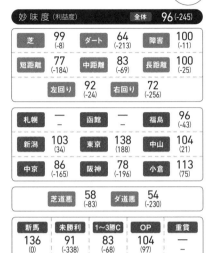

妙味度（利益度）　全体 **96 (-245)**

芝 99 (-8)	ダート 64 (-213)	障害 100 (-11)
短距離 77 (-184)	中距離 83 (-69)	長距離 100 (-25)
左回り 92 (-24)	右回り 72 (-256)	

札幌 —	函館 —	福島 96 (-43)
新潟 103 (34)	東京 138 (188)	中山 104 (21)
中京 86 (-165)	阪神 78 (-196)	小倉 113 (75)

芝道悪 58 (-83)	ダ道悪 54 (-230)

新馬	未勝利	1〜3勝C	OP	重賞
136 (0)	91 (-338)	83 (-68)	104 (97)	—

POINT ダートは×。長距離ほど○。東京で○。阪神は×。道悪は×。

高野 和馬
2020年ランキング **141位**

妙味度（利益度）　全体 **68 (-961)**

芝 21 (-79)	ダート 262 (808)	障害 50 (-1202)
短距離 21 (-158)	中距離 287 (749)	長距離 50 (-1202)
左回り 228 (255)	右回り 21 (-316)	

札幌 —	函館 —	福島 38 (-431)
新潟 21 (-316)	東京 163 (189)	中山 31 (-550)
中京 21 (-316)	阪神 60 (-40)	小倉 —

芝道悪 21 (-79)	ダ道悪 287 (747)

新馬	未勝利	1〜3勝C	OP	重賞
21 (-79)	79 (-561)	21 (0)	37 (-126)	—

POINT 「障害」利益度ワースト3位。「長距離」利益度ワースト3位。障害よりもダート。東京で○。

竹之下 智昭
2020年ランキング **136位**

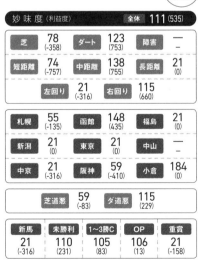

妙味度（利益度）　全体 **111 (535)**

芝 78 (-358)	ダート 123 (753)	障害 —
短距離 74 (-757)	中距離 138 (755)	長距離 21 (0)
左回り 21 (-316)	右回り 115 (660)	

札幌 55 (-135)	函館 148 (435)	福島 21 (0)
新潟 21 (-316)	東京 21 (0)	中山 —
中京 21 (-316)	阪神 59 (-410)	小倉 184 (0)

芝道悪 59 (-83)	ダ道悪 115 (229)

新馬	未勝利	1〜3勝C	OP	重賞
21 (-316)	110 (231)	105 (83)	106 (13)	21 (-158)

POINT 芝よりもダート。短距離は×。「函館」利益度ベスト8位。新馬戦は×。

太宰 啓介

2020年ランキング **63位**

妙味度（利益度） **全体 100 (-136)**

芝 93 (-1321)	ダート 104 (847)	障害 — –
短距離 101 (340)	中距離 98 (-347)	長距離 87 (-51)

左回り 95 (-304)	右回り 102 (542)

札幌 129 (0)	函館 78 (0)	福島 196 (0)
新潟 50 (-701)	東京 107 (7)	中山 86 (0)
中京 99 (-58)	阪神 103 (461)	小倉 96 (-252)

芝道悪 109 (494)	ダ道悪 105 (506)

新馬	未勝利	1～3勝C	OP	重賞
98 (-88)	96 (-610)	104 (572)	86 (-421)	86 (-158)

POINT 芝よりもダート。短距離ほど○。「新潟」利益度ワースト6位。道悪で○。

田中 勝春

2020年ランキング **64位**

妙味度（利益度） **全体 102 (521)**

芝 102 (234)	ダート 102 (372)	障害 — –
短距離 99 (-250)	中距離 106 (568)	長距離 106 (101)

左回り 106 (942)	右回り 97 (-340)

札幌 150 (248)	函館 96 (-4)	福島 103 (29)
新潟 98 (-45)	東京 108 (1008)	中山 93 (-682)
中京 58 (-211)	阪神 114 (56)	小倉 21 (0)

芝道悪 122 (900)	ダ道悪 118 (1008)

新馬	未勝利	1～3勝C	OP	重賞
114 (485)	102 (204)	100 (-2)	84 (-274)	91 (-61)

POINT 札幌で○。中山よりも東京。中京は×。道悪で○。下位クラスほど○。

田中 健

2020年ランキング **91位**

妙味度（利益度） **全体 111 (1818)**

芝 105 (360)	ダート 116 (1440)	障害 — –
短距離 113 (1345)	中距離 105 (266)	長距離 95 (-5)

左回り 173 (1392)	右回り 105 (637)

札幌 —	函館 —	福島 128 (56)
新潟 257 (784)	東京 128 (28)	中山 123 (46)
中京 156 (727)	阪神 107 (491)	小倉 96 (-112)

芝道悪 149 (984)	ダ道悪 121 (960)

新馬	未勝利	1～3勝C	OP	重賞
87 (-236)	122 (1208)	109 (623)	116 (95)	21 (-158)

POINT 短距離ほど○。「左回り」利益度ベスト10位。「中京」利益度ベスト7位。道悪で○。

田村 太雅

2020年ランキング **135位**

妙味度（利益度） **全体 95 (-106)**

芝 21 (0)	ダート 21 (0)	障害 96 (-87)
短距離 21 (0)	中距離 21 (0)	長距離 96 (-87)

左回り — —	右回り 21 (0)

札幌 —	函館 —	福島 111 (33)
新潟 41 (-119)	東京 21 (0)	中山 61 (-39)
中京 95 (-25)	阪神 108 (23)	小倉 58 (-125)

芝道悪 21 (0)	ダ道悪 21 (0)

新馬	未勝利	1～3勝C	OP	重賞
21 (0)	92 (-114)	21 (0)	86 (-115)	— –

POINT 福島で○。新潟・小倉は×。オープン戦よりは未勝利戦。

騎　手

丹内 祐次

2020年ランキング **41位**

妙味度（利益度）	全体	97 (-1852)

芝	99 (-423)	ダート	95 (-1587)	障害	—
短距離	101 (209)	中距離	91 (-3183)	長距離	113 (531)
		左回り	87 (-1811)	右回り	100 (-285)

札幌	92 (-827)	函館	100 (-44)	福島	97 (-282)
新潟	87 (-832)	東京	82 (-1232)	中山	103 (472)
中京	124 (311)	阪神	94 (-102)	小倉	108 (739)

芝道悪	102 (176)	ダ道悪	90 (-1030)

新馬	未勝利	1〜3勝C	OP	重賞
85 (-736)	94 (-1503)	101 (479)	95 (-187)	97 (-63)

POINT 「中距離」利益度ワースト4位。左回りよりは右回り。「新潟」利益度ワースト3位。中京で◯。

津村 明秀

2020年ランキング **37位**

妙味度（利益度）	全体	99 (-555)

芝	99 (-223)	ダート	99 (-352)	障害	—
短距離	100 (138)	中距離	98 (-334)	長距離	91 (-380)
		左回り	102 (579)	右回り	95 (-1354)

札幌	—	函館	—	福島	98 (-32)
新潟	100 (7)	東京	105 (977)	中山	94 (-1558)
中京	105 (32)	阪神	85 (-60)	小倉	87 (0)

芝道悪	99 (-78)	ダ道悪	95 (-521)

新馬	未勝利	1〜3勝C	OP	重賞
104 (223)	109 (1385)	98 (-2320)	103 (185)	110 (348)

POINT 長距離ほど×。「中山」利益度ワースト7位。「1〜3勝C」利益度ワースト7位。

富田 暁

2020年ランキング **73位**

妙味度（利益度）	全体	92 (-2601)

芝	95 (-779)	ダート	90 (-1618)	障害	—
短距離	94 (-909)	中距離	91 (-1306)	長距離	73 (-273)
		左回り	100 (-26)	右回り	89 (-2668)

札幌	—	函館	88 (0)	福島	115 (465)
新潟	115 (261)	東京	21 (0)	中山	(0)
中京	94 (-319)	阪神	77 (-2249)	小倉	87 (-613)

芝道悪	104 (143)	ダ道悪	79 (-1257)

新馬	未勝利	1〜3勝C	OP	重賞
94 (-174)	88 (-1491)	96 (-529)	21 (-1106)	21 (-395)

POINT 長距離ほど×。福島・新潟で◯。「阪神」利益度ワースト3位。「OP」利益度ワースト4位。

中井 裕二

2020年ランキング **67位**

妙味度（利益度）	全体	113 (3193)

芝	93 (-636)	ダート	126 (4080)	障害	—
短距離	115 (1885)	中距離	111 (1298)	長距離	51 (-247)
		左回り	116 (1096)	右回り	112 (2092)

札幌	107 (0)	函館	111 (0)	福島	100 (1)
新潟	121 (511)	東京	89 (-11)	中山	102 (33)
中京	113 (620)	阪神	111 (784)	小倉	123 (610)

芝道悪	98 (-60)	ダ道悪	98 (-114)

新馬	未勝利	1〜3勝C	OP	重賞
146 (734)	116 (1331)	112 (1499)	111 (74)	39 (-122)

POINT 「全体」利益度ベスト7位。「ダート」利益度ベスト1位。短距離ほど◯。下位クラスほど◯。

長岡 禎仁

2020年ランキング **103位**

妙味度（利益度） **全体** 98 (-235)

芝	91 (-488)	ダート	101 (50)	障害	— –
短距離	103 (201)	中距離	85 (-960)	長距離	129 (88)
		左回り	109 (357)	右回り	89 (-1020)

札幌	104 (0)	函館	75 (0)	福島	90 (-88)
新潟	122 (346)	東京	128 (169)	中山	104 (0)
中京	87 (-270)	阪神	81 (-755)	小倉	87 (-226)

芝道悪	113 (164)	ダ道悪	104 (139)

新馬	未勝利	1～3勝C	OP	重賞
43 (-905)	103 (192)	96 (-143)	330 (1378)	406 (1530)

POINT 新潟・東京で○。「OP」利益度ベスト3位。「重賞」利益度ベスト1位。

中村 将之

2020年ランキング **95位**

妙味度（利益度） **全体** 116 (662)

芝	21 (0)	ダート	21 (-79)	障害	118 (708)
短距離	21 (-79)	中距離	21 (0)	長距離	118 (708)
		左回り	21 (0)	右回り	21 (-79)

札幌	—	函館	—	福島	157 (228)
新潟	83 (-33)	東京	168 (340)	中山	80 (-59)
中京	77 (-140)	阪神	145 (446)	小倉	122 (88)

芝道悪	21 (0)	ダ道悪	21 (-79)

新馬	未勝利	1～3勝C	OP	重賞
21 (0)	114 (319)	21 (0)	122 (389)	—

POINT 「障害」利益度ベスト4位。福島・東京・阪神・小倉で○。オープン戦で○。

難波 剛健

2020年ランキング **114位**

妙味度（利益度） **全体** 100 (-1)

芝	62 (-115)	ダート	60 (-316)	障害	100 (6)
短距離	106 (24)	中距離	21 (-553)	長距離	100 (2)
		左回り	247 (294)	右回り	21 (-711)

札幌	—	函館	—	福島	94 (-34)
新潟	131 (367)	東京	111 (22)	中山	98 (-9)
中京	93 (-54)	阪神	102 (18)	小倉	121 (64)

芝道悪	21 (-79)	ダ道悪	89 (-11)

新馬	未勝利	1～3勝C	OP	重賞
256 (311)	95 (-109)	21 (-316)	108 (154)	21 (0)

POINT 中距離は×。右回りよりも左回り。新潟で○。道悪は×。新馬戦で○。条件戦は×。

西谷 誠

2020年ランキング **106位**

妙味度（利益度） **全体** 92 (-474)

芝	—	ダート	—	障害	92 (-474)
短距離	—	中距離	—	長距離	92 (-474)
		左回り	—	右回り	—

札幌	—	函館	—	福島	57 (-344)
新潟	85 (-139)	東京	167 (470)	中山	67 (-167)
中京	60 (-202)	阪神	118 (290)	小倉	77 (-92)

芝道悪	—	ダ道悪	—

新馬	未勝利	1～3勝C	OP	重賞
— –	78 (-972)	— –	142 (759)	— –

POINT 「障害」利益度ワースト5位。東京で○。未勝利戦よりもオープン戦。

騎　手

西村 太一

2020年 ランキング 161位

妙味度（利益度）　全体　75（-509）

芝	83 (-100)	ダート	70 (-420)	障害	—
短距離	75 (-377)	中距離	73 (-135)	長距離	21 (0)

左回り	87 (-108)	右回り	69 (-251)

札幌	81 (0)	函館	177 (0)	福島	30 (-280)
新潟	57 (-348)	東京	47 (-213)	中山	54 (-182)
中京	135 (0)	阪神	—	小倉	112 (0)

芝道悪	94 (-6)	ダ道悪	79 (-63)

新馬	未勝利	1～3勝C	OP	重賞
125 (49)	65 (-351)	79 (-168)	123 (0)	21 (0)

POINT 芝・ダートともに×だが、特にダートが×。福島・新潟・東京・中山は×。新馬戦で○。

野中 悠太郎

2020年 ランキング 69位

妙味度（利益度）　全体　95（-2819）

芝	112 (2771)	ダート	84 (-5187)	障害	—
短距離	97 (-1077)	中距離	89 (-2022)	長距離	117 (292)

左回り	101 (194)	右回り	89 (-2703)

札幌	—	函館	21 (-316)	福島	93 (-170)
新潟	94 (-303)	東京	101 (239)	中山	88 (-2589)
中京	21 (-474)	阪神	77 (0)	小倉	21 (0)

芝道悪	121 (1591)	ダ道悪	78 (-2700)

新馬	未勝利	1～3勝C	OP	重賞
93 (-428)	102 (429)	85 (-3080)	122 (453)	107 (69)

POINT 「芝」利益度ベスト4位。「ダート」利益度ワースト2位。ダートよりも芝。オープン戦で○。

服部 寿希

2020年 ランキング 148位

妙味度（利益度）　全体　77（-2054）

芝	92 (-210)	ダート	69 (-1919)	障害	—
短距離	64 (-1748)	中距離	93 (-245)	長距離	21 (-395)

左回り	88 (-313)	右回り	68 (-2012)

札幌	—	函館	—	福島	52 (-334)
新潟	112 (71)	東京		中山	62 (-62)
中京	79 (-436)	阪神	70 (-565)	小倉	94 (-62)

芝道悪	82 (-129)	ダ道悪	63 (-1307)

新馬	未勝利	1～3勝C	OP	重賞
109 (35)	72 (-1364)	78 (-821)	21 (0)	—

POINT ダートよりは芝。「右回り」利益度ワースト10位。新潟で○。「ダ道悪」利益度ワースト8位。

浜中 俊

2020年 ランキング 30位

妙味度（利益度）　全体　102（953）

芝	99 (-281)	ダート	106 (1227)	障害	—
短距離	93 (-1557)	中距離	112 (2213)	長距離	91 (-179)

左回り	102 (140)	右回り	102 (806)

札幌	164 (762)	函館	104 (0)	福島	—
新潟	121 (62)	東京	97 (-60)	中山	123 (303)
中京	105 (197)	阪神	102 (355)	小倉	102 (117)

芝道悪	91 (-629)	ダ道悪	108 (741)

新馬	未勝利	1～3勝C	OP	重賞
94 (-217)	113 (1633)	99 (-210)	92 (-448)	99 (-32)

POINT 「中距離」利益度ベスト7位。「札幌」利益度ベスト8位。「未勝利」利益度ベスト10位。

原 優介

2020年ランキング **111位**

妙味度（利益度）　全体 **83** (-5501)

芝	78 (-2943)	ダート 85 (-2745)	障害 —
短距離	92 (-1607)	中距離 63 (-4039)	長距離 21 (-316)
左回り	110 (1440)	右回り 67 (-5594)	

札幌 204 (833)	函館 —	福島 52 (-2323)
新潟 92 (-454)	東京 119 (1721)	中山 70 (-3178)
中京 —	阪神 21 (-474)	小倉 —

芝道悪 103 (126)　ダ道悪 92 (-562)

新馬	未勝利	1~3勝C	OP	重賞
55 (-1356)	86 (-2414)	87 (-1426)	21 (-632)	21 (-237)

POINT 「全体」利益度ワースト5位。「芝」利益度ワースト4位。「ダート」利益度ワースト9位。

原田 和真

2020年ランキング **121位**

妙味度（利益度）　全体 **108** (983)

芝	122 (1777)	ダート 86 (-625)	障害 155 (0)
短距離	113 (1033)	中距離 95 (-208)	長距離 118 (141)
左回り	72 (-1033)	右回り 120 (1783)	

札幌 45 (0)	函館 159 (0)	福島 93 (-106)
新潟 96 (-50)	東京 79 (-459)	中山 115 (295)
中京 96 (-7)	阪神 228 (1794)	小倉 110 (310)

芝道悪 199 (3076)　ダ道悪 59 (-781)

新馬	未勝利	1~3勝C	OP	重賞
139 (472)	103 (173)	97 (-158)	169 (411)	316 (863)

POINT ダートよりも芝。左回りよりも右回り。「阪神」利益度ベスト3位。オープン・重賞で◎。

伴 啓太

2020年ランキング **115位**

妙味度（利益度）　全体 **84** (-1275)

芝	75 (-126)	ダート 71 (-376)	障害 108 (528)
短距離	80 (-202)	中距離 61 (-314)	長距離 109 (554)
左回り	61 (-394)	右回り 93 (-58)	

札幌 —	函館 —	福島 96 (-79)
新潟 67 (-653)	東京 52 (-478)	中山 96 (-74)
中京 71 (-204)	阪神 21 (-79)	小倉 111 (0)

芝道悪 21 (-79)　ダ道悪 58 (-208)

新馬	未勝利	1~3勝C	OP	重賞
21 (-316)	95 (-333)	64 (-108)	130 (325)	21 (0)

POINT 「障害」利益度ベスト7位。左回りよりは右回り。「新潟」利益度ワースト9位。道悪は×。

菱田 裕二

2020年ランキング **32位**

妙味度（利益度）　全体 **104** (2243)

芝	109 (2647)	ダート 99 (-303)	障害 —
短距離	112 (2929)	中距離 99 (-289)	長距離 80 (-365)
左回り	109 (1241)	右回り 102 (750)	

札幌 109 (600)	函館 89 (-778)	福島 97 (-225)
新潟 115 (786)	東京 129 (117)	中山 79 (-192)
中京 105 (396)	阪神 92 (-306)	小倉 117 (1360)

芝道悪 121 (1690)　ダ道悪 94 (-565)

新馬	未勝利	1~3勝C	OP	重賞
131 (626)	118 (3347)	96 (-989)	103 (103)	119 (241)

POINT 「芝」利益度ベスト6位。短距離ほど◎。新馬戦・未勝利戦で◎。「未勝利」利益度ベスト1位。

平沢 健治

妙味度（利益度）　全体 120 (1148)

芝 —	ダート —	障害 120 (1148)
短距離 —	中距離 —	長距離 120 (1148)

左回り —	右回り —

札幌 —	函館 —	福島 128 (282)
新潟 142 (380)	東京 115 (58)	中山 148 (289)
中京 126 (184)	阪神 135 (245)	小倉 57 (-214)

芝道悪 —	ダ道悪 —

新馬	未勝利	1～3勝C	OP	重賞
—	112 (313)	—	128 (833)	—

POINT 「障害」利益度ベスト2位。「長距離」利益度ベスト5位。オープン戦で○。

藤井 勘一郎

妙味度（利益度）　全体 97 (-1306)

芝 93 (-1370)	ダート 101 (149)	障害 —
短距離 95 (-948)	中距離 100 (6)	長距離 73 (-385)

左回り 102 (237)	右回り 95 (-1660)

札幌 21 (-158)	函館 —	福島 68 (-162)
新潟 110 (238)	東京 121 (850)	中山 197 (1454)
中京 100 (-2)	阪神 92 (-1309)	小倉 68 (-831)

芝道悪 127 (1487)	ダ道悪 113 (1508)

新馬	未勝利	1～3勝C	OP	重賞
172 (1937)	98 (-257)	86 (-1996)	103 (124)	92 (-194)

POINT 東京・中山で○。道悪で○。「ダ道悪」利益度ベスト5位。「新馬」利益度ベスト1位。

藤岡 康太

妙味度（利益度）　全体 95 (-3135)

芝 88 (-4636)	ダート 104 (1241)	障害 —
短距離 94 (-1853)	中距離 96 (-1160)	長距離 93 (-160)

左回り 91 (-1147)	右回り 96 (-1950)

札幌 90 (-325)	函館 97 (-206)	福島 89 (-53)
新潟 83 (0)	東京 75 (-302)	中山 109 (121)
中京 94 (-725)	阪神 99 (-184)	小倉 92 (-1005)

芝道悪 87 (-1440)	ダ道悪 108 (842)

新馬	未勝利	1～3勝C	OP	重賞
89 (-540)	96 (-852)	97 (-900)	90 (-665)	93 (-274)

POINT 「全体」利益度ワースト9位。「芝」利益度ワースト1位。芝よりもダート。

藤懸 貴志

妙味度（利益度）　全体 99 (-256)

芝 93 (-633)	ダート 102 (327)	障害 —
短距離 102 (211)	中距離 93 (-565)	長距離 146 (278)

左回り 98 (-84)	右回り 99 (-135)

札幌 21 (0)	函館 190 (0)	福島 130 (151)
新潟 88 (-134)	東京 101 (0)	中山 45 (0)
中京 99 (-17)	阪神 86 (-1129)	小倉 100 (10)

芝道悪 84 (-527)	ダ道悪 87 (-1016)

新馬	未勝利	1～3勝C	OP	重賞
70 (-682)	96 (-392)	104 (286)	87 (-141)	136 (109)

POINT 芝よりもダート。福島で○。「阪神」利益度ワースト9位。道悪は×。新馬戦は×。

武士沢 友治 — 2020年ランキング 94位

妙味度（利益度）　全体 87 (-4452)

芝 84 (-1960)	ダート 88 (-2689)	障害 —
短距離 88 (-2669)	中距離 88 (-1370)	長距離 58 (-588)
左回り 86 (-2629)	右回り 89 (-1662)	

札幌 —	函館 —	福島 81 (-402)
新潟 100 (-12)	東京 83 (-2820)	中山 89 (-1407)
中京 21 (0)	阪神 21 (0)	小倉 154 (0)

芝道悪 47 (-2005)	ダ道悪 81 (-1740)

新馬	未勝利	1～3勝C	OP	重賞
114 (691)	86 (-2200)	88 (-1448)	58 (-374)	42 (-349)

POINT　「全体」利益度ワースト7位。「ダート」利益度ワースト10位。道悪は×。下位クラスほど○。

藤田 菜七子 — 2020年ランキング 36位

妙味度（利益度）　全体 84 (-9238)

芝 85 (-4120)	ダート 82 (-5037)	障害 —
短距離 89 (-3534)	中距離 77 (-5549)	長距離 58 (-674)
左回り 88 (-2671)	右回り 79 (-6899)	

札幌 85 (-163)	函館 —	福島 85 (-1887)
新潟 96 (-569)	東京 73 (-2068)	中山 68 (-3429)
中京 84 (-494)	阪神 51 (-195)	小倉 80 (-1503)

芝道悪 93 (-567)	ダ道悪 88 (-1233)

新馬	未勝利	1～3勝C	OP	重賞
92 (-352)	88 (-2546)	81 (-5100)	41 (-1068)	43 (-402)

POINT　「全体」利益度ワースト1位。「芝」利益度ワースト2位。「ダート」利益度ワースト3位。

古川 吉洋 — 2020年ランキング 55位

妙味度（利益度）　全体 100 (-136)

芝 103 (830)	ダート 96 (-729)	障害 —
短距離 99 (-263)	中距離 99 (-133)	長距離 114 (303)
左回り 94 (-341)	右回り 101 (332)	

札幌 91 (-546)	函館 97 (-166)	福島 98 (-14)
新潟 96 (-118)	東京 105 (39)	中山 71 (-87)
中京 85 (-415)	阪神 97 (-363)	小倉 104 (260)

芝道悪 111 (771)	ダ道悪 106 (531)

新馬	未勝利	1～3勝C	OP	重賞
96 (-178)	103 (522)	98 (-290)	107 (289)	82 (-248)

POINT　長距離で○。「札幌」利益度ワースト7位。中京は×。道悪で○。

松岡 正海 — 2020年ランキング 128位

妙味度（利益度）　全体 94 (-672)

芝 89 (-513)	ダート 98 (-123)	障害 —
短距離 96 (-201)	中距離 87 (-623)	長距離 109 (56)
左回り 87 (-463)	右回り 97 (-216)	

札幌 106 (0)	函館 80 (0)	福島 85 (-241)
新潟 37 (-364)	東京 90	中山 104 (188)
中京 90	阪神 46 (-108)	小倉 21 (0)

芝道悪 89 (-135)	ダ道悪 88 (-254)

新馬	未勝利	1～3勝C	OP	重賞
78 (-344)	98 (-73)	91 (-353)	117 (154)	98 (-8)

POINT　芝は×。中距離は×。左回りは×。新馬戦は×。オープン戦で○。

松田 大作

2020年ランキング **65位**

妙味度（利益度）　全体 **111 (2536)**

芝 111 (1251)	ダート 111 (1297)	障害 —
短距離 116 (2065)	中距離 104 (380)	長距離 98 (-12)

左回り 105 (50)	右回り 112 (2613)

札幌 91 (-349)	函館 111 (407)	福島 48 (0)
新潟 139 (0)	東京 125 (275)	中山 144 (398)
中京 96 (0)	阪神 127 (1649)	小倉 78 (0)

芝道悪 96 (-118)	ダ道悪 118 (1023)

新馬	未勝利	1～3勝C	OP	重賞
146 (650)	112 (1092)	109 (758)	100 (-6)	108 (125)

POINT 短距離ほど○。東京・中山・阪神で○。「阪神」利益度ベスト4位。下位クラスほど○。

松若 風馬

2020年ランキング **25位**

妙味度（利益度）　全体 **97 (-2403)**

芝 99 (-475)	ダート 94 (-1908)	障害 —
短距離 100 (7)	中距離 92 (-2611)	長距離 109 (225)

左回り 104 (443)	右回り 95 (-3126)

札幌 21 (0)	函館 —	福島 93 (0)
新潟 115 (455)	東京 85 (-167)	中山 102 (12)
中京 104 (311)	阪神 93 (-1993)	小倉 93 (-817)

芝道悪 87 (-1756)	ダ道悪 93 (-1166)

新馬	未勝利	1～3勝C	OP	重賞
74 (-1936)	99 (-126)	99 (-146)	99 (-74)	91 (-307)

POINT 新潟で○。「阪神」利益度ワースト4位。「新馬」利益度ワースト2位。

的場 勇人

2020年ランキング **133位**

妙味度（利益度）　全体 **114 (1450)**

芝 157 (2005)	ダート 67 (-2124)	障害 —
短距離 120 (1442)	中距離 77 (-591)	長距離 174 (221)

左回り 108 (392)	右回り 120 (1004)

札幌 151 (102)	函館 385 (0)	福島 99 (-6)
新潟 135 (417)	東京 96 (-127)	中山 93 (-198)
中京 93 (-60)	阪神 —	小倉 66 (-469)

芝道悪 144 (654)	ダ道悪 64 (-1047)

新馬	未勝利	1～3勝C	OP	重賞
158 (639)	104 (247)	111 (264)	21 (0)	21 (0)

POINT 「芝」利益度ベスト10位。ダートよりも芝。新潟で○。新馬戦で○。

黛 弘人

2020年ランキング **87位**

妙味度（利益度）　全体 **98 (-764)**

芝 100 (-81)	ダート 95 (-812)	障害 —
短距離 98 (-395)	中距離 94 (-957)	長距離 120 (277)

左回り 109 (840)	右回り 95 (-1372)

札幌 90 (-632)	函館 92 (-399)	福島 97 (-132)
新潟 93 (-169)	東京 151 (1697)	中山 105 (304)
中京 94 (-205)	阪神 21 (0)	小倉 88 (-564)

芝道悪 104 (230)	ダ道悪 100 (2)

新馬	未勝利	1～3勝C	OP	重賞
122 (526)	102 (242)	92 (-1220)	26 (-149)	42 (-58)

POINT 右回りよりも左回り。北海道は×。「東京」利益度ベスト8位。新馬戦で○。

丸田 恭介

2020年
ランキング
71位

妙味度（利益度） 　　全体 **98** (-653)

芝	96 (-815)	ダート	102 (309)	障害	—
短距離	97 (-625)	中距離	105 (806)	長距離	58 (-711)

左回り	99 (-90)	右回り	98 (-524)

札幌	60 (0)	函館	163 (0)	福島	103 (282)
新潟	107 (504)	東京	92 (-326)	中山	82 (-1635)
中京	86 (-398)	阪神	102 (2)	小倉	102 (101)

芝道悪	103 (198)	ダ道悪	108 (569)

新馬	未勝利	1～3勝C	OP	重賞
86 (-360)	101 (128)	100 (-46)	93 (-125)	134 (378)

POINT 「長距離」利益度ワースト8位。「中山」利益度ワースト5位。道悪で◯。重賞で◯。

丸山 元気

2020年
ランキング
23位

妙味度（利益度） 　　全体 **101** (856)

芝	99 (-198)	ダート	104 (1081)	障害	—
短距離	101 (284)	中距離	104 (1125)	長距離	82 (-534)

左回り	106 (1671)	右回り	99 (-357)

札幌	89 (0)	函館	87 (-934)	福島	109 (341)
新潟	101 (79)	東京	118 (2682)	中山	102 (407)
中京	97 (-55)	阪神	68 (-322)	小倉	91 (0)

芝道悪	106 (571)	ダ道悪	103 (236)

新馬	未勝利	1～3勝C	OP	重賞
116 (1037)	99 (-190)	100 (-56)	97 (-175)	88 (-414)

POINT 「函館」利益度ワースト4位。「東京」利益度ベスト2位。「新馬」利益度ベスト5位。

水口 優也

2020年
ランキング
80位

妙味度（利益度） 　　全体 **90** (-1973)

芝	99 (-75)	ダート	87 (-1834)	障害	—
短距離	100 (27)	中距離	71 (-2844)	長距離	135 (71)

左回り	87 (-338)	右回り	90 (-1574)

札幌	81 (-723)	函館	92 (-207)	福島	55 (-451)
新潟	140 (364)	東京	21 (-237)	中山	95 (0)
中京	55 (-629)	阪神	84 (-560)	小倉	121 (233)

芝道悪	101 (17)	ダ道悪	86 (-692)

新馬	未勝利	1～3勝C	OP	重賞
78 (-152)	93 (-583)	83 (-1499)	97 (-3)	194 (0)

POINT 「中距離」利益度ワースト6位。「札幌」利益度ワースト5位。新潟で◯。

三津谷 隼人

2020年
ランキング
129位

妙味度（利益度） 　　全体 **88** (-833)

芝	105 (154)	ダート	74 (-671)	障害	97 (-50)
短距離	75 (-547)	中距離	94 (-166)	長距離	102 (32)

左回り	67 (-366)	右回り	89 (-497)

札幌	78 (0)	函館	21 (0)	福島	83 (-83)
新潟	118 (143)	東京	91 (-36)	中山	—
中京	111 (115)	阪神	96 (-39)	小倉	103 (43)

芝道悪	93 (-117)	ダ道悪	61 (-661)

新馬	未勝利	1～3勝C	OP	重賞
192 (277)	91 (-258)	76 (-780)	62 (-191)	21 (0)

POINT ダートよりも障害・芝。長距離ほど◯。左回りよりは右回り。新馬戦で◯。

蓑島 靖典

2020年ランキング **127位**

妙味度 (利益度)		全体	119(918)

芝	21(0)	ダート	21(0)	障害	119(935)
短距離	21(0)	中距離	21(0)	長距離	119(935)
	左回り	21(0)	右回り	21(0)	

札幌	—	函館	—	福島	57(-473)
新潟	153(845)	東京	82(-88)	中山	105(21)
中京	127(219)	阪神	43(-114)	小倉	—

芝道悪	21(0)	ダ道悪	21(0)

新馬	未勝利	1～3勝C	OP	重賞
—　―	114(525)	21(0)	133(331)	—　–

POINT ▶ 「障害」利益度ベスト3位。「新潟」利益度ベスト8位。オープン戦で◯。

宮崎 北斗

2020年ランキング **93位**

妙味度 (利益度)		全体	110(2017)

芝	107(604)	ダート	111(1437)	障害	—
短距離	107(777)	中距離	107(634)	長距離	142(586)
	左回り	121(2070)	右回り	99(-120)	

札幌	—	函館	—	福島	114(287)
新潟	123(782)	東京	124(1634)	中山	91(-759)
中京	73(0)	阪神	21(-79)	小倉	102(0)

芝道悪	113(360)	ダ道悪	97(-152)

新馬	未勝利	1～3勝C	OP	重賞
104(144)	103(339)	116(952)	143(129)	161(61)

POINT ▶ 長距離で◯。右回りよりも左回り。「左回り」利益度ベスト4位。オープン戦・重賞で◯。

武藤 雅

2020年ランキング **33位**

妙味度 (利益度)		全体	103(1880)

芝	103(894)	ダート	103(1081)	障害	—
短距離	102(537)	中距離	107(1441)	長距離	98(-43)
	左回り	100(57)	右回り	106(1684)	

札幌	—	函館	76(0)	福島	103(53)
新潟	102(182)	東京	100(42)	中山	107(1599)
中京	77(-46)	阪神	69(-31)	小倉	273(0)

芝道悪	104(266)	ダ道悪	101(123)

新馬	未勝利	1～3勝C	OP	重賞
98(-157)	97(-720)	112(2593)	103(119)	108(114)

POINT ▶ 「中山」利益度ベスト6位。「1～3勝C」利益度ベスト6位。

森 一馬

2020年ランキング **61位**

妙味度 (利益度)		全体	110(1036)

芝	69(-372)	ダート	115(387)	障害	110(684)
短距離	91(-103)	中距離	110(258)	長距離	110(685)
	左回り	85(-136)	右回り	110(278)	

札幌	—	函館	21(0)	福島	103(37)
新潟	98(-28)	東京	150(302)	中山	155(384)
中京	94(-114)	阪神	102(38)	小倉	109(45)

芝道悪	34(-330)	ダ道悪	168(679)

新馬	未勝利	1～3勝C	OP	重賞
77(-92)	92(-422)	86(-150)	133(1050)	50(0)

POINT ▶ 「障害」利益度ベスト5位。芝よりもダート・障害。左回りよりも右回り。東京・中山で◯。

森 裕太朗
2020年ランキング 83位

妙味度（利益度）　全体 112(2236)

芝	ダート	障害
106 (303)	115 (2057)	—

短距離	中距離	長距離
115 (1642)	109 (637)	118 (53)

左回り	右回り
110 (447)	114 (1975)

札幌	函館	福島
—	—	99 (-15)

新潟	東京	中山
94 (-73)	61 (-79)	334 (234)

中京	阪神	小倉
119 (550)	101 (82)	133 (1078)

芝道悪	ダ道悪
135 (349)	111 (685)

新馬	未勝利	1〜3勝C	OP	重賞
90 (-147)	109 (810)	115 (1056)	200 (798)	132 (96)

POINT 「ダート」利益度ベスト9位。小倉で○。上位クラスほど○（特にオープン戦・重賞）。

山田 敬士
2020年ランキング 59位

妙味度（利益度）　全体 100(-88)

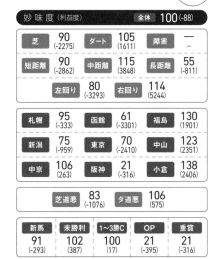

芝	ダート	障害
90 (-2275)	105 (1611)	—

短距離	中距離	長距離
90 (-2862)	115 (3848)	55 (-811)

左回り	右回り
80 (-3293)	114 (5244)

札幌	函館	福島
95 (-333)	61 (-3301)	130 (1901)

新潟	東京	中山
75 (-959)	70 (-2410)	123 (2351)

中京	阪神	小倉
106 (263)	21 (-316)	138 (2406)

芝道悪	ダ道悪
83 (-1076)	106 (575)

新馬	未勝利	1〜3勝C	OP	重賞
91 (-293)	102 (387)	100 (17)	21 (-395)	21 (-316)

POINT 「芝」利益度ワースト8位。芝よりもダート。左回りよりも右回り。福島・中山・小倉で○。

横山 和生
2020年ランキング 38位

妙味度（利益度）　全体 111(5738)

芝	ダート	障害
109 (1821)	112 (3822)	—

短距離	中距離	長距離
107 (2054)	114 (3114)	130 (509)

左回り	右回り
114 (2759)	110 (3448)

札幌	函館	福島
109 (673)	143 (2075)	107 (101)

新潟	東京	中山
81 (-424)	124 (4234)	100 (-14)

中京	阪神	小倉
123 (0)	21 (-316)	67 (0)

芝道悪	ダ道悪
104 (213)	101 (88)

新馬	未勝利	1〜3勝C	OP	重賞
88 (-720)	113 (2729)	110 (2011)	107 (194)	84 (-229)

POINT 「全体」利益度ベスト2位。「ダート」利益度ベスト3位。長距離ほど○。函館・東京で○。

吉田 豊
2020年ランキング 47位

妙味度（利益度）　全体 100(194)

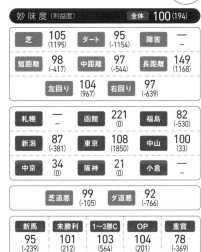

芝	ダート	障害
105 (1195)	95 (-1154)	—

短距離	中距離	長距離
98 (-417)	97 (-544)	149 (1168)

左回り	右回り
104 (967)	97 (-639)

札幌	函館	福島
—	221 (0)	82 (-530)

新潟	東京	中山
87 (-381)	108 (1850)	100 (33)

中京	阪神	小倉
34 (0)	21 (0)	—

芝道悪	ダ道悪
99 (-105)	92 (-766)

新馬	未勝利	1〜3勝C	OP	重賞
95 (-239)	101 (212)	103 (564)	104 (201)	78 (-369)

POINT ダートよりも芝。「長距離」利益度ベスト4位。「東京」利益度ベスト5位。上位クラスほど○。

騎　手

和田 翼

 2020年ランキング **108位**

妙味度（利益度）		全体	110 (1506)

芝	99 (-28)	ダート	118 (1586)	障害	— —

短距離	125 (1768)	中距離	97 (-175)	長距離	105 (24)

左回り	98 (-61)	右回り	114 (1621)

札幌	— —	函館	— —	福島	102 (14)
新潟	92 (-73)	東京	297 (197)	中山	247 (0)
中京	92 (-131)	阪神	111 (528)	小倉	125 (324)

芝道悪	77 (-293)	ダ道悪	132 (1441)

新馬	未勝利	1～3勝C	OP	重賞
171 (635)	109 (629)	105 (269)	66 (-34)	87 (-13)

POINT 芝よりもダート。「ダ道悪」利益度ベスト6位。下位クラスほど◯。

騎手ランキング

全 体

横山和生、嶋田純次、伊藤工真に注目!

　利益度1位は2年連続で西村淳也騎手。昨年度は利益度が1万を超えていたが、少しバレたようで5794まで下がった。2021年に入って金鯱賞のギベオン（単勝227.3倍）で重賞制覇を果たすなど、徐々に注目されてきているので、そこがどう出るか。2位の横山和生騎手は妙味度を102から111まで上げただけでなく、2018年255鞍、2019年322鞍、2020年530鞍と騎乗数を増やしたことで、利益度が格段に上がった。ワースト1位は藤田菜七子騎手で、応援馬券によって相変わらず妙味がない状態になっている。

　注目すべきは妙味度が120を超えている嶋田純次騎手と伊藤工真騎手。ふたりは二桁人気の馬に乗る割合が高いが、均等払い戻しや人気バイアスの補正をすると非常に儲かる騎手であることがわかる。特に、上位人気に乗ったときの安定感は抜群だ。

順位	利益度	騎手名	妙味度
1	5794	西村 淳也	109
2	5738	横山 和生	111
3	4955	松山 弘平	105
4	4669	国分 恭介	111
5	3821	北村 友一	107
6	3605	嶋田 純次	120
7	3193	中井 裕二	113
8	3131	木幡 育也	106
9	2983	団野 大成	104
10	2775	伊藤 工真	121
11	2608	勝浦 正樹	106
12	2604	小林 凌大	107

順位	利益度	騎手名	妙味度
13	2536	松田 大作	111
14	2413	菊沢 一樹	105
15	2359	菅原 明良	104
16	2281	藤岡 佑介	104
17	2243	菱田 裕二	104
18	2240	秋山 稔樹	106
19	2236	森 裕太朗	112
20	2064	加藤 祥太	111
21	2019	杉原 誠人	107
22	2017	宮崎 北斗	110
23	1880	武藤 雅	103
24	1818	田中 健	111

騎手ランキング

順位	利益度	騎手名	妙味度
25	1815	川田 将雅	103
26	1577	酒井 学	103
27	1508	鮫島 克駿	102
28	1506	和田 翼	110
29	1450	的場 勇人	114
30	1440	坂井 瑠星	102
31	1324	田辺 裕信	102
32	1187	川島 信二	106
33	1182	川又 賢治	103
34	1176	植野 貴也	115
35	1148	平沢 健治	120
36	1143	福永 祐一	102
37	1036	森 一馬	110
38	983	原田 和真	108
39	953	浜中 俊	102
40	918	蓑島 靖典	119
41	856	丸山 元気	101
42	712	大野 拓弥	101
43	695	川須 栄彦	102
44	663	和田 竜二	101
45	662	中村 将之	116
46	632	吉田 隼人	101
47	611	木幡 巧也	101
48	608	鮫島 良太	103
49	545	C.ルメール	101
50	535	竹之下 智昭	111
51	521	田中 勝春	102
52	487	横山 典弘	101
53	484	城戸 義政	103
54	468	大江原 圭	106

順位	利益度	騎手名	妙味度
55	367	大庭 和弥	104
56	309	鈴木 慶太	124
57	194	吉田 豊	100
58	115	柴田 未崎	103
59	69	熊沢 重文	101
60	52	北沢 伸也	101
61	2	柴田 善臣	100
62	-1	難波 剛健	100
63	-1	井上 敏樹	100
64	-1	大塚 海渡	99
65	-88	山田 敬士	100
66	-106	田村 太雅	95
67	-109	金子 光希	97
68	-136	古川 吉洋	100
69	-136	太宰 啓介	100
70	-180	草野 太郎	98
71	-191	菅原 隆一	97
72	-233	小坂 忠士	96
73	-235	長岡 禎仁	98
74	-239	戸崎 圭太	99
75	-239	江田 勇亮	95
76	-245	高田 潤	96
77	-256	藤懸 貴志	99
78	-337	白浜 雄造	93
79	-343	池添 謙一	99
80	-423	小牧 太	98
81	-425	石橋 脩	99
82	-449	秋山 真一郎	99
83	-456	黒岩 悠	89
84	-474	西谷 誠	92

順位	利益度	騎手名	妙味度
85	-491	石神 深一	92
86	-509	西村 太一	75
87	-530	岡田 祥嗣	95
88	-555	津村 明秀	99
89	-588	荻野 琢真	96
90	-652	幸 英明	99
91	-653	丸田 恭介	98
92	-664	岩田 康誠	99
93	-672	松岡 正海	94
94	-695	武 豊	99
95	-764	黛 弘人	98
96	-807	岩田 望来	99
97	-823	五十嵐 雄祐	92
98	-833	三津谷 隼人	88
99	-961	高野 和馬	68
100	-1051	石川 裕紀人	98
101	-1058	小林 脩斗	95
102	-1120	小野寺 祐太	83
103	-1139	北村 宏司	98
104	-1257	高倉 稜	95
105	-1275	伴 啓太	84
106	-1306	藤井 勘一郎	97
107	-1406	三浦 皇成	98
108	-1737	小崎 綾也	92
109	-1772	上野 翔	80
110	-1801	木幡 初也	90
111	-1837	M.デムーロ	97
112	-1852	丹内 祐次	97
113	-1894	荻野 極	95
114	-1898	柴山 雄一	95

順位	利益度	騎手名	妙味度
115	-1962	嘉藤 貴行	90
116	-1973	水口 優也	90
117	-2054	服部 寿希	77
118	-2055	亀田 温心	97
119	-2260	横山 武史	97
120	-2403	松若 風馬	97
121	-2601	富田 暁	92
122	-2658	岩部 純二	84
123	-2819	野中 悠太郎	95
124	-2823	国分 優作	94
125	-3135	藤岡 康太	95
126	-3275	柴田 大知	94
127	-4452	武士沢 友治	87
128	-4665	内田 博幸	93
129	-5501	原 優介	83
130	-5516	斎藤 新	92
131	-6271	江田 照男	89
132	-8941	泉谷 楓真	82
133	-9238	藤田 菜七子	84

騎 手 ランキング

芝

順位	利益度	騎手名	妙味度
1	5416	酒井 学	121
2	3962	西村 淳也	111
3	2806	菅原 明良	110
4	2771	野中 悠太郎	112
5	2761	北村 友一	108
6	2647	菱田 裕二	109
7	2417	嶋田 純次	123
8	2118	杉原 誠人	112
9	2025	川田 将雅	105
10	2005	的場 勇人	157

ワースト3			
1	-4636	藤岡 康太	88
2	-4120	藤田 菜七子	85
3	-3740	泉谷 楓真	81

ダート

順位	利益度	騎手名	妙味度
1	4080	中井 裕二	126
2	3908	松山 弘平	109
3	3822	横山 和生	112
4	3754	国分 恭介	114
5	2975	坂井 瑠星	109
6	2863	川須 栄彦	111
7	2471	菊沢 一樹	108
8	2198	藤岡 佑介	109
9	2057	森 裕太朗	115
10	1971	小林 凌大	108

ワースト3			
1	-5233	泉谷 楓真	82
2	-5187	野中 悠太郎	84
3	-5037	藤田 菜七子	82

障害

順位	利益度	騎手名	妙味度
1	1176	植野 貴也	115
2	1148	平沢 健治	120
3	935	蓑島 靖典	119
4	708	中村 将之	118
5	684	森 一馬	110
6	625	伊藤 工真	127
7	528	伴 啓太	108
8	514	大江原 圭	107
9	314	鈴木 慶太	124
10	218	大庭 和弥	106

ワースト3			
1	-1722	上野 翔	80
2	-1298	小野寺 祐太	80
3	-1202	高野 和馬	50

短距離(1600m以下)

順位	利益度	騎手名	妙味度
1	4051	国分 恭介	119
2	3944	嶋田 純次	128
3	3233	西村 淳也	110
4	2938	岩田 望来	107
5	2929	菱田 裕二	112
6	2669	菊沢 一樹	109
7	2346	川須 栄彦	108
8	2262	杉原 誠人	112
9	2261	小林 凌大	110
10	2161	坂井 瑠星	107

ワースト3			
1	-5327	泉谷 楓真	80
2	-4026	亀田 温心	89
3	-3920	江田 照男	89

中距離(1700〜2200m)

順位	利益度	騎手名	妙味度
1	3848	山田 敬士	115
2	3613	菅原 明良	115
3	3114	横山 和生	114
4	3045	松山 弘平	108
5	2830	団野 大成	107
6	2556	木幡 育也	116
7	2213	浜中 俊	112
8	2127	藤岡 佑介	108
9	1899	北村 友一	108
10	1712	勝浦 正樹	110

ワースト3			
1	-5549	藤田 菜七子	77
2	-4039	原 優介	63
3	-3359	泉谷 楓真	85

長距離(2300m以上)

順位	利益度	騎手名	妙味度
1	1377	西村 淳也	147
2	1375	柴田 善臣	146
3	1176	植野 貴也	115
4	1168	吉田 豊	149
5	1148	平沢 健治	120
6	935	蓑島 靖典	119
7	708	中村 将之	118
8	685	森 一馬	110
9	658	C.ルメール	112
10	586	宮崎　北斗	142

ワースト3			
1	-1721	上野 翔	80
2	-1276	小野寺 祐太	80
3	-1202	高野 和馬	50

左回り

順位	利益度	騎手名	妙味度
1	3247	伊藤 工真	143
2	2759	横山 和生	114
3	2193	西村 淳也	111
4	2070	宮崎 北斗	121
5	2036	木幡 巧也	106
6	1790	松山 弘平	109
7	1671	丸山 元気	106
8	1553	嶋田 純次	128
9	1440	原 優介	110
10	1392	田中 健	173

ワースト3			
1	-4982	江田 照男	83
2	-3579	斎藤 新	87
3	-3293	山田 敬士	80

右回り

順位	利益度	騎手名	妙味度
1	5244	山田 敬士	114
2	4733	国分 恭介	111
3	3875	酒井 学	108
4	3804	西村 淳也	108
5	3458	松山 弘平	105
6	3448	横山 和生	110
7	3165	木幡 育也	114
8	2875	北村 友一	107
9	2810	勝浦 正樹	108
10	2613	松田 大作	112

ワースト3			
1	-7703	泉谷 楓真	80
2	-6899	藤田 菜七子	79
3	-5594	原 優介	67

札幌

順位	利益度	騎手名	妙味度
1	1571	大野 拓弥	116
2	1251	川島 信二	134
3	1197	吉田 隼人	111
4	1140	勝浦 正樹	118
5	1024	秋山 稔樹	113
6	1024	和田 竜二	185
7	833	原 優介	204
8	762	浜中 俊	164
9	673	横山 和生	109
10	600	菱田 裕二	109

ワースト3			
1	-1199	団野 大成	90
2	-959	藤岡 佑介	86
3	-869	横山 武史	93

函館

順位	利益度	騎手名	妙味度
1	2075	横山 和生	143
2	1357	杉原 誠人	159
3	926	大野 拓弥	109
4	829	横山 武史	109
5	730	団野 大成	113
6	613	木幡 育也	177
7	480	嶋田 純次	134
8	435	竹之下 智昭	148
9	407	松田 大作	111
10	403	池添 謙一	105

ワースト3			
1	-3301	山田 敬士	61
2	-995	秋山 稔樹	76
3	-971	亀田 温心	89

福島

順位	利益度	騎手名	妙味度
1	1901	山田 敬士	130
2	1814	西村 淳也	114
3	1555	川又 賢治	121
4	1435	菊沢 一樹	112
5	1320	荻野 極	126
6	1049	秋山 稔樹	118
7	1001	大庭 和弥	156
8	982	田辺 裕信	124
9	961	鮫島 克駿	110
10	959	亀田 温心	112

ワースト3			
1	-2323	原 優介	52
2	-1887	藤田 菜七子	85
3	-901	小林 凌大	89

新潟

順位	利益度	騎手名	妙味度
1	1885	鮫島 克駿	121
2	1795	亀田 温心	123
3	1514	小林 脩斗	126
4	1473	団野 大成	124
5	1291	木幡 巧也	116
6	964	秋山 稔樹	121
7	866	国分 優作	167
8	845	蓑島 靖典	153
9	816	高倉 稜	154
10	786	菱田 裕二	115

ワースト3			
1	-1589	江田 照男	75
2	-959	山田 敬士	75
3	-832	丹内 祐次	87

東京

順位	利益度	騎手名	妙味度
1	4234	横山 和生	124
2	2682	丸山 元気	118
3	2630	伊藤 工真	152
4	2405	小林 凌大	145
5	1850	吉田 豊	108
6	1763	岩田 望来	129
7	1721	原 優介	119
8	1697	黛 弘人	151
9	1634	宮崎 北斗	124
10	1609	嶋田 純次	155

ワースト3			
1	-4001	江田 照男	84
2	-2820	武士沢 友治	83
3	-2410	山田 敬士	70

中山

順位	利益度	騎手名	妙味度
1	2353	団野 大成	436
2	2351	山田 敬士	123
3	1917	石川 裕紀人	111
4	1768	木幡 育也	110
5	1715	菅原 明良	118
6	1599	武藤 雅	107
7	1525	横山 典弘	112
8	1454	藤井 勘一郎	197
9	1364	菊沢 一樹	117
10	1098	小林 凌大	110

ワースト3			
1	-3429	藤田 菜七子	68
2	-3187	内田 博幸	87
3	-3178	原 優介	70

中京

順位	利益度	騎手名	妙味度
1	1965	西村 淳也	115
2	1474	松山 弘平	114
3	1434	伊藤 工真	184
4	1124	柴田 大知	145
5	1031	和田 竜二	113
6	794	北村 友一	113
7	727	田中 健	156
8	695	加藤 祥太	128
9	620	中井 裕二	113
10	550	森 裕太朗	119

ワースト3			
1	-2710	斎藤 新	73
2	-1847	酒井 学	68
3	-1702	菊沢 一樹	77

阪神

順位	利益度	騎手名	妙味度
1	3898	団野 大成	119
2	1947	秋山 真一郎	117
3	1794	原田 和真	228
4	1649	松田 大作	127
5	1386	北村 友一	108
6	1380	吉田 隼人	118
7	1369	酒井 学	107
8	1287	松山 弘平	103
9	1281	坂井 瑠星	107
10	988	川田 将雅	105

ワースト3			
1	-2397	泉谷 楓真	89
2	-2331	亀田 温心	69
3	-2249	富田 暁	77

小倉

順位	利益度	騎手名	妙味度
1	2406	山田 敬士	138
2	2080	勝浦 正樹	134
3	2075	亀田 温心	133
4	1805	西村 淳也	113
5	1441	酒井 学	115
6	1360	菱田 裕二	117
7	1237	小林 凌大	127
8	1078	森 裕太朗	133
9	949	松山 弘平	112
10	895	杉原 誠人	120

ワースト3			
1	-1547	斎藤 新	79
2	-1503	藤田 菜七子	80
3	-1148	団野 大成	89

芝道悪(稍重／重／不良)

順位	利益度	騎手名	妙味度
1	3076	原田 和真	199
2	1750	石川 裕紀人	121
3	1730	菅原 明良	121
4	1690	菱田 裕二	121
5	1683	嶋田 純次	134
6	1591	野中 悠太郎	121
7	1546	杉原 誠人	122
8	1487	藤井 勘一郎	127
9	1354	小林 凌大	128
10	1344	酒井 学	117

ワースト3			
1	-2109	川須 栄彦	70
2	-2045	団野 大成	83
3	-2005	武士沢 友治	47

ダ道悪(稍重／重／不良)

順位	利益度	騎手名	妙味度
1	2327	木幡 育也	118
2	1624	菅原 明良	116
3	1550	鮫島 克駿	111
4	1515	川須 栄彦	112
5	1508	藤井 勘一郎	113
6	1441	和田 翼	132
7	1405	西村 淳也	110
8	1337	小野寺 祐太	768
9	1308	木幡 巧也	108
10	1271	北村 宏司	110

ワースト3			
1	-2700	野中 悠太郎	78
2	-2169	江田 照男	82
3	-2159	亀田 温心	84

新馬

順位	利益度	騎手名	妙味度
1	1937	藤井 勘一郎	172
2	1883	嶋田 純次	182
3	1328	石橋 脩	118
4	1234	木幡 巧也	117
5	1037	丸山 元気	116
6	1005	田辺 裕信	114
7	851	秋山 稔樹	139
8	818	池添 謙一	116
9	772	国分 優作	114
10	734	中井 裕二	146

ワースト3			
1	-2449	泉谷 楓真	21
2	-1936	松若 風馬	74
3	-1356	原 優介	55

未勝利

順位	利益度	騎手名	妙味度
1	3347	菱田 裕二	118
2	2824	岩田 望来	110
3	2729	横山 和生	113
4	2560	木幡 育也	110
5	2413	伊藤 工真	135
6	2275	杉原 誠人	118
7	2269	菊沢 一樹	111
8	2194	松山 弘平	108
9	1990	西村 淳也	109
10	1633	浜中 俊	113

ワースト3

1	-4834	泉谷 楓真	79
2	-4246	江田 照男	82
3	-4185	亀田 温心	86

1〜3勝クラス

順位	利益度	騎手名	妙味度
1	3792	秋山 稔樹	124
2	3518	小林 凌大	124
3	2965	西村 淳也	109
4	2890	国分 恭介	118
5	2700	亀田 温心	108
6	2593	武藤 雅	112
7	2011	横山 和生	110
8	1861	松山 弘平	105
9	1844	吉田 隼人	105
10	1771	北村 友一	108

ワースト3

1	-5100	藤田 菜七子	81
2	-3555	岩田 望来	90
3	-3519	横山 武史	89

OP（重賞含む）

順位	利益度	騎手名	妙味度
1	1821	酒井 学	135
2	1506	坂井 瑠星	120
3	1378	長岡 禎仁	330
4	1249	団野 大成	134
5	1242	北村 友一	117
6	1050	森 一馬	133
7	1018	藤岡 佑介	114
8	948	秋山 真一郎	123
9	937	松山 弘平	110
10	833	平沢 健治	128

ワースト3

1	-1198	岩田 望来	80
2	-1158	田辺 裕信	87
3	-1135	上野 翔	48

重賞

順位	利益度	騎手名	妙味度
1	1530	長岡 禎仁	406
2	969	団野 大成	165
3	863	原田 和真	316
4	704	斎藤 新	139
5	614	木幡 巧也	144
6	607	酒井 学	122
7	571	北村 友一	111
8	424	藤岡 佑介	112
9	388	横山 典弘	108
10	378	丸田 恭介	134

ワースト3

1	-1145	田辺 裕信	78
2	-953	岩田 望来	70
3	-919	池添 謙一	83

的中ツイート募集!

　本書を利用して馬券を的中されたときに、是非ツイートしてください。その際、名鑑部分の画像を貼り付けてもかまいません(もちろん、貼り付けなしでもOK)。
ただし、名鑑部分の画像を使用する場合、以下のルールを守ってください。

特定の騎手、種牡馬、厩舎の名鑑部分は○
ランキングページは×
的中を証明できる画像を一緒に付けての投稿は○
名鑑画像だけの投稿は×
名鑑画像の貼り付けは1ツイートに対して1つまで
必ず「#妙味度名鑑」をつけてください

上記ルール外での内容の転載は禁止いたします。

例)

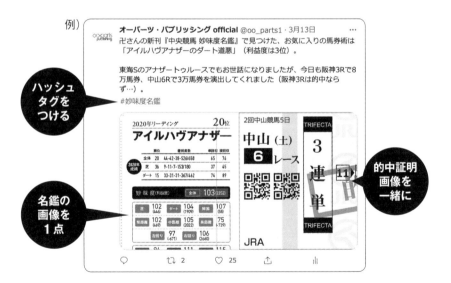

**的中ツイートはオーバーツ・パブリッシング
officialアカウントで積極的にリツイートしていきます。
よろしくお願いいたします。**

	順位	着別度数	単回
全体	1	257-192-203-1339/1991	89
芝	1	217-178-175-1117/1687	86
ダート	14	35-10-27-202/274	11

2020年
成績

chapter_3

種牡馬
名鑑

妙味度(利益度)		全体	101

			98 (-532)		四国
			102 (1839)		長距離
		00 (-140)		右回り	102 (2561)
札幌	104 (357)	函館	85 (-740)	福島	
新潟	96 (-804)	東京	100 (9)	中山	
中京	102 (377)	阪神	101 (251)	小倉	

		99 (-307)		多湿馬	104 (371)

新馬		未勝利		1～3勝C	
100 (21)		103 (1304)		99 (-466)	1

2歳		3歳		4歳	
102 (415)		105 (3150)		99 (-545)	(-

短距離	103 (1575)	芝居	102 (1375)

3歳・OP・芝・中距離では軽視
評価される小倉が狙い目
以降、9年連続リーデ
サイアー。「芝」「中距離」の妙味」
く、芝中距離では逆らってはいけ
「3歳」「OP」はともに利益度ベス

2020年ランキング　1位
ディープインパクト

2020年成績		順位	着別度数	単回収	複回収
	全体	1	257-192-203-1339/1991	89	85
	芝	1	217-178-175-1117/1687	86	86
	ダート	14	35-10-27-202/274	110	83

妙味度 (利益度)	全体 101 (2268)

芝 102 (2578)	ダート 98 (-532)	障害 99 (-45)
短距離 100 (-17)	中距離 102 (1839)	長距離 102 (385)

左回り 100 (-140)	右回り 102 (2561)

札幌 104 (357)	函館 85 (-740)	福島 98 (-182)
新潟 96 (-804)	東京 100 (9)	中山 98 (-547)
中京 102 (377)	阪神 101 (251)	小倉 112 (1539)

芝道悪 99 (-307)	ダ道悪 104 (371)

新馬 100 (21)	未勝利 103 (1304)	1~3勝C 99 (-466)	OP 104 (1773)

2歳 102 (415)	3歳 105 (3150)	4歳 99 (-545)	5歳以上 97 (-1981)

短縮 103 (1575)	延長 102 (1375)

3歳・OP・芝・中距離では軽視禁物
過小評価される小倉が狙い目

　2012年以降、9年連続リーディングサイアー。「芝」「中距離」の妙味度が高く、芝中距離では逆らってはいけない。「3歳」「OP」はともに利益度ベスト4位で、古馬になると利益度が下がる。「小倉」は過小評価されやすく（利益度ベスト1位）、一番の狙い目だ。

2020年ランキング　2位
ロードカナロア

2020年成績		順位	着別度数	単回収	複回収
	全体	2	170-130-135-1176/1611	87	73
	芝	2	114-89-87-757/1047	84	72
	ダート	3	55-41-48-404/548	95	78

妙味度 (利益度)	全体 98 (-3464)

芝 97 (-3506)	ダート 101 (713)	障害 56 (-704)
短距離 101 (788)	中距離 90 (-4619)	長距離 107 (337)

左回り 99 (-337)	右回り 97 (-3644)

札幌 95 (-394)	函館 105 (297)	福島 99 (-108)
新潟 95 (-871)	東京 103 (591)	中山 90 (-1844)
中京 103 (346)	阪神 100 (146)	小倉 98 (-219)

芝道悪 100 (-110)	ダ道悪 98 (-569)

新馬 82 (-2104)	未勝利 100 (34)	1~3勝C 102 (1166)	OP 96 (-653)

2歳 90 (-2171)	3歳 98 (-1147)	4歳 105 (2109)	5歳以上 98 (-779)

短縮 113 (4836)	延長 95 (-1734)

利益度ワースト多数!
全体的に過剰人気傾向

　2020年はアーモンドアイが9冠馬となり、リーディング2位に躍り出た。しかし、妙味度を見ると明らかに過剰人気していることがわかる。「芝」「中距離」「右回り」「中山」「新馬」「2歳」が利益度ワースト3に入っている。妙味があるのは「距離短縮」のときだけ。

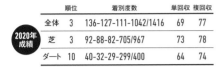

2020年ランキング　3位
ハーツクライ

2020年成績	順位	着別度数	単回収	複回収
全体	3	136-127-111-1042/1416	69	77
芝	3	92-88-82-705/967	73	78
ダート	10	40-32-29-299/400	64	74

妙味度(利益度)　全体 98(-2263)

芝 99(-1097)	ダート 98(-853)	障害 91(-428)	
短距離 105(2369)	中距離 95(-3618)	長距離 96(-682)	
左回り 100(149)	右回り 98(-1898)		
札幌 107(438)	函館 102(81)	福島 97(-229)	
新潟 98(-273)	東京 101(230)	中山 98(-402)	
中京 102(284)	阪神 93(-1786)	小倉 106(494)	
芝道悪 100(-44)	ダ道悪 96(-638)		
新馬 102(154)	未勝利 100(-97)	1~3勝C 100(-152)	OP 91(-1817)
2歳 99(-212)	3歳 99(-400)	4歳 104(1091)	5歳以上 93(-3911)
短縮 102(847)	延長 97(-1219)		

左回りも妙味が薄くなり 積極的には狙えない

ロードカナロアと同じく、ハーツクライも妙味度が低い種牡馬で、積極的には狙えない。特に「中距離」「阪神」「OP」「5歳以上」は利益度ワースト3入り。昨年まで良かった「左回り」も、適正に買われ始めている印象。「短距離」「4歳」は比較的過小評価されやすい。

2020年ランキング　4位
ルーラーシップ

2020年成績	順位	着別度数	単回収	複回収
全体	4	122-115-135-1100/1472	69	77
芝	4	81-76-78-675/910	65	76
ダート	12	37-32-48-395/512	76	72

妙味度(利益度)　全体 100(487)

芝 102(1384)	ダート 95(-2344)	障害 129(1437)	
短距離 101(294)	中距離 100(-49)	長距離 102(342)	
左回り 98(-1033)	右回り 100(109)		
札幌 93(-334)	函館 122(996)	福島 104(474)	
新潟 99(-167)	東京 104(782)	中山 96(-695)	
中京 91(-1133)	阪神 105(1450)	小倉 94(-773)	
芝道悪 96(-978)	ダ道悪 94(-1324)		
新馬 102(264)	未勝利 103(2014)	1~3勝C 97(-1533)	OP 107(729)
2歳 101(250)	3歳 102(1360)	4歳 97(-799)	5歳以上 97(-646)
短縮 103(981)	延長 104(1679)		

代表産駒のイメージ通り 距離が延びて活きる

芝向きでダートの妙味は低い。代表産駒のキセキ、ダンビュライト、メールドグラスのイメージ通り、距離が延びて活きるタイプが多く、4歳春まで1200mを使われていたディアンドルも小倉大賞典(1800m)で12番人気3着に好走した。「函館」「阪神」は利益度上位。

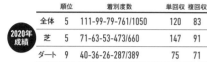

2020年ランキング 5位
キズナ

2020年成績		順位	着別度数	単回収	複回収
	全体	5	111-99-79-761/1050	120	83
	芝	5	71-63-53-473/660	147	91
	ダート	9	40-36-26-287/389	75	71

妙味度(利益度)	全体	106 (6804)

芝	111 (7311)	ダート	98 (-813)	障害	21 (-79)
短距離	100 (-7)	中距離	111 (5990)	長距離	127 (1068)
	左回り	99 (-347)	右回り	110 (7103)	

札幌	87 (-755)	函館	78 (-957)	福島	77 (-1173)
新潟	101 (60)	東京	106 (666)	中山	104 (437)
中京	88 (-1276)	阪神	116 (3653)	小倉	108 (526)

芝道悪	103 (584)	ダ道悪	99 (-159)

新馬	未勝利	1〜3勝C	OP
111 (1219)	101 (742)	108 (2298)	114 (1258)

2 歳	3 歳	4 歳	5歳以上
110 (2490)	104 (3406)	−	−

短縮	108 (1983)	延長	108 (2449)

芝で一番儲かる種牡馬
今のうちに買っておくべき

　2020年は3歳重賞を6勝。「全体」「芝」「中距離」「右回り」「阪神」で利益度ベスト1位と、明らかに過小評価されている。GIでの好走例が少ないのもその理由か。目立つ前に買っておきたい。「函館」「福島」の妙味度が低いのはディープインパクトと同じ。

2020年ランキング 6位
オルフェーヴル

2020年成績		順位	着別度数	単回収	複回収
	全体	6	106-93-96-917/1212	76	72
	芝	8	60-57-59-571/747	77	76
	ダート	7	44-35-34-337/450	74	66

妙味度(利益度)	全体	97 (-3523)

芝	96 (-2665)	ダート	98 (-927)	障害	98 (-32)
短距離	93 (-3167)	中距離	98 (-1000)	長距離	106 (782)
	左回り	96 (-1555)	右回り	97 (-2216)	

札幌	79 (-1092)	函館	102 (94)	福島	104 (329)
新潟	99 (-145)	東京	97 (-460)	中山	96 (-689)
中京	92 (-721)	阪神	97 (-657)	小倉	99 (-108)

芝道悪	103 (576)	ダ道悪	100 (-59)

新馬	未勝利	1〜3勝C	OP
84 (-1380)	100 (-196)	93 (-3140)	107 (745)

2 歳	3 歳	4 歳	5歳以上
86 (-1887)	99 (-417)	105 (1301)	78 (-3564)

短縮	100 (-74)	延長	103 (1069)

一部の大物以外は
買ってはいけない種牡馬

　2020年は大阪杯、エリザベス女王杯を勝ったラッキーライラックをはじめ、6頭が重賞制覇。しかし、妙味度は全体的に低く、特に短距離や下級条件で買うのは危険だ。産駒の質にムラがあり、一部の大物の活躍によってイメージが先行しているという印象。

2020年ランキング　7位
キングカメハメハ

2020年成績		順位	着別度数	単回収	複回収
	全体	7	101-108-79-742/1030	80	79
	芝	9	52-59-44-392/547	52	75
	ダート	8	42-44-31-317/434	116	85

妙味度(利益度)　全体 99 (-950)

芝 97 (-1808)	ダート 103 (1259)	障害 92 (-373)
短距離 99 (-174)	中距離 100 (52)	長距離 92 (-812)

左回り 100 (143)	右回り 99 (-598)

札幌 100 (-7)	函館 86 (-405)	福島 106 (333)
新潟 98 (-228)	東京 101 (204)	中山 101 (166)
中京 98 (-213)	阪神 97 (-577)	小倉 105 (347)

芝道悪 93 (-1019)	ダ道悪 106 (1114)

新馬 92 (-460)	未勝利 103 (754)	1～3勝C 100 (-184)	OP 97 (-552)

2歳 99 (-149)	3歳 103 (1043)	4歳 103 (576)	5歳以上 93 (-2429)

短縮 102 (440)	延長 97 (-1037)

芝では買わずに
ダートで買うのが正しい姿勢

　勝利数は芝のほうが多いが、ダートのほうが妙味度が高いというのがポイント。芝は買わずにダートで狙いたい。さらに「ダート道悪」になると、芝ダート兼用だけに生粋のダート馬よりも有利になりやすい。「長距離」「5歳以上」はワースト3に入っており危険。

2020年ランキング　8位
ダイワメジャー

2020年成績		順位	着別度数	単回収	複回収
	全体	8	90-87-79-872/1128	68	80
	芝	7	61-61-61-524/707	67	79
	ダート	17	26-23-16-310/375	69	78

妙味度(利益度)　全体 99 (-1622)

芝 102 (1547)	ダート 91 (-3302)	障害 105 (218)
短距離 99 (-449)	中距離 97 (-962)	長距離 97 (-146)

左回り 95 (-1708)	右回り 100 (54)

札幌 98 (-73)	函館 103 (132)	福島 80 (-1538)
新潟 99 (-74)	東京 88 (-1792)	中山 101 (233)
中京 108 (883)	阪神 102 (499)	小倉 109 (707)

芝道悪 103 (664)	ダ道悪 85 (-2370)

新馬 108 (682)	未勝利 95 (-1547)	1～3勝C 97 (-1411)	OP 106 (1015)

2歳 99 (-110)	3歳 97 (-1339)	4歳 101 (190)	5歳以上 99 (-462)

短縮 105 (1339)	延長 89 (-3085)

ダートは過剰人気で消し
芝もムラが多く狙いづらい

　全出走数の3割以上がダートだが、ダートでは明らかに過剰人気している（そもそもJRAのダート重賞で連対した馬はいない）。項目によって妙味度にムラがあり、「中京」「小倉」「OP」は利益度トップ10に入り、「左回り」「福島」「東京」「ダ道悪」「延長」はワースト3に入る。

2020年ランキング 9位
ヘニーヒューズ

2020年成績	順位	着別度数	単回収	複回収
全体	9	88-92-75-658/913	54	77
芝	59	5-4-2-91/102	43	28
ダート	1	81-88-72-560/801	54	83

妙味度(利益度) **全体 107 (6664)**

芝 84 (-1622)	ダート 110 (7676)	障害 112 (119)
短距離 108 (5069)	中距離 106 (1452)	長距離 104 (40)

左回り 106 (2024)	右回り 108 (4454)

札幌 105 (127)	函館 124 (512)	福島 108 (482)
新潟 97 (-268)	東京 111 (1770)	中山 107 (784)
中京 103 (254)	阪神 109 (1591)	小倉 95 (-216)

芝道悪 78 (-733)	ダ道悪 107 (2225)

新馬 104 (251)	未勝利 109 (2529)	1~3勝C 108 (3628)	OP 102 (110)

2歳 114 (1999)	3歳 103 (1260)	4歳 109 (2086)	5歳以上 104 (651)

短縮 119 (4273)	延長 114 (3333)

ダートの利益度はダントツ1位
妙味では最強の種牡馬!!

「全体」の利益度ランキングは2位だが、「ダート」だとダントツの1位。15項目でトップ10に入っており、妙味では最強の種牡馬と言える。より儲けるためのポイントとしては、「短距離」「未勝利戦」「1~3勝クラス」「ダート道悪」「距離変更」あたりを意識するといい。

2020年ランキング 10位
エピファネイア

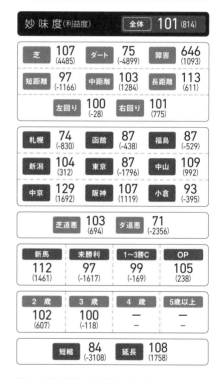

2020年成績	順位	着別度数	単回収	複回収
全体	10	71-74-79-608/832	59	72
芝	6	61-67-65-441/634	66	79
ダート	44	10-7-13-166/196	37	42

妙味度(利益度) **全体 101 (814)**

芝 107 (4485)	ダート 75 (-4899)	障害 646 (1093)
短距離 97 (-1166)	中距離 103 (1284)	長距離 113 (611)

左回り 100 (-28)	右回り 101 (775)

札幌 74 (-830)	函館 87 (-438)	福島 87 (-529)
新潟 104 (312)	東京 87 (-1796)	中山 109 (992)
中京 129 (1692)	阪神 107 (1119)	小倉 93 (-395)

芝道悪 103 (694)	ダ道悪 71 (-2356)

新馬 112 (1461)	未勝利 97 (-1617)	1~3勝C 99 (-169)	OP 105 (238)

2歳 102 (607)	3歳 100 (-118)	4歳 —	5歳以上 —

短縮 84 (-3108)	延長 108 (1758)

狙い所がわかりやすく
馬券的には使える種牡馬

初年度産駒のデアリングタクトが牝馬三冠を達成し、アリストテレスが菊花賞2着に好走した。「芝」の利益度ランキングが3位で「ダート」が最下位というわかりやすい特徴を持つ。距離は長いほうが妙味度が高くなり、距離変更も「延長」は買いで「短縮」は消し。

2020年ランキング 11位
キンシャサノキセキ

2020年成績	順位	着別度数	単回収	複回収
全体	11	63-94-72-735/964	53	79
芝	23	15-26-32-313/386	51	61
ダート	5	46-66-39-411/562	55	92

妙味度(利益度)　全体 99 (-590)

芝 93 (-2698)	ダート 104 (2273)	障害 98 (-38)
短距離 99 (-1109)	中距離 104 (733)	長距離 106 (138)
左回り 101 (249)	右回り 99 (-511)	

札幌 93 (-297)	函館 90 (-365)	福島 106 (365)
新潟 101 (57)	東京 96 (-505)	中山 113 (1601)
中京 104 (319)	阪神 100 (24)	小倉 87 (-1144)

芝道悪 85 (-1596)　ダ道悪 105 (1069)

新馬	未勝利	1～3勝C	OP
111 (480)	96 (-1234)	98 (-922)	103 (208)

2歳	3歳	4歳	5歳以上
106 (593)	93 (-3072)	100 (-104)	107 (1541)

短縮 100 (111)　延長 100 (59)

現役時代のイメージを捨て ダート種牡馬として見るべき

　キンシャサノキセキ自身は芝で活躍したが、産駒は芝よりもダートでの成績が良く、妙味度もダートのほうが圧倒的に高い。「5歳以上」は利益度ベスト7位と、古馬になっても衰えない体質は産駒にも受け継がれている。「中山」は利益度ベスト2位で、特に中山ダ1200mは買い。

2020年ランキング 12位
ゴールドアリュール

2020年成績	順位	着別度数	単回収	複回収
全体	12	62-57-72-610/801	71	76
芝	127	1-1-1-47/50	6	17
ダート	2	59-54-71-549/733	73	79

妙味度(利益度)　全体 100 (-283)

芝 85 (-744)	ダート 100 (162)	障害 104 (75)
短距離 99 (-622)	中距離 101 (357)	長距離 101 (13)
左回り 100 (-12)	右回り 99 (-298)	

札幌 89 (-326)	函館 90 (-238)	福島 113 (508)
新潟 100 (-9)	東京 98 (-219)	中山 106 (639)
中京 103 (213)	阪神 88 (-1877)	小倉 112 (545)

芝道悪 90 (-105)　ダ道悪 100 (7)

新馬	未勝利	1～3勝C	OP
113 (264)	97 (-631)	99 (-526)	108 (642)

2歳	3歳	4歳	5歳以上
100 (-4)	100 (-106)	100 (-83)	100 (57)

短縮 117 (3644)　延長 95 (-1057)

ポイントはひとつ ダートの距離短縮で買う!

　2020年のダートの勝利数は2位で、当然ながら芝よりダートでこその種牡馬。妙味度は100前後が多く、過小評価も過大評価もされていない。突出しているのは「短縮」で、利益度ベスト4位につけている。「阪神」はワースト3に入っており、鬼門だと覚えておきたい。

スクリーンヒーロー
2020年ランキング **13**位

2020年成績	順位	着別度数	単回収	複回収
全体	13	60-59-76-552/747	73	87
芝	11	34-36-46-338/454	70	92
ダート	20	23-23-29-198/273	80	84

妙味度(利益度)　全体 **105** (3739)

芝 107 (3275)	ダート 102 (597)	障害 86 (-287)
短距離 111 (4295)	中距離 99 (-449)	長距離 97 (-158)
左回り 105 (1065)	右回り 105 (2620)	

札幌 113 (601)	函館 118 (633)	福島 107 (416)
新潟 104 (291)	東京 110 (1196)	中山 104 (504)
中京 83 (-782)	阪神 97 (-318)	小倉 98 (-83)

芝道悪 112 (1437)	ダ道悪 107 (763)

新馬	未勝利	1~3勝C	OP
100 (-22)	107 (2205)	107 (1950)	92 (-456)

2歳	3歳	4歳	5歳以上
107 (1032)	104 (1480)	95 (-709)	116 (1585)

短縮 107 (1329)	延長 97 (-680)

10項目以上でトップ10入り!!
積極的に狙っていくべき種牡馬

「全体」の利益度はベスト5位。他にも「芝」「短距離」「右回り」「札幌」「函館」「東京」「芝道悪」「未勝利」「1～3勝クラス」「5歳以上」がトップ10入りしている。過剰人気することなく儲かりやすい種牡馬だけに、積極的に狙っていけば回収率の向上が見込める。

ハービンジャー
2020年ランキング **14**位

2020年成績	順位	着別度数	単回収	複回収
全体	14	54-61-65-629/809	80	74
芝	10	43-48-52-514/657	86	77
ダート	57	7-10-10-99/126	60	62

妙味度(利益度)　全体 **95** (-3660)

芝 95 (-2984)	ダート 89 (-1415)	障害 125 (648)
短距離 92 (-1996)	中距離 96 (-1968)	長距離 100 (45)
左回り 92 (-1773)	右回り 96 (-2509)	

札幌 100 (-1)	函館 92 (-349)	福島 81 (-1022)
新潟 97 (-228)	東京 91 (-859)	中山 98 (-197)
中京 89 (-642)	阪神 98 (-251)	小倉 95 (-406)

芝道悪 97 (-636)	ダ道悪 83 (-688)

新馬	未勝利	1~3勝C	OP
102 (171)	99 (-311)	94 (-2061)	87 (-1141)

2歳	3歳	4歳	5歳以上
101 (142)	96 (-945)	90 (-2538)	96 (-661)

短縮 96 (-855)	延長 96 (-873)

明らかに過剰人気で
買えば買うほど損をする

「芝」の利益度はワースト2位で、「ダート」の妙味度も低い。一部の大物の活躍によって過剰人気しており、買うほど損をしてしまう。ディアドラやノームコアを見る限り、海外馬券では儲かる種牡馬になるのかもしれない。「新馬」「2歳」「長距離」「障害」だけややマシ。

2020年ランキング　15位
サウスヴィグラス

2020年成績	順位	着別度数	単回収	複回収
全体	15	53-45-45-427/570	69	74
芝	158	1-0-0-13/14	337	90
ダート	4	51-40-45-403/539	64	74

妙味度(利益度)　全体 106 (3212)

芝 62 (-535)	ダート 106 (3371)	障害 102 (38)
短距離 105 (2491)	中距離 115 (980)	長距離 100 (4)
左回り 104 (577)	右回り 107 (2695)	

札幌 119 (665)	函館 111 (296)	福島 101 (21)
新潟 101 (58)	東京 104 (329)	中山 105 (484)
中京 105 (170)	阪神 105 (524)	小倉 87 (-352)

芝道悪 188 (528)	ダ道悪 107 (1479)

新馬 111 (451)	未勝利 113 (1998)	1~3勝C 100 (46)	OP 109 (342)

2歳 106 (475)	3歳 110 (2201)	4歳 102 (273)	5歳以上 97 (-324)

短縮 107 (924)	延長 111 (1352)

儲かる種牡馬の代表的存在も現3歳が最後の世代

　利益度ランキングは「全体」が8位で「ダート」が4位。他にも「短距離」「右回り」「札幌」「ダ道悪」「未勝利」「3歳」でトップ10入りしている。昨年版よりやや数値は下がったが、ダート短距離では引き続き注目。現3歳が最後の世代なので、未勝利狙いはお早めに。

2020年ランキング　16位
ジャスタウェイ

2020年成績	順位	着別度数	単回収	複回収
全体	16	52-59-62-582/755	79	69
芝	14	28-30-36-333/427	86	67
ダート	22	22-28-22-233/305	59	68

妙味度(利益度)　全体 96 (-2823)

芝 96 (-1651)	ダート 95 (-1665)	障害 145 (1028)
短距離 92 (-2544)	中距離 97 (-1040)	長距離 120 (1159)
左回り 102 (463)	右回り 92 (-3880)	

札幌 69 (-865)	函館 105 (112)	福島 94 (-353)
新潟 116 (1133)	東京 91 (-940)	中山 100 (37)
中京 108 (623)	阪神 94 (-681)	小倉 93 (-525)

芝道悪 98 (-305)	ダ道悪 90 (-1386)

新馬 93 (-412)	未勝利 96 (-1376)	1~3勝C 93 (-1878)	OP 118 (669)

2歳 91 (-917)	3歳 96 (-1542)	4歳 104 (882)	5歳以上 －

短縮 90 (-1935)	延長 103 (671)

馬券のポイントは短距離は消しで、長距離は買い

　2020年はダノンザキッド、マスターフェンサーなど5頭が重賞を勝ったが、妙味度は芝もダートも低い。ポイントは距離で、「長距離」が利益度ベスト4位に対し、「短距離」がワースト3位となっている。また、「新潟」は利益度ベスト1位で、芝もダートも狙い目だ。

2020年ランキング 17位
クロフネ

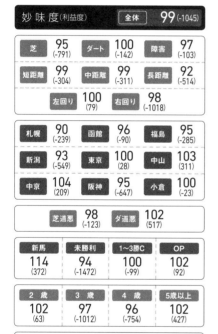

	順位	着別度数	単回収	複回収
全体	17	49-52-48-593/742	56	60
芝	41	8-11-7-135/161	20	58
ダート	11	38-40-37-427/542	62	61

（2020年成績）

妙味度(利益度) 全体 99 (-1045)

芝 95 (-791)	ダート 100 (-142)	障害 97 (-103)	
短距離 99 (-304)	中距離 99 (-311)	長距離 92 (-514)	
左回り 100 (79)	右回り 98 (-1018)		

札幌 90 (-239)	函館 96 (-90)	福島 95 (-285)
新潟 93 (-549)	東京 100 (28)	中山 103 (311)
中京 104 (209)	阪神 95 (-647)	小倉 100 (-23)

芝道悪 98 (-123)	ダ道悪 102 (517)

新馬	未勝利	1~3勝C	OP
114 (372)	94 (-1472)	100 (-99)	102 (92)

2歳	3歳	4歳	5歳以上
102 (63)	97 (-1012)	96 (-754)	102 (427)

短縮 98 (-416)	延長 92 (-1701)

かつてのイメージで
高評価してはいけない

　産駒数が減りながらも、2020年は49勝を挙げた。しかし、妙味度は低下しており、かつてのイメージで評価すると痛い目を見そうだ。新馬戦や2歳戦に関しては妙味があるが、今年の2歳馬の血統登録数はわずか38頭。ダートの新馬戦だけ注意すればいいかもしれない。

2020年ランキング 18位
エイシンフラッシュ

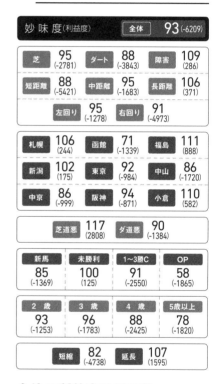

	順位	着別度数	単回収	複回収
全体	18	45-49-49-730/873	60	62
芝	16	27-26-34-429/516	52	68
ダート	29	16-20-13-276/325	74	54

（2020年成績）

妙味度(利益度) 全体 93 (-6209)

芝 95 (-2781)	ダート 88 (-3843)	障害 109 (286)	
短距離 88 (-5421)	中距離 95 (-1683)	長距離 106 (371)	
左回り 95 (-1278)	右回り 91 (-4973)		

札幌 106 (244)	函館 71 (-1339)	福島 111 (888)
新潟 102 (175)	東京 92 (-984)	中山 86 (-1720)
中京 86 (-999)	阪神 94 (-871)	小倉 110 (582)

芝道悪 117 (2808)	ダ道悪 90 (-1384)

新馬	未勝利	1~3勝C	OP
85 (-1369)	100 (125)	91 (-2550)	58 (-1865)

2歳	3歳	4歳	5歳以上
93 (-1253)	96 (-1783)	88 (-2425)	78 (-1820)

短縮 82 (-4738)	延長 107 (1595)

全体の利益度は最下位
「芝道悪」になるまで静観

　「全体」の利益度は最下位で、「ダート」「短距離」「右回り」「函館」「中京」「新馬」「1~3勝クラス」「OP」「4歳」「短縮」もワースト3入り。一方で、「芝道悪」はベスト2位、「福島」はベスト4位。ダービー馬というイメージと産駒の成績にギャップがあるというのが理由だろう。

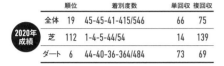

2020年ランキング　19位
パイロ

2020年成績	順位	着別度数	単回収	複回収
全体	19	45-45-41-415/546	66	75
芝	112	1-4-5-44/54	14	139
ダート	6	44-40-36-364/484	73	69

妙味度(利益度)　全体 101 (428)

芝 106 (303)	ダート 100 (107)	障害 126 (211)
短距離 96 (-1225)	中距離 110 (1879)	長距離 113 (140)

左回り 105 (1081)	右回り 98 (-564)

札幌 74 (-335)	函館 104 (48)	福島 99 (-18)
新潟 106 (345)	東京 101 (79)	中山 89 (-788)
中京 112 (610)	阪神 98 (-163)	小倉 119 (796)

芝道悪 133 (434)	ダ道悪 98 (-392)

新馬 107 (302)	未勝利 92 (-1615)	1〜3勝C 104 (871)	OP 116 (466)

2歳 101 (113)	3歳 100 (-9)	4歳 100 (-18)	5歳以上 103 (302)

短縮 105 (671)	延長 109 (1193)

ダートで狙うなら
短距離よりも中距離

　2020年はケンシンコウがレパードS を勝ち、ようやく産駒がJRAのダート 重賞を制した。1200、1400mを使わ れることが多いが、馬券的には1700〜 1800mのほうが美味しい。「小倉」「中 京」はトップ10入りしており、特に小 倉ダ1700m、中京ダ1400mが狙い目。

2020年ランキング　20位
アイルハヴアナザー

2020年成績	順位	着別度数	単回収	複回収
全体	20	44-42-38-526/650	65	76
芝	36	9-11-7-153/180	37	45
ダート	15	33-31-31-367/462	74	89

妙味度(利益度)　全体 103 (2252)

芝 102 (446)	ダート 104 (1909)	障害 107 (58)
短距離 102 (469)	中距離 105 (2022)	長距離 75 (-739)

左回り 97 (-671)	右回り 106 (2660)

札幌 94 (-190)	函館 111 (436)	福島 115 (835)
新潟 98 (-149)	東京 98 (-245)	中山 104 (485)
中京 93 (-268)	阪神 113 (1043)	小倉 103 (134)

芝道悪 109 (527)	ダ道悪 110 (1789)

新馬 94 (-264)	未勝利 106 (1732)	1〜3勝C 102 (584)	OP 101 (21)

2歳 103 (232)	3歳 100 (37)	4歳 113 (1697)	5歳以上 101 (106)

短縮 117 (2636)	延長 98 (-289)

全体の利益度がやや下がるも
ダート中距離狙いは有効

　昨年度は「全体」の利益度ベスト2 位だったが、17位まで下がった。ただ、 大きく下がったのは芝で、ダート狙いに は影響なさそう。利益度は「ダート」「中 距離」「右回り」「函館」「福島」「ダ道悪」 「4歳」「短縮」がトップ10入り。「ダー ト中距離の道悪」は馬券術になりうる。

種牡馬

アーネストリー

2020年ランキング **113位**

妙味度（利益度） 全体 **96 (-295)**

芝 73 (-384)	ダート 102 (127)	障害 141 (123)
短距離 91 (-425)	中距離 99 (-17)	長距離 118 (54)

左回り 97 (-65)	右回り 90 (-555)

札幌 21 (-79)	函館 101 (1)	福島 91 (-79)
新潟 91 (-44)	東京 124 (265)	中山 89 (-180)
中京 78 (-110)	阪神 135 (386)	小倉 46 (-649)

芝道悪 94 (-17)	ダ道悪 112 (259)

新馬 30 (-560)	未勝利 138 (1447)	1～3勝C 72 (-747)	OP 21 (-79)

2歳 92 (-129)	3歳 113 (506)	4歳 83 (-156)	5歳以上 70 (-361)

短縮 94 (-131)	延長 106 (138)

POINT ▶ 芝よりもダート。長距離ほど○。未勝利戦で○。

アグネスデジタル

2020年ランキング **109位**

妙味度（利益度） 全体 **99 (-77)**

芝 119 (643)	ダート 99 (-79)	障害 59 (-489)
短距離 102 (135)	中距離 105 (191)	長距離 68 (-510)

左回り 94 (-318)	右回り 106 (470)

札幌 113 (81)	函館 138 (225)	福島 120 (316)
新潟 111 (137)	東京 84 (-594)	中山 97 (-91)
中京 76 (-171)	阪神 99 (-5)	小倉 105 (23)

芝道悪 141 (454)	ダ道悪 96 (-179)

新馬 78 (-67)	未勝利 89 (-532)	1～3勝C 106 (367)	OP 103 (30)

2歳 139 (348)	3歳 85 (-525)	4歳 102 (29)	5歳以上 98 (-192)

短縮 95 (-165)	延長 92 (-394)

POINT ▶ ダートよりも芝。障害は×。2歳馬で○。

アサクサキングス

2020年ランキング **116位**

妙味度（利益度） 全体 **108 (783)**

芝 109 (245)	ダート 111 (604)	障害 91 (-132)
短距離 118 (679)	中距離 100 (13)	長距離 115 (241)

左回り 123 (777)	右回り 105 (231)

札幌 65 (-35)	函館 158 (0)	福島 83 (-152)
新潟 93 (-76)	東京 140 (712)	中山 85 (-211)
中京 125 (253)	阪神 103 (38)	小倉 114 (123)

芝道悪 157 (679)	ダ道悪 125 (543)

新馬 129 (88)	未勝利 104 (95)	1～3勝C 109 (525)	OP 21 (-473)

2歳 48 (0)	3歳 124 (620)	4歳 111 (586)	5歳以上 86 (-277)

短縮 116 (321)	延長 111 (345)

POINT ▶ 短距離で○。道悪で○。3歳馬で○。

アジアエクスプレス

2020年ランキング **87位**

妙味度（利益度） 全体 **103 (400)**

芝 79 (-745)	ダート 109 (800)	障害 ――
短距離 111 (1209)	中距離 21 (-1736)	長距離 ――

左回り 100 (22)	右回り 105 (363)

札幌 161 (489)	函館 135 (139)	福島 142 (540)
新潟 21 (-710)	東京 107 (215)	中山 115 (441)
中京 101 (24)	阪神 45 (-655)	小倉 21 (-237)

芝道悪 86 (-160)	ダ道悪 100 (-3)

新馬 86 (-681)	未勝利 108 (533)	1～3勝C 176 (611)	OP 21 (-79)

2歳 103 (400)	3歳 ――	4歳 ――	5歳以上 ――

短縮 166 (1574)	延長 74 (-607)

POINT ▶ 芝よりもダート。短距離で○。北海道で○。

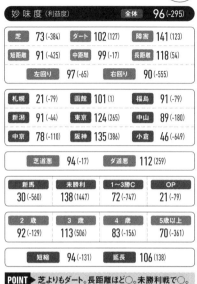

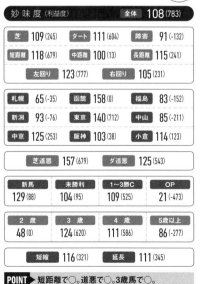
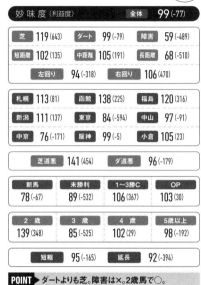
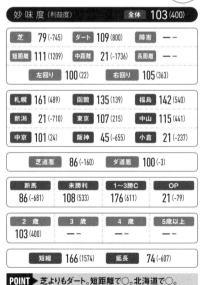

アドマイヤマックス

2020年
ランキング
148位

妙味度（利益度）　　　全体　**92** (-521)

芝 97 (-105)	ダート 87 (-418)	障害 57 (-299)
短距離 92 (-400)	中距離 115 (182)	長距離 59 (-285)

左回り 85 (-292)	右回り 97 (-136)

札幌 50 (-198)	函館 80 (-102)	福島 105 (27)
新潟 112 (50)	東京 57 (-562)	中山 86 (-240)
中京 76 (-73)	阪神 111 (67)	小倉 70 (-181)

芝道悪 103 (8)	ダ道悪 78 (-221)

新馬 105 (25)	未勝利 74 (-807)	1～3勝C 103 (89)	OP 87 (-40)

2歳 86 (-95)	3歳 92 (-192)	4歳 92 (-112)	5歳以上 93 (-162)

短縮 86 (-183)	延長 90 (-170)

POINT ダートよりは芝。左回りよりは右回り。

アドマイヤムーン

2020年
ランキング
49位

妙味度（利益度）　　　全体　**95** (-2096)

芝 97 (-790)	ダート 85 (-2199)	障害 108 (269)
短距離 94 (-1812)	中距離 91 (-776)	長距離 107 (281)

左回り 100 (55)	右回り 89 (-2660)

札幌 92 (-116)	函館 77 (-276)	福島 101 (26)
新潟 103 (160)	東京 111 (798)	中山 97 (-242)
中京 102 (91)	阪神 98 (-78)	小倉 81 (-591)

芝道悪 89 (-858)	ダ道悪 76 (-1437)

新馬 94 (-206)	未勝利 91 (-1643)	1～3勝C 96 (-473)	OP 103 (183)

2歳 87 (-911)	3歳 95 (-727)	4歳 106 (401)	5歳以上 92 (-940)

短縮 105 (528)	延長 95 (-523)

POINT 「ダート」利益度ワースト10位。道悪は×。

アポロキングダム

2020年
ランキング
105位

妙味度（利益度）　　　全体　**100** (-5)

芝 89 (-131)	ダート 105 (493)	障害 59 (-529)
短距離 116 (1017)	中距離 86 (-630)	長距離 69 (-402)

左回り 99 (-43)	右回り 104 (256)

札幌 87 (-38)	函館 73 (-242)	福島 92 (-81)
新潟 92 (-58)	東京 106 (184)	中山 113 (377)
中京 64 (-217)	阪神 113 (255)	小倉 21 (0)

芝道悪 69 (-123)	ダ道悪 105 (147)

新馬 101 (9)	未勝利 93 (-353)	1～3勝C 114 (771)	OP 41 (-59)

2歳 112 (331)	3歳 90 (-369)	4歳 89 (-383)	5歳以上 97 (-48)

短縮 113 (328)	延長 82 (-725)

POINT 「障害」利益度ワースト9位。短距離ほど○。

アルデバラン2

2020年
ランキング
149位

妙味度（利益度）　　　全体　**103** (160)

芝 99 (-23)	ダート 108 (257)	障害 77 (0)
短距離 102 (82)	中距離 112 (128)	長距離 85 (-31)

左回り 70 (-334)	右回り 116 (691)

札幌 156 (222)	函館 127 (81)	福島 92 (-23)
新潟 95 (-30)	東京 61 (-350)	中山 120 (275)
中京 63 (-37)	阪神 136 (182)	小倉 56 (-177)

芝道悪 98 (-20)	ダ道悪 124 (340)

新馬 160 (60)	未勝利 87 (-175)	1～3勝C 112 (242)	OP 93 (-68)

2歳 101 (0)	3歳 90 (-221)	4歳 98 (-61)	5歳以上 118 (193)

短縮 104 (52)	延長 86 (-304)

POINT 芝よりもダート。距離延長よりも距離短縮。

種牡馬

アンライバルド

2020年ランキング **119位**

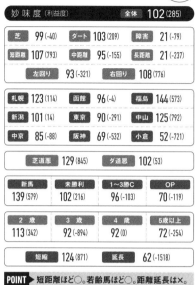

妙味度（利益度）		全体 **102** (285)

芝 99 (-40)	ダート 103 (209)	障害 21 (-79)
短距離 107 (793)	中距離 95 (-155)	長距離 21 (-237)

左回り 93 (-321)	右回り 108 (776)

札幌 123 (114)	函館 96 (-4)	福島 144 (573)
新潟 101 (14)	東京 90 (-291)	中山 125 (792)
中京 85 (-88)	阪神 69 (-532)	小倉 52 (-721)

芝道悪 129 (845)	ダ道悪 102 (53)

新馬 139 (579)	未勝利 102 (216)	1～3勝C 96 (-103)	OP 70 (-119)
2歳 113 (342)	3歳 92 (-894)	4歳 92 (0)	5歳以上 72 (-254)

短縮 124 (871)	延長 62 (-1518)

POINT ▶ 短距離ほど○。若齢馬ほど○。距離延長は×。

ヴァーミリアン

2020年ランキング **72位**

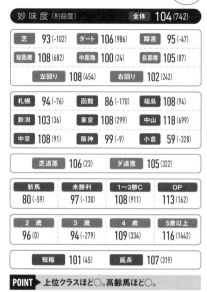

妙味度（利益度）		全体 **104** (742)

芝 93 (-102)	ダート 106 (986)	障害 95 (-47)
短距離 108 (682)	中距離 100 (24)	長距離 105 (87)

左回り 108 (454)	右回り 102 (242)

札幌 94 (-76)	函館 86 (-170)	福島 108 (94)
新潟 103 (36)	東京 108 (299)	中山 118 (699)
中京 108 (91)	阪神 99 (-9)	小倉 59 (-328)

芝道悪 106 (23)	ダ道悪 105 (322)

新馬 80 (-59)	未勝利 97 (-130)	1～3勝C 108 (911)	OP 113 (162)
2歳 96 (0)	3歳 94 (-279)	4歳 109 (334)	5歳以上 116 (1442)

短縮 101 (45)	延長 107 (319)

POINT ▶ 上位クラスほど○。高齢馬ほど○。

ヴァンセンヌ

2020年ランキング **89位**

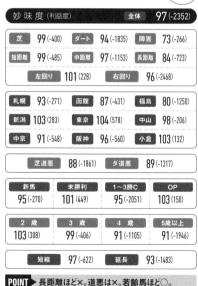

妙味度（利益度）		全体 **118** (1933)

芝 108 (562)	ダート 128 (1073)	障害 ――
短距離 127 (2055)	中距離 76 (-806)	長距離 ――

左回り 123 (888)	右回り 118 (1294)

札幌 268 (505)	函館 21 (-237)	福島 219 (949)
新潟 119 (155)	東京 121 (554)	中山 93 (-114)
中京 127 (110)	阪神 138 (639)	小倉 125 (202)

芝道悪 157 (1309)	ダ道悪 171 (919)

新馬 137 (442)	未勝利 135 (1797)	1～3勝C 96 (-151)	OP 48 (-516)
2歳 135 (969)	3歳 106 (518)	4歳 ――	5歳以上 ――

短縮 160 (1503)	延長 132 (1085)

POINT ▶ 短距離ほど○。道悪で○。下位クラスほど○。

ヴィクトワールピサ

2020年ランキング **21位**

妙味度（利益度）		全体 **97** (-2352)

芝 99 (-400)	ダート 94 (-1835)	障害 73 (-266)
短距離 99 (-485)	中距離 97 (-1153)	長距離 84 (-723)

左回り 101 (228)	右回り 96 (-2468)

札幌 93 (-271)	函館 87 (-431)	福島 80 (-1250)
新潟 103 (283)	東京 104 (578)	中山 98 (-206)
中京 91 (-548)	阪神 96 (-560)	小倉 103 (132)

芝道悪 88 (-1861)	ダ道悪 89 (-1317)

新馬 95 (-270)	未勝利 101 (449)	1～3勝C 95 (-2051)	OP 103 (150)
2歳 103 (308)	3歳 99 (-406)	4歳 91 (-1105)	5歳以上 91 (-1946)

短縮 97 (-622)	延長 93 (-1483)

POINT ▶ 長距離ほど×。道悪は×。若齢馬ほど○。

ウインバリアシオン

2020年ランキング **123位**

妙味度（利益度）　　　全体 **105** (251)

芝	21 (-1657)	ダート	145 (1253)	障害	— —
短距離	95 (-113)	中距離	118 (480)	長距離	21 (-79)

左回り	93 (-134)	右回り	123 (667)

札幌	21 (-237)	函館	21 (0)	福島	70 (-91)
新潟	108 (41)	東京	62 (-341)	中山	164 (127)
中京	103 (19)	阪神	152 (311)	小倉	21 (-158)

芝道悪	21 (-710)	ダ道悪	177 (616)

新馬	未勝利	1〜3勝C	OP
21 (-237)	113 (424)	135 (449)	— —

2 歳	3 歳	4 歳	5歳以上
40 (-120)	131 (1452)	— —	— —

短縮	116 (221)	延長	93 (-116)

POINT ▶ 「芝」利益度ワースト9位。上位クラスほど○。

エイシンヒカリ

2020年ランキング **120位**

妙味度（利益度）　　　全体 **133** (2131)

芝	151 (2682)	ダート	21 (-868)	障害	— —
短距離	132 (1541)	中距離	136 (573)	長距離	— —

左回り	156 (1459)	右回り	121 (802)

札幌	— —	函館	— —	福島	21 (-395)
新潟	223 (858)	東京	58 (-505)	中山	153 (533)
中京	218 (827)	阪神	191 (1086)	小倉	139 (196)

芝道悪	113 (150)	ダ道悪	21 (-316)

新馬	未勝利	1〜3勝C	OP
126 (619)	141 (1391)	130 (121)	21 (-158)

2 歳	3 歳	4 歳	5歳以上
133 (2131)	— —	— —	— —

短縮	227 (889)	延長	279 (1788)

POINT ▶ 「芝」利益度ベスト7位。ダートよりも芝。

エスケンデレヤ

2020年ランキング **36位**

妙味度（利益度）　　　全体 **111** (3325)

芝	61 (-1739)	ダート	116 (4021)	障害	335 (940)
短距離	91 (-1178)	中距離	121 (3513)	長距離	176 (455)

左回り	109 (1040)	右回り	111 (2038)

札幌	108 (113)	函館	61 (-657)	福島	90 (-134)
新潟	107 (200)	東京	116 (1198)	中山	107 (420)
中京	111 (122)	阪神	122 (775)	小倉	84 (-172)

芝道悪	56 (-702)	ダ道悪	119 (1729)

新馬	未勝利	1〜3勝C	OP
80 (-469)	115 (3234)	120 (1196)	131 (214)

2 歳	3 歳	4 歳	5歳以上
96 (-139)	116 (4119)	— —	— —

短縮	103 (261)	延長	144 (3682)

POINT ▶ 「ダート」利益度ベスト2位。上位クラスで○。

エスポワールシチー

2020年ランキング **39位**

妙味度（利益度）　　　全体 **105** (1224)

芝	89 (-236)	ダート	105 (1202)	障害	— —
短距離	101 (169)	中距離	111 (883)	長距離	21 (0)

左回り	116 (1396)	右回り	99 (-189)

札幌	103 (29)	函館	38 (-311)	福島	110 (217)
新潟	126 (537)	東京	113 (692)	中山	100 (1)
中京	100 (-5)	阪神	112 (356)	小倉	55 (-450)

芝道悪	38 (-247)	ダ道悪	100 (8)

新馬	未勝利	1〜3勝C	OP
130 (652)	107 (545)	98 (-203)	101 (10)

2 歳	3 歳	4 歳	5歳以上
104 (149)	108 (804)	95 (-275)	108 (300)

短縮	106 (381)	延長	98 (-115)

POINT ▶ 芝よりもダート。新潟で○。新馬戦で○。

種牡馬

エンパイアメーカー
2020年ランキング 52位

妙味度（利益度）		全体 101 (282)
芝 97 (-151)	ダート 102 (369)	障害 96 (-41)
短距離 103 (297)	中距離 100 (35)	長距離 95 (-77)
左回り 99 (-66)	右回り 102 (325)	

札幌 99 (-12)	函館 118 (129)	福島 104 (45)
新潟 77 (-363)	東京 100 (7)	中山 96 (-116)
中京 108 (137)	阪神 99 (-86)	小倉 96 (-79)

芝道悪 81 (-228)	ダ道悪 110 (848)

新馬	未勝利	1～3勝C	OP
106 (0)	112 (100)	96 (-547)	87 (-510)

2歳	3歳	4歳	5歳以上
111 (0)	104 (0)	91 (-515)	105 (990)

短縮 103 (167)	延長 104 (263)

POINT 短距離ほど○。オープンは×。

カジノドライヴ
2020年ランキング 41位

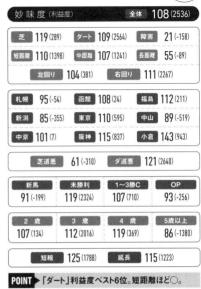

妙味度（利益度）		全体 108 (2536)
芝 119 (289)	ダート 109 (2564)	障害 21 (-158)
短距離 110 (1398)	中距離 107 (1241)	長距離 55 (-89)
左回り 104 (381)	右回り 111 (2267)	

札幌 95 (-54)	函館 108 (24)	福島 112 (211)
新潟 85 (-355)	東京 110 (595)	中山 89 (-519)
中京 101 (7)	阪神 115 (837)	小倉 143 (943)

芝道悪 61 (-310)	ダ道悪 121 (2640)

新馬	未勝利	1～3勝C	OP
91 (-199)	119 (2324)	107 (710)	93 (-256)

2歳	3歳	4歳	5歳以上
107 (134)	112 (2016)	119 (369)	86 (-1380)

短縮 125 (1788)	延長 115 (1223)

POINT 「ダート」利益度ベスト6位。短距離ほど○。

カネヒキリ
2020年ランキング 96位

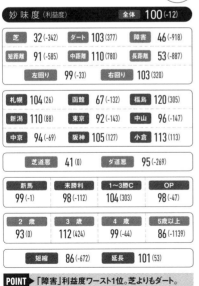

妙味度（利益度）		全体 100 (-12)
芝 32 (-342)	ダート 103 (377)	障害 46 (-918)
短距離 91 (-585)	中距離 110 (780)	長距離 53 (-887)
左回り 99 (-33)	右回り 103 (320)	

札幌 104 (26)	函館 67 (-132)	福島 120 (305)
新潟 110 (88)	東京 92 (-143)	中山 96 (-147)
中京 94 (-69)	阪神 105 (127)	小倉 113 (113)

芝道悪 41 (0)	ダ道悪 95 (-269)

新馬	未勝利	1～3勝C	OP
99 (-1)	98 (-112)	104 (303)	98 (-47)

2歳	3歳	4歳	5歳以上
93 (0)	112 (424)	99 (-44)	86 (-1139)

短縮 86 (-672)	延長 101 (53)

POINT 「障害」利益度ワースト1位。芝よりもダート。

カレンブラックヒル
2020年ランキング 35位

妙味度（利益度）		全体 113 (4312)
芝 122 (3676)	ダート 107 (1244)	障害 ——
短距離 115 (3445)	中距離 106 (737)	長距離 21 (-79)
左回り 124 (2186)	右回り 110 (2520)	

札幌 130 (481)	函館 153 (1381)	福島 124 (476)
新潟 60 (-995)	東京 162 (2976)	中山 109 (422)
中京 107 (162)	阪神 100 (8)	小倉 103 (96)

芝道悪 146 (2134)	ダ道悪 89 (-716)

新馬	未勝利	1～3勝C	OP
105 (165)	116 (2827)	99 (-118)	213 (1921)

2歳	3歳	4歳	5歳以上
119 (1805)	110 (2372)	——	——

短縮 161 (5012)	延長 101 (67)

POINT 「全体」利益度ベスト4位。ダートよりも芝。

キングズベスト

2020年ランキング **38位**

妙味度（利益度）		全体 94 (-1967)

芝 104 (721)	ダート 79 (-2652)	障害 94 (-35)
短距離 93 (-1443)	中距離 99 (-97)	長距離 78 (-241)

左回り 92 (-527)	右回り 95 (-1234)

札幌 98 (-34)	函館 78 (-337)	福島 110 (212)
新潟 108 (234)	東京 86 (-494)	中山 107 (405)
中京 87 (-256)	阪神 98 (-89)	小倉 87 (-502)

芝道悪 98 (-138)	ダ道悪 81 (-1310)

新馬	未勝利	1～3勝C	OP
82 (-281)	76 (-3610)	113 (1290)	136 (972)

2歳	3歳	4歳	5歳以上
78 (-352)	93 (-1288)	107 (231)	98 (-119)

短縮 83 (-1188)	延長 75 (-1863)

POINT ▶「ダート」利益度ワースト5位。オープンで◯。

キングヘイロー

2020年ランキング **95位**

妙味度（利益度）		全体 102 (511)

芝 85 (-1082)	ダート 112 (1376)	障害 104 (74)
短距離 99 (-136)	中距離 107 (485)	長距離 104 (76)

左回り 96 (-267)	右回り 105 (630)

札幌 75 (-74)	函館 104 (22)	福島 70 (-601)
新潟 88 (-259)	東京 100 (21)	中山 113 (578)
中京 116 (269)	阪神 98 (-47)	小倉 79 (-124)

芝道悪 82 (-420)	ダ道悪 120 (802)

新馬	未勝利	1～3勝C	OP
111 (129)	102 (140)	101 (119)	87 (-238)

2歳	3歳	4歳	5歳以上
91 (-112)	94 (-313)	103 (150)	111 (909)

短縮 102 (100)	延長 98 (-106)

POINT ▶ 芝よりもダート。下位クラスほど◯。

グラスワンダー

2020年ランキング **134位**

妙味度（利益度）		全体 84 (-2220)

芝 88 (-908)	ダート 79 (-1342)	障害 82 (0)
短距離 80 (-1404)	中距離 94 (-356)	長距離 70 (-152)

左回り 74 (-1262)	右回り 89 (-994)

札幌 163 (380)	函館 43 (-170)	福島 99 (-7)
新潟 84 (-237)	東京 64 (-1130)	中山 115 (519)
中京 67 (-199)	阪神 59 (-537)	小倉 100 (-4)

芝道悪 71 (-759)	ダ道悪 62 (-1075)

新馬	未勝利	1～3勝C	OP
81 (-421)	81 (-1335)	91 (-420)	44 (0)

2歳	3歳	4歳	5歳以上
88 (-518)	78 (-1343)	92 (-113)	82 (-386)

短縮 111 (306)	延長 63 (-1150)

POINT ▶ 短距離は×。左回りは×。札幌で◯。道悪は×。

グランプリボス

2020年ランキング **70位**

妙味度（利益度）		全体 102 (384)

芝 85 (-924)	ダート 108 (1228)	障害 ――
短距離 97 (-418)	中距離 113 (894)	長距離 125 (172)

左回り 98 (-138)	右回り 102 (387)

札幌 80 (-285)	函館 148 (238)	福島 80 (-357)
新潟 84 (-388)	東京 92 (-240)	中山 109 (386)
中京 126 (231)	阪神 130 (1357)	小倉 84 (-194)

芝道悪 79 (-370)	ダ道悪 118 (1140)

新馬	未勝利	1～3勝C	OP
76 (-497)	106 (594)	107 (592)	21 (-316)

2歳	3歳	4歳	5歳以上
81 (-498)	106 (881)	116 (868)	――

短縮 120 (1235)	延長 91 (-483)

POINT ▶ 芝よりもダート。長距離ほど◯。高齢馬で◯。

種牡馬

クリエイター2

2020年
ランキング
147位

妙味度（利益度）		全体 140 (2492)
芝 90 (-194)	ダート 151 (2206)	障害 ——
短距離 151 (1491)	中距離 134 (1115)	長距離 ——

左回り 93 (-153)	右回り 179 (3251)

札幌 21 (-79)	函館 21 (-79)	福島 179 (316)
新潟 73 (-135)	東京 149 (487)	中山 165 (1437)
中京 21 (-473)	阪神 279 (1788)	小倉 21 (-79)

芝道悪 21 (-552)	ダ道悪 156 (562)

新馬 151 (1422)	未勝利 143 (1302)	1～3勝C 21 (-158)	OP 21 (-158)

2 歳 140 (2492)	3 歳 ——	4 歳 ——	5歳以上 ——

短縮 72 (-197)	延長 111 (139)

POINT 「ダート」利益度ベスト8位。短距離ほど◯。

ケイムホーム

2020年
ランキング
151位

妙味度（利益度）		全体 99 (-137)
芝 106 (87)	ダート 97 (-214)	障害 91 (-69)
短距離 97 (-190)	中距離 101 (16)	長距離 90 (-83)

左回り 98 (-63)	右回り 98 (-101)

札幌 69 (-125)	函館 129 (143)	福島 126 (262)
新潟 82 (-181)	東京 87 (-154)	中山 96 (-44)
中京 117 (256)	阪神 86 (-168)	小倉 113 (115)

芝道悪 97 (0)	ダ道悪 101 (49)

新馬 68 (-195)	未勝利 99 (-30)	1～3勝C 99 (-61)	OP 105 (65)

2 歳 82 (-125)	3 歳 101 (34)	4 歳 101 (20)	5歳以上 93 (-324)

短縮 103 (65)	延長 87 (-366)

POINT ダートよりも芝。上位クラスほど◯。

ケープブランコ

2020年
ランキング
85位

妙味度（利益度）		全体 98 (-445)
芝 92 (-513)	ダート 102 (204)	障害 21 (-158)
短距離 98 (-183)	中距離 89 (-962)	長距離 304 (2656)

左回り 108 (437)	右回り 94 (-727)

札幌 58 (-253)	函館 108 (91)	福島 46 (-649)
新潟 132 (324)	東京 109 (249)	中山 97 (-95)
中京 75 (-466)	阪神 107 (254)	小倉 110 (130)

芝道悪 78 (-468)	ダ道悪 100 (-16)

新馬 75 (-468)	未勝利 99 (-86)	1～3勝C 108 (690)	OP 66 (-310)

2 歳 86 (-434)	3 歳 100 (-16)	4 歳 111 (910)	5歳以上 21 (-395)

短縮 89 (-459)	延長 127 (1157)

POINT 長距離で◯。新馬戦・2歳馬は×。距離延長で◯。

ゴールドシップ

2020年
ランキング
22位

妙味度（利益度）		全体 109 (4365)
芝 111 (4654)	ダート 95 (-411)	障害 21 (-79)
短距離 112 (1243)	中距離 104 (1463)	長距離 126 (1536)

左回り 111 (1956)	右回り 107 (2312)

札幌 132 (1055)	函館 100 (9)	福島 111 (614)
新潟 99 (-75)	東京 119 (1833)	中山 111 (1051)
中京 109 (270)	阪神 94 (-336)	小倉 129 (517)

芝道悪 126 (3280)	ダ道悪 96 (-154)

新馬 111 (722)	未勝利 114 (3962)	1～3勝C 91 (-1195)	OP 121 (641)

2 歳 116 (2535)	3 歳 104 (1277)	4 歳 ——	5歳以上 ——

短縮 100 (-53)	延長 105 (707)

POINT 「芝」利益度ベスト2位。長距離で◯。

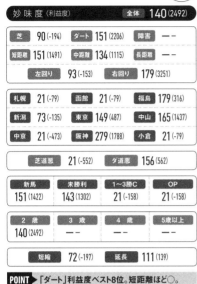

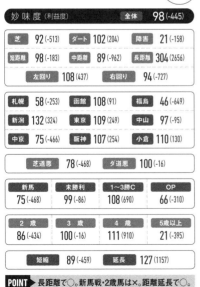

サクラプレジデント

2020年ランキング **128位**

妙味度（利益度） 全体 **125**(679)

芝 140(567)	ダート 108(65)	障害 67(-165)
短距離 116(110)	中距離 150(747)	長距離 78(-109)
左回り 161(364)		右回り 123(372)

札幌 21(-79)	函館 21(0)	福島 158(232)
新潟 149(148)	東京 159(237)	中山 60(-282)
中京 114(29)	阪神 254(615)	小倉 154(109)

芝道悪 128(83)	ダ道悪 54(-92)

新馬 102(0)	未勝利 119(75)	1〜3勝C 134(542)	OP 58(-125)

2歳 96(0)	3歳 115(0)	4歳 117(234)	5歳以上 129(381)

短縮 147(518)	延長 102(18)

POINT ▶ ダートよりも芝。高齢馬ほど○。距離短縮で○。

サマーバード

2020年ランキング **150位**

妙味度（利益度） 全体 **114**(706)

芝 137(257)	ダート 113(520)	障害 21(-237)
短距離 94(-102)	中距離 119(349)	長距離 152(677)
左回り 94(-42)		右回り 121(809)

札幌 128(0)	函館 100(0)	福島 97(0)
新潟 81(-19)	東京 101(7)	中山 148(143)
中京 78(-43)	阪神 138(790)	小倉 97(-7)

芝道悪 115(46)	ダ道悪 124(362)

新馬 129(0)	未勝利 96(-12)	1〜3勝C 119(543)	OP 344(1220)

2歳 112(0)	3歳 109(0)	4歳 129(0)	5歳以上 110(511)

短縮 112(144)	延長 118(180)

POINT ▶ 長距離ほど○。右回りで○。オープンで○。

サムライハート

2020年ランキング **115位**

妙味度（利益度） 全体 **99**(-113)

芝 91(-421)	ダート 105(455)	障害 93(-104)
短距離 93(-422)	中距離 107(523)	長距離 88(-252)
左回り 87(-663)		右回り 110(827)

札幌 79(-185)	函館 43(-344)	福島 123(391)
新潟 73(-486)	東京 93(-184)	中山 98(-60)
中京 88(-157)	阪神 116(234)	小倉 99(-9)

芝道悪 87(-233)	ダ道悪 104(151)

新馬 109(9)	未勝利 116(372)	1〜3勝C 88(-1373)	OP 111(137)

2歳 112(0)	3歳 103(113)	4歳 94(-140)	5歳以上 96(-410)

短縮 102(87)	延長 90(-502)

POINT ▶ 芝よりもダート。左回りよりも右回り。

シニスターミニスター

2020年ランキング **24位**

妙味度（利益度） 全体 **106**(2664)

芝 82(-302)	ダート 107(2939)	障害 92(-33)
短距離 105(1554)	中距離 109(1362)	長距離 80(-101)
左回り 111(1702)		右回り 104(1158)

札幌 95(-65)	函館 59(-570)	福島 126(797)
新潟 109(313)	東京 109(800)	中山 100(5)
中京 111(433)	阪神 107(512)	小倉 104(89)

芝道悪 39(-122)	ダ道悪 110(1671)

新馬 93(-343)	未勝利 105(785)	1〜3勝C 107(1439)	OP 110(324)

2歳 103(231)	3歳 105(1016)	4歳 109(648)	5歳以上 107(688)

短縮 110(979)	延長 116(1894)

POINT ▶ 「ダート」利益度ベスト5位。上位クラスで○。

種牡馬

ジャングルポケット
2020年ランキング 56位

妙味度（利益度）　全体 **98** (-534)

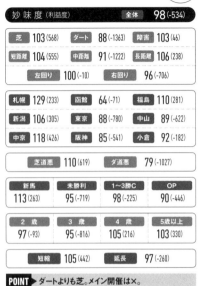

芝 103 (568)	ダート 88 (-1363)	障害 103 (46)
短距離 104 (555)	中距離 91 (-1222)	長距離 106 (238)

左回り 100 (-10)	右回り 96 (-706)

札幌 129 (233)	函館 64 (-71)	福島 110 (281)
新潟 106 (305)	東京 88 (-780)	中山 89 (-622)
中京 118 (426)	阪神 85 (-541)	小倉 92 (-182)

芝道悪 110 (619)	ダ道悪 79 (-1027)

新馬	未勝利	1～3勝C	OP
113 (263)	95 (-719)	98 (-225)	90 (-446)

2 歳	3 歳	4 歳	5歳以上
97 (-93)	95 (-816)	105 (216)	103 (330)

短縮 105 (442)	延長 97 (-260)

POINT ▶ ダートよりも芝。メイン開催は×。

ショウナンカンプ
2020年ランキング 112位

妙味度（利益度）　全体 **96** (-497)

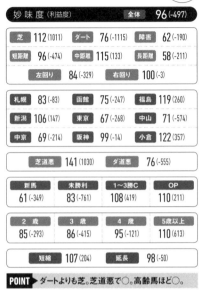

芝 112 (1011)	ダート 76 (-1115)	障害 62 (-190)
短距離 96 (-474)	中距離 115 (133)	長距離 58 (-211)

左回り 84 (-329)	右回り 100 (-3)

札幌 83 (-83)	函館 75 (-247)	福島 119 (260)
新潟 106 (147)	東京 67 (-268)	中山 71 (-574)
中京 69 (-214)	阪神 99 (-14)	小倉 122 (357)

芝道悪 141 (1030)	ダ道悪 76 (-555)

新馬	未勝利	1～3勝C	OP
61 (-349)	83 (-761)	108 (419)	110 (211)

2 歳	3 歳	4 歳	5歳以上
85 (-293)	86 (-415)	95 (-121)	110 (613)

短縮 107 (204)	延長 98 (-50)

POINT ▶ ダートよりも芝。芝道悪で○。高齢馬ほど○。

ジョーカプチーノ
2020年ランキング 63位

妙味度（利益度）　全体 **102** (330)

芝 102 (274)	ダート 100 (-20)	障害 ー ー
短距離 105 (750)	中距離 77 (-564)	長距離 21 (0)

左回り 76 (-1593)	右回り 114 (1588)

札幌 84 (-274)	函館 132 (128)	福島 107 (163)
新潟 59 (-946)	東京 86 (-548)	中山 119 (879)
中京 86 (-141)	阪神 137 (407)	小倉 84 (-161)

芝道悪 109 (361)	ダ道悪 106 (165)

新馬	未勝利	1～3勝C	OP
92 (-270)	92 (-762)	126 (895)	89 (-165)

2 歳	3 歳	4 歳	5歳以上
83 (-1801)	116 (931)	78 (-155)	133 (464)

短縮 122 (893)	延長 96 (-166)

POINT ▶ 短距離ほど○。左回りよりも右回り。

シンボリクリスエス
2020年ランキング 57位

妙味度（利益度）　全体 **100** (-98)

芝 96 (-370)	ダート 102 (460)	障害 86 (-71)
短距離 97 (-307)	中距離 103 (484)	長距離 88 (-280)

左回り 98 (-136)	右回り 101 (268)

札幌 122 (335)	函館 95 (-25)	福島 106 (159)
新潟 101 (17)	東京 101 (65)	中山 97 (-158)
中京 87 (-181)	阪神 99 (-44)	小倉 83 (-345)

芝道悪 94 (-230)	ダ道悪 106 (454)

新馬	未勝利	1～3勝C	OP
109 (179)	96 (-388)	102 (245)	116 (366)

2 歳	3 歳	4 歳	5歳以上
89 (-433)	104 (368)	105 (267)	93 (-712)

短縮 97 (-230)	延長 104 (347)

POINT ▶ 芝よりもダート。オープン戦で○。

スウェプトオーヴァーボード

2020年ランキング **45位**

妙味度（利益度）		全体	**95**(-1813)

芝	95(-578)	ダート	95(-1088)	障害	21(0)
短距離	98(-552)	中距離	80(-1045)	長距離	75(-75)

左回り	84(-1806)	右回り	100(12)

札幌	80(-313)	函館	101(10)	福島	94(-183)
新潟	98(-89)	東京	76(-1290)	中山	97(-251)
中京	75(-423)	阪神	110(338)	小倉	113(259)

芝道悪	96(-175)	ダ道悪	106(639)

新馬	未勝利	1〜3勝C	OP
85(-326)	90(-1170)	96(-783)	131(220)

2 歳	3 歳	4 歳	5歳以上
92(-517)	97(-302)	85(-1464)	100(-20)

短縮	98(-199)	延長	98(-152)

POINT ▶ 長距離ほど×。東京は×。上位クラスほど○。

スクワートルスクワート

2020年ランキング **146位**

妙味度（利益度）		全体	**70**(-977)

芝	61(-788)	ダート	70(-392)	障害	21(0)
短距離	60(-1271)	中距離	79(-21)	長距離	21(0)

左回り	70(-120)	右回り	69(-858)

札幌	——	函館	21(-158)	福島	107(7)
新潟	71(-29)	東京	49(-101)	中山	51(-341)
中京	21(-158)	阪神	64(-109)	小倉	68(-485)

芝道悪	50(-100)	ダ道悪	33(-333)

新馬	未勝利	1〜3勝C	OP
39(-367)	69(-592)	48(0)	74(-210)

2 歳	3 歳	4 歳	5歳以上
56(-924)	88(-143)	21(0)	54(0)

短縮	94(-38)	延長	36(-447)

POINT ▶ 道悪は×。距離延長は×。2歳馬は×。

スズカコーズウェイ

2020年ランキング **81位**

妙味度（利益度）		全体	**104**(500)

芝	35(-785)	ダート	110(1046)	障害	134(103)
短距離	102(175)	中距離	99(-40)	長距離	119(74)

左回り	121(980)	右回り	91(-645)

札幌	146(278)	函館	21(-316)	福島	172(505)
新潟	93(-71)	東京	137(1146)	中山	75(-572)
中京	93(-40)	阪神	94(-71)	小倉	68(-316)

芝道悪	21(-316)	ダ道悪	117(648)

新馬	未勝利	1〜3勝C	OP
79(-235)	116(752)	102(102)	63(-299)

2 歳	3 歳	4 歳	5歳以上
80(-368)	110(646)	83(-207)	100(-2)

短縮	90(-255)	延長	125(830)

POINT ▶ 芝よりもダート。距離延長で○。

スズカフェニックス

2020年ランキング **103位**

妙味度（利益度）		全体	**92**(-733)

芝	94(-381)	ダート	92(-222)	障害	21(0)
短距離	86(-541)	中距離	108(379)	長距離	30(-70)

左回り	107(217)	右回り	85(-802)

札幌	114(0)	函館	111(0)	福島	56(-44)
新潟	132(323)	東京	101(5)	中山	40(-541)
中京	87(-197)	阪神	95(-93)	小倉	53(-513)

芝道悪	97(-80)	ダ道悪	83(-234)

新馬	未勝利	1〜3勝C	OP
100(0)	86(-159)	95(-246)	44(0)

2 歳	3 歳	4 歳	5歳以上
98(0)	91(-101)	91(-337)	86(-522)

短縮	91(-216)	延長	53(-1091)

POINT ▶ 右回りよりも左回り。距離延長は×。

種牡馬

スズカマンボ

妙味度 (利益度)		全体	97 (-243)

芝	93 (-234)	ダート	93 (-226)	障害	125 (248)
短距離	100 (2)	中距離	91 (-325)	長距離	119 (335)

左回り	89 (-272)	右回り	98 (-106)

札幌	104 (0)	函館	65 (-69)	福島	109 (47)
新潟	95 (-54)	東京	93 (-89)	中山	107 (115)
中京	89 (-74)	阪神	109 (82)	小倉	99 (-4)

芝道悪	80 (-217)	ダ道悪	88 (-134)

新馬	未勝利	1～3勝C	OP
91 (0)	96 (-22)	92 (-359)	131 (186)

2 歳	3 歳	4 歳	5歳以上
87 (0)	99 (0)	80 (0)	102 (125)

短縮	99 (-24)	延長	93 (-172)

POINT ▶ 障害で○。長距離で○。道悪は×。

ステイゴールド

妙味度 (利益度)		全体	105 (1672)

芝	106 (1254)	ダート	101 (100)	障害	102 (111)
短距離	106 (350)	中距離	106 (1062)	長距離	101 (96)

左回り	108 (821)	右回り	104 (714)

札幌	118 (148)	函館	104 (18)	福島	104 (172)
新潟	113 (513)	東京	106 (371)	中山	103 (145)
中京	106 (161)	阪神	99 (-50)	小倉	96 (-76)

芝道悪	102 (153)	ダ道悪	92 (-283)

新馬	未勝利	1～3勝C	OP
79 (0)	95 (-126)	106 (803)	114 (1867)

2 歳	3 歳	4 歳	5歳以上
98 (0)	98 (0)	110 (0)	106 (2003)

短縮	108 (873)	延長	105 (680)

POINT ▶ ダートよりも芝。上位クラスほど○。

ストーミングホーム

妙味度 (利益度)		全体	101 (71)

芝	90 (-277)	ダート	108 (334)	障害	100 (0)
短距離	93 (-192)	中距離	109 (409)	長距離	90 (-20)

左回り	98 (-47)	右回り	102 (115)

札幌	103 (9)	函館	85 (-15)	福島	74 (-53)
新潟	115 (61)	東京	79 (-47)	中山	93 (-76)
中京	104 (41)	阪神	111 (150)	小倉	121 (82)

芝道悪	68 (-255)	ダ道悪	107 (94)

新馬	未勝利	1～3勝C	OP
104 (12)	103 (46)	98 (-43)	105 (76)

2 歳	3 歳	4 歳	5歳以上
78 (-22)	107 (183)	111 (74)	97 (-116)

短縮	89 (-158)	延長	102 (49)

POINT ▶ 芝よりもダート。中距離で○。東京は×。

ストリートセンス

妙味度 (利益度)		全体	98 (-111)

芝	87 (-53)	ダート	101 (43)	障害	109 (18)
短距離	99 (-17)	中距離	93 (-128)	長距離	104 (13)

左回り	86 (-233)	右回り	101 (32)

札幌	82 (-18)	函館	98 (0)	福島	79 (-42)
新潟	85 (-77)	東京	77 (-230)	中山	87 (-92)
中京	107 (22)	阪神	112 (166)	小倉	89 (-11)

芝道悪	76 (0)	ダ道悪	102 (49)

新馬	未勝利	1～3勝C	OP
80 (-40)	76 (-214)	101 (18)	96 (-43)

2 歳	3 歳	4 歳	5歳以上
67 (0)	93 (-63)	90 (0)	113 (533)

短縮	105 (89)	延長	74 (-291)

POINT ▶ 芝よりもダート。5歳以上の高齢で○。

ストロングリターン

2020年ランキング **65位**

妙味度（利益度）　　　　全体 **90** (-2818)

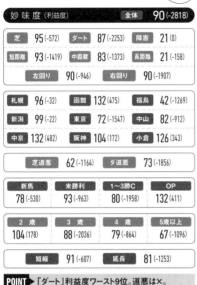

芝 95 (-572)	ダート 87 (-2253)	障害 21 (0)
短距離 93 (-1419)	中距離 83 (-1373)	長距離 21 (-158)

左回り 90 (-946)	右回り 90 (-1907)

札幌 96 (-32)	函館 132 (475)	福島 42 (-1269)
新潟 99 (-22)	東京 72 (-1547)	中山 82 (-912)
中京 132 (482)	阪神 104 (172)	小倉 126 (343)

芝道悪 62 (-1164)	夕道悪 73 (-1856)

新馬	未勝利	1〜3勝C	OP
78 (-530)	93 (-963)	80 (-1958)	132 (411)

2歳	3歳	4歳	5歳以上
104 (178)	88 (-2036)	79 (-864)	67 (-1096)

短縮 91 (-607)	延長 81 (-1253)

POINT ▶ 「ダート」利益度ワースト9位。道悪は×。

スピルバーグ

2020年ランキング **86位**

妙味度（利益度）　　　　全体 **95** (-1144)

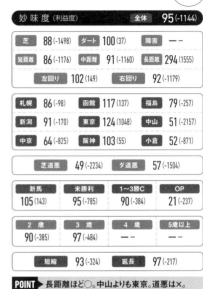

芝 88 (-1498)	ダート 100 (37)	障害 ——
短距離 86 (-1176)	中距離 91 (-1160)	長距離 294 (1555)

左回り 102 (149)	右回り 92 (-1179)

札幌 86 (-98)	函館 117 (137)	福島 79 (-257)
新潟 91 (-170)	東京 124 (1048)	中山 51 (-2157)
中京 64 (-825)	阪神 103 (55)	小倉 52 (-871)

芝道悪 49 (-2234)	夕道悪 57 (-1504)

新馬	未勝利	1〜3勝C	OP
105 (143)	95 (-785)	90 (-384)	21 (-237)

2歳	3歳	4歳	5歳以上
90 (-385)	97 (-484)	——	——

短縮 93 (-324)	延長 97 (-217)

POINT ▶ 長距離ほど○。中山よりも東京。道悪は×。

スマートファルコン

2020年ランキング **33位**

妙味度（利益度）　　　　全体 **103** (1183)

芝 80 (-813)	ダート 103 (1029)	障害 177 (613)
短距離 98 (-476)	中距離 105 (1063)	長距離 167 (671)

左回り 98 (-303)	右回り 104 (1099)

札幌 95 (-60)	函館 97 (-65)	福島 98 (-83)
新潟 110 (426)	東京 103 (210)	中山 92 (-402)
中京 87 (-512)	阪神 106 (480)	小倉 117 (457)

芝道悪 107 (85)	夕道悪 109 (1488)

新馬	未勝利	1〜3勝C	OP
87 (-428)	101 (196)	108 (1154)	150 (855)

2歳	3歳	4歳	5歳以上
80 (-1035)	108 (1768)	104 (252)	108 (675)

短縮 111 (1092)	延長 118 (2042)

POINT ▶ 「障害」利益度ベスト9位。長距離ほど○。

ゼンノロブロイ

2020年ランキング **75位**

妙味度（利益度）　　　　全体 **95** (-1423)

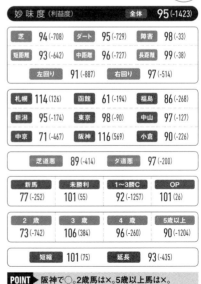

芝 94 (-708)	ダート 95 (-729)	障害 98 (-33)
短距離 93 (-642)	中距離 96 (-727)	長距離 99 (-38)

左回り 91 (-887)	右回り 97 (-514)

札幌 114 (126)	函館 61 (-194)	福島 86 (-268)
新潟 95 (-174)	東京 90 (-90)	中山 97 (-127)
中京 71 (-467)	阪神 116 (569)	小倉 90 (-226)

芝道悪 89 (-414)	夕道悪 97 (-200)

新馬	未勝利	1〜3勝C	OP
77 (-252)	101 (55)	92 (-1257)	101 (26)

2歳	3歳	4歳	5歳以上
73 (-742)	106 (384)	96 (-260)	90 (-1204)

短縮 101 (75)	延長 93 (-435)

POINT ▶ 阪神で○。2歳馬は×。5歳以上馬は×。

種牡馬

タートルボウル

2020年ランキング 27位

妙味度（利益度）　　　全体 108 (3002)

芝 112 (1542)	ダート 105 (1131)	障害 146 (510)
短距離 96 (-640)	中距離 115 (2904)	長距離 134 (705)

左回り 102 (283)	右回り 110 (2130)

札幌 106 (89)	函館 93 (-95)	福島 109 (319)
新潟 96 (-130)	東京 107 (530)	中山 100 (-22)
中京 109 (306)	阪神 107 (237)	小倉 121 (627)

芝道悪 120 (632)	ダ道悪 96 (-367)

新馬 104 (84)	未勝利 111 (1502)	1～3勝C 106 (1044)	OP 104 (120)

2歳 102 (59)	3歳 107 (1511)	4歳 117 (982)	5歳以上 105 (344)

短縮 103 (333)	延長 124 (2819)

POINT 「全体」利益度ベスト10位。長距離ほど○。

タイキシャトル

2020年ランキング 117位

妙味度（利益度）　　　全体 101 (137)

芝 108 (670)	ダート 95 (-437)	障害 68 (-258)
短距離 103 (385)	中距離 98 (-55)	長距離 83 (-277)

左回り 102 (123)	右回り 103 (342)

札幌 101 (14)	函館 128 (168)	福島 92 (-145)
新潟 102 (32)	東京 98 (-44)	中山 88 (-269)
中京 101 (11)	阪神 95 (-106)	小倉 124 (342)

芝道悪 105 (114)	ダ道悪 98 (-79)

新馬 133 (131)	未勝利 97 (-30)	1～3勝C 101 (120)	OP 111 (138)

2歳 110 (59)	3歳 100 (1)	4歳 104 (275)	5歳以上 90 (-1087)

短縮 98 (-98)	延長 100 (-21)

POINT ダートよりも芝。短距離ほど○。5歳以上馬は×。

タイムパラドックス

2020年ランキング 106位

妙味度（利益度）　　　全体 89 (-1900)

芝 35 (-585)	ダート 91 (-1359)	障害 36 (-516)
短距離 96 (-417)	中距離 82 (-1239)	長距離 38 (-562)

左回り 95 (-385)	右回り 84 (-1368)

札幌 99 (-3)	函館 48 (-52)	福島 108 (87)
新潟 91 (-196)	東京 105 (216)	中山 89 (-570)
中京 83 (-209)	阪神 73 (-216)	小倉 81 (-78)

芝道悪 49 (-152)	ダ道悪 90 (-604)

新馬 97 (-25)	未勝利 91 (-476)	1～3勝C 86 (-1274)	OP 52 (-475)

2歳 85 (-302)	3歳 104 (189)	4歳 55 (-1880)	5歳以上 80 (-1120)

短縮 104 (179)	延長 77 (-1050)

POINT 「障害」利益度ワースト10位。芝は×。

タニノギムレット

2020年ランキング 110位

妙味度（利益度）　　　全体 92 (-1028)

芝 96 (-351)	ダート 83 (-752)	障害 97 (-27)
短距離 80 (-1541)	中距離 94 (-268)	長距離 109 (141)

左回り 97 (-88)	右回り 87 (-1191)

札幌 102 (20)	函館 87 (-26)	福島 92 (-130)
新潟 74 (-291)	東京 105 (63)	中山 73 (-613)
中京 101 (10)	阪神 94 (-105)	小倉 102 (33)

芝道悪 115 (357)	ダ道悪 61 (-702)

新馬 142 (551)	未勝利 90 (-658)	1～3勝C 84 (-589)	OP 94 (-91)

2歳 113 (289)	3歳 83 (-1131)	4歳 97 (-13)	5歳以上 95 (-180)

短縮 97 (-92)	延長 103 (83)

POINT ダートは×。長距離ほど○。新馬戦で○。

ダノンシャンティ
2020年ランキング 54位

妙味度（利益度）　全体 99 (-443)

芝 106 (970)	ダート 86 (-2326)	障害 94 (-57)
短距離 98 (-561)	中距離 98 (-141)	長距離 115 (178)

左回り 98 (-165)	右回り 98 (-384)

札幌 89 (-114)	函館 105 (87)	福島 122 (698)
新潟 96 (-125)	東京 101 (61)	中山 91 (-484)
中京 98 (-53)	阪神 93 (-364)	小倉 87 (-414)

芝道悪 100 (16)	ダ道悪 88 (-834)

新馬	未勝利	1~3勝C	OP
88 (-302)	92 (-1276)	103 (399)	68 (-444)

2歳	3歳	4歳	5歳以上
96 (-208)	88 (-1947)	106 (171)	114 (1215)

短縮 105 (323)	延長 89 (-730)

POINT 「ダート」利益度ワースト8位。高齢馬で○。

ダノンバラード
2020年ランキング 94位

妙味度（利益度）　全体 112 (704)

芝 109 (439)	ダート 125 (152)	障害 ──
短距離 106 (142)	中距離 118 (547)	長距離 59 (-83)

左回り 98 (-24)	右回り 117 (700)

札幌 115 (75)	函館 145 (179)	福島 72 (-166)
新潟 121 (126)	東京 67 (-234)	中山 118 (184)
中京 78 (-44)	阪神 124 (119)	小倉 86 (-112)

芝道悪 162 (678)	ダ道悪 53 (-94)

新馬	未勝利	1~3勝C	OP
82 (-37)	114 (81)	106 (204)	73 (-188)

2歳	3歳	4歳	5歳以上
96 (-4)	111 (143)	107 (314)	──

短縮 158 (583)	延長 105 (66)

POINT ダートで○。右回りで○。距離短縮で○。

ダノンレジェンド
2020年ランキング 83位

妙味度（利益度）　全体 125 (1513)

芝 125 (531)	ダート 125 (988)	障害 ──
短距離 108 (467)	中距離 360 (1040)	長距離 ──

左回り 99 (-22)	右回り 138 (1433)

札幌 236 (542)	函館 140 (81)	福島 124 (71)
新潟 114 (83)	東京 117 (199)	中山 135 (425)
中京 21 (-395)	阪神 138 (382)	小倉 ──

芝道悪 21 (-473)	ダ道悪 97 (-55)

新馬	未勝利	1~3勝C	OP
107 (199)	152 (1293)	194 (472)	21 (-237)

2歳	3歳	4歳	5歳以上
125 (1513)	──	──	──

短縮 275 (1398)	延長 235 (1483)

POINT 中距離で○。右回りで○。北海道で○。

ダンカーク
2020年ランキング 34位

妙味度（利益度）　全体 96 (-1628)

芝 101 (118)	ダート 94 (-1725)	障害 21 (-316)
短距離 96 (-959)	中距離 96 (-778)	長距離 103 (63)

左回り 104 (698)	右回り 92 (-2407)

札幌 79 (-277)	函館 98 (-29)	福島 109 (253)
新潟 89 (-474)	東京 111 (923)	中山 80 (-1680)
中京 100 (13)	阪神 88 (-963)	小倉 82 (-519)

芝道悪 106 (262)	ダ道悪 108 (992)

新馬	未勝利	1~3勝C	OP
106 (276)	96 (-669)	92 (-1569)	89 (-79)

2歳	3歳	4歳	5歳以上
106 (504)	99 (-209)	81 (-3354)	21 (-395)

短縮 97 (-290)	延長 102 (236)

POINT 下位クラスほど○。若齢馬ほど○。

ダンスインザダーク

2020年ランキング **136位**

妙味度（利益度）		全体 **105**(100)

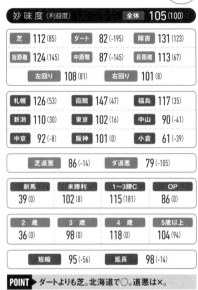

芝 112(85)	ダート 82(-195)	障害 131(123)
短距離 124(145)	中距離 87(-145)	長距離 113(67)
左回り 108(81)		右回り 101(8)

札幌 126(53)	函館 147(47)	福島 117(35)
新潟 110(30)	東京 102(16)	中山 90(-41)
中京 92(-8)	阪神 101(0)	小倉 61(-39)

芝道悪 86(-14)	ダ道悪 79(-105)

新馬	未勝利	1～3勝C	OP
39(0)	102(8)	115(181)	86(0)

2歳	3歳	4歳	5歳以上
36(0)	98(0)	118(0)	104(94)

短縮 95(-56)	延長 98(-14)

POINT ダートよりも芝。北海道で○。道悪は×。

ディープスカイ

2020年ランキング **90位**

妙味度（利益度）		全体 **106**(720)

芝 123(854)	ダート 100(6)	障害 91(-18)
短距離 91(-488)	中距離 117(882)	長距離 93(-13)
左回り 101(41)		右回り 111(709)

札幌 130(121)	函館 176(152)	福島 92(-69)
新潟 122(199)	東京 89(-321)	中山 100(6)
中京 115(137)	阪神 105(62)	小倉 101(2)

芝道悪 109(113)	ダ道悪 108(230)

新馬	未勝利	1～3勝C	OP
58(-336)	113(471)	99(-31)	121(470)

2歳	3歳	4歳	5歳以上
81(-320)	106(178)	90(-83)	117(913)

短縮 105(150)	延長 118(563)

POINT ダートよりも芝。北海道で○。5歳以上馬で○。

ディープブリランテ

2020年ランキング **30位**

妙味度（利益度）		全体 **95**(-2550)

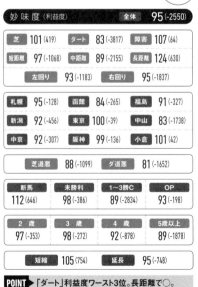

芝 101(419)	ダート 83(-3817)	障害 107(64)
短距離 97(-1068)	中距離 89(-2155)	長距離 124(630)
左回り 93(-1183)		右回り 95(-1837)

札幌 95(-128)	函館 84(-265)	福島 91(-327)
新潟 92(-456)	東京 100(-39)	中山 83(-1738)
中京 92(-307)	阪神 99(-136)	小倉 101(42)

芝道悪 88(-1099)	ダ道悪 81(-1652)

新馬	未勝利	1～3勝C	OP
112(646)	98(-386)	89(-2834)	93(-198)

2歳	3歳	4歳	5歳以上
97(-353)	98(-272)	92(-878)	89(-1878)

短縮 105(754)	延長 95(-748)

POINT 「ダート」利益度ワースト3位。長距離で○。

ディスクリートキャット

2020年ランキング **91位**

妙味度（利益度）		全体 **90**(-1451)

芝 90(-729)	ダート 91(-739)	障害 －－
短距離 92(-975)	中距離 79(-536)	長距離 －－
左回り 111(526)		右回り 80(-1988)

札幌 21(-395)	函館 135(349)	福島 96(-47)
新潟 68(-473)	東京 78(-377)	中山 109(114)
中京 170(1255)	阪神 78(-830)	小倉 21(-473)

芝道悪 76(-450)	ダ道悪 90(-201)

新馬	未勝利	1～3勝C	OP
98(-93)	92(-609)	56(-438)	109(94)

2歳	3歳	4歳	5歳以上
94(-865)	81(-115)	21(0)	60(-119)

短縮 101(17)	延長 135(778)

POINT 右回りよりも左回り。中京で○。距離延長で○。

トウケイヘイロー

2020年ランキング **130位**

妙味度（利益度）　　全体 **145** (853)

芝 **169** (891)	ダート **79** (-126)	障害 ― ―
短距離 **178** (859)	中距離 **97** (-20)	長距離 ― ―
左回り **81** (-76)	右回り **148** (715)	

札幌 ― ―	函館 **21** (-158)	福島 ― ―
新潟 **21** (-158)	東京 **381** (0)	中山 ― ―
中京 **21** (-158)	阪神 **122** (151)	小倉 **21** (-79)

芝道悪 **169** (345)	ダ道悪 **91** (-37)

新馬	未勝利	1～3勝C	OP
106 (17)	**191** (730)	**115** (91)	**21** (-79)

2歳	3歳	4歳	5歳以上
143 (216)	**142** (592)	― ―	― ―

短縮	延長
170 (490)	**79** (-126)

POINT ▶ ダートよりも芝。短距離・距離短縮で○。

トウザグローリー

2020年ランキング **50位**

妙味度（利益度）　　全体 **105** (1799)

芝 **110** (1274)	ダート **102** (501)	障害 **138** (305)
短距離 **105** (885)	中距離 **104** (468)	長距離 **155** (995)
左回り **112** (1677)	右回り **101** (123)	

札幌 **86** (-244)	函館 **94** (-55)	福島 **138** (986)
新潟 **101** (58)	東京 **122** (1430)	中山 **98** (-128)
中京 **101** (20)	阪神 **96** (-195)	小倉 **90** (-157)

芝道悪 **126** (1003)	ダ道悪 **101** (64)

新馬	未勝利	1～3勝C	OP
107 (199)	**106** (843)	**107** (1075)	**46** (-431)

2歳	3歳	4歳	5歳以上
106 (411)	**106** (1036)	**103** (267)	― ―

短縮	延長
95 (-406)	**118** (1716)

POINT ▶ 障害で○。福島・東京で○。距離延長で○。

トウザワールド

2020年ランキング **55位**

妙味度（利益度）　　全体 **103** (709)

芝 **95** (-598)	ダート **105** (628)	障害 **21** (-79)
短距離 **105** (817)	中距離 **97** (-191)	長距離 **21** (-79)
左回り **103** (283)	右回り **104** (551)	

札幌 **113** (177)	函館 **92** (-125)	福島 **148** (675)
新潟 **68** (-1071)	東京 **132** (1170)	中山 **113** (534)
中京 **103** (48)	阪神 **92** (-222)	小倉 **57** (-729)

芝道悪 **120** (708)	ダ道悪 **100** (23)

新馬	未勝利	1～3勝C	OP
103 (84)	**112** (1668)	**79** (-1066)	**80** (-160)

2歳	3歳	4歳	5歳以上
104 (257)	**103** (410)	― ―	― ―

短縮	延長
140 (1911)	**68** (-1750)

POINT ▶ 芝よりもダート。短距離ほど○。距離短縮で○。

ドゥラメンテ

2020年ランキング **26位**

妙味度（利益度）　　全体 **104** (913)

芝 **98** (-371)	ダート **137** (1427)	障害 ― ―
短距離 **93** (-850)	中距離 **116** (1733)	長距離 ― ―
左回り **103** (296)	右回り **105** (620)	

札幌 **135** (388)	函館 **54** (-232)	福島 **154** (431)
新潟 **121** (304)	東京 **101** (49)	中山 **108** (279)
中京 **87** (-229)	阪神 **96** (-198)	小倉 **129** (173)

芝道悪 **103** (177)	ダ道悪 **155** (330)

新馬	未勝利	1～3勝C	OP
103 (253)	**109** (918)	**127** (320)	**70** (-574)

2歳	3歳	4歳	5歳以上
104 (913)	― ―	― ―	― ―

短縮	延長
94 (-232)	**110** (418)

POINT ▶ 芝よりもダート。短距離よりも中距離。

種牡馬

トーセンジョーダン

2020年ランキング 93位

妙味度（利益度）　　全体　84 (-4218)

芝 68 (-2840)	ダート 92 (-1401)	障害 21 (-158)
短距離 81 (-2045)	中距離 87 (-1780)	長距離 59 (-622)
左回り 89 (-1006)		右回り 81 (-3168)

札幌 55 (-312)	函館 68 (-444)	福島 79 (-582)
新潟 80 (-499)	東京 90 (-475)	中山 77 (-1074)
中京 90 (-192)	阪神 83 (-461)	小倉 81 (-390)

芝道悪 52 (-1293)	ダ道悪 104 (256)

新馬	未勝利	1〜3勝C	OP
84 (-565)	90 (-1674)	66 (-1998)	112 (12)

2歳	3歳	4歳	5歳以上
84 (-806)	88 (-2108)	76 (-904)	― ―

短縮	延長
74 (-1739)	76 (-1721)

POINT 「全体」利益度ワースト2位。芝は×。

トーセンファントム

2020年ランキング 114位

妙味度（利益度）　　全体　92 (-414)

芝 66 (-852)	ダート 120 (565)	障害 21 (-158)
短距離 88 (-286)	中距離 99 (-42)	長距離 21 (-158)
左回り 112 (209)		右回り 84 (-589)

札幌 160 (357)	函館 102 (22)	福島 21 (-316)
新潟 72 (-225)	東京 123 (210)	中山 77 (-319)
中京 77 (-47)	阪神 21 (-158)	小倉 21 (0)

芝道悪 43 (-515)	ダ道悪 77 (-229)

新馬	未勝利	1〜3勝C	OP
97 (-25)	93 (-236)	89 (-149)	79 (-43)

2歳	3歳	4歳	5歳以上
98 (-35)	93 (-251)	52 (0)	128 (0)

短縮	延長
92 (-68)	114 (204)

POINT 芝よりもダート。道悪は×。上位クラスほど×。

トーセンブライト

2020年ランキング 137位

妙味度（利益度）　　全体　108 (353)

芝 106 (22)	ダート 109 (381)	障害 35 (0)
短距離 94 (-110)	中距離 118 (514)	長距離 35 (0)
左回り 115 (231)		右回り 107 (215)

札幌 117 (70)	函館 92 (-8)	福島 114 (54)
新潟 62 (-152)	東京 127 (266)	中山 93 (-92)
中京 121 (21)	阪神 168 (408)	小倉 21 (-316)

芝道悪 128 (85)	ダ道悪 134 (619)

新馬	未勝利	1〜3勝C	OP
122 (67)	118 (477)	104 (45)	77 (-139)

2歳	3歳	4歳	5歳以上
97 (-29)	126 (780)	79 (-41)	65 (-176)

短縮	延長
111 (138)	111 (180)

POINT 阪神で○。道悪で○。下位クラスほど○。

トーセンホマレボシ

2020年ランキング 104位

妙味度（利益度）　　全体　96 (-1236)

芝 102 (290)	ダート 88 (-1802)	障害 69 (-251)
短距離 103 (309)	中距離 90 (-1602)	長距離 102 (54)
左回り 98 (-166)		右回り 94 (-1128)

札幌 94 (-35)	函館 109 (156)	福島 103 (63)
新潟 96 (-72)	東京 97 (-169)	中山 92 (-420)
中京 107 (108)	阪神 84 (-489)	小倉 67 (-699)

芝道悪 88 (-519)	ダ道悪 106 (425)

新馬	未勝利	1〜3勝C	OP
109 (86)	92 (-1282)	98 (-204)	104 (26)

2歳	3歳	4歳	5歳以上
98 (-14)	93 (-1143)	87 (-897)	112 (560)

短縮	延長
96 (-236)	88 (-1113)

POINT ダートよりも芝。5歳以上馬で○。

トーセンラー

2020年ランキング **82位**

妙味度（利益度）　全体 **112** (1598)

芝 110 (1020)	ダート 121 (551)	障害 21 (-158)
短距離 128 (2137)	中距離 86 (-695)	長距離 21 (-316)
左回り 79 (-967)	右回り 123 (1778)	

札幌 168 (475)	函館 137 (257)	福島 52 (-809)
新潟 76 (-365)	東京 100 (0)	中山 147 (939)
中京 48 (-417)	阪神 102 (17)	小倉 21 (-868)

芝道悪 109 (350)	ダ道悪 210 (662)

新馬	未勝利	1～3勝C	OP
146 (974)	84 (-1205)	135 (993)	122 (177)

2 歳	3 歳	4 歳	5歳以上
89 (-574)	133 (1618)	104 (113)	― ―

短縮	延長
111 (338)	97 (-95)

POINT 短距離ほど○。左回りよりも右回り。

トビーズコーナー

2020年ランキング **98位**

妙味度（利益度）　全体 **109** (690)

芝 89 (-101)	ダート 115 (1000)	障害 87 (-27)
短距離 109 (477)	中距離 104 (85)	長距離 84 (-31)
左回り 123 (544)	右回り 100 (-16)	

札幌 79 (-85)	函館 87 (-39)	福島 119 (134)
新潟 141 (365)	東京 116 (193)	中山 116 (193)
中京 99 (-5)	阪神 80 (-295)	小倉 50 (-199)

芝道悪 122 (87)	ダ道悪 107 (164)

新馬	未勝利	1～3勝C	OP
126 (131)	104 (103)	108 (256)	108 (33)

2 歳	3 歳	4 歳	5歳以上
110 (90)	101 (35)	96 (-52)	148 (1148)

短縮	延長
130 (451)	89 (-179)

POINT 芝よりもダート。短距離ほど○。5歳以上馬で○。

トランセンド

2020年ランキング **48位**

妙味度（利益度）　全体 **103** (669)

芝 115 (663)	ダート 101 (278)	障害 88 (-211)
短距離 98 (-237)	中距離 107 (979)	長距離 95 (-99)
左回り 98 (-145)	右回り 106 (995)	

札幌 92 (-76)	函館 115 (124)	福島 117 (249)
新潟 85 (-294)	東京 110 (345)	中山 109 (407)
中京 69 (-618)	阪神 113 (775)	小倉 101 (10)

芝道悪 105 (57)	ダ道悪 97 (-281)

新馬	未勝利	1～3勝C	OP
131 (549)	106 (764)	99 (-123)	54 (-461)

2 歳	3 歳	4 歳	5歳以上
106 (244)	107 (957)	88 (-444)	103 (161)

短縮	延長
106 (358)	97 (-211)

POINT ダートよりも芝。下位クラスほど○。

ドリームジャーニー

2020年ランキング **61位**

妙味度（利益度）　全体 **101** (200)

芝 106 (847)	ダート 87 (-384)	障害 58 (-249)
短距離 91 (-451)	中距離 106 (551)	長距離 111 (388)
左回り 88 (-659)	右回り 107 (811)	

札幌 121 (147)	函館 141 (289)	福島 110 (124)
新潟 77 (-184)	東京 86 (-448)	中山 97 (-84)
中京 91 (-149)	阪神 95 (-132)	小倉 121 (271)

芝道悪 127 (865)	ダ道悪 71 (-347)

新馬	未勝利	1～3勝C	OP
115 (104)	99 (-12)	96 (-469)	136 (874)

2 歳	3 歳	4 歳	5歳以上
100 (-1)	105 (78)	93 (-633)	105 (269)

短縮	延長
99 (-40)	111 (593)

POINT ダートよりも芝。長距離ほど○。

種牡馬

ナカヤマフェスタ

2020年ランキング **99位**

妙味度（利益度）		全体	**97** (-534)

芝	111 (1053)	ダート	76 (-1199)	障害	21 (-868)
短距離	88 (-611)	中距離	95 (-359)	長距離	109 (316)

左回り	93 (-305)	右回り	101 (127)

札幌	150 (453)	函館	95 (-41)	福島	87 (-243)
新潟	123 (296)	東京	79 (-557)	中山	86 (-404)
中京	79 (-211)	阪神	111 (190)	小倉	145 (541)

芝道悪	135 (987)	ダ道悪	64 (-684)

新馬	未勝利	1～3勝C	OP
101 (4)	80 (-959)	110 (923)	110 (61)

2歳	3歳	4歳	5歳以上
103 (29)	79 (-809)	113 (919)	91 (-399)

短縮	80 (-873)	延長	108 (409)

POINT 「障害」利益度ワースト2位。ダートよりも芝。

ネオユニヴァース

2020年ランキング **32位**

妙味度（利益度）		全体	**98** (-824)

芝	96 (-451)	ダート	100 (45)	障害	88 (-529)
短距離	95 (-983)	中距離	104 (527)	長距離	87 (-665)

左回り	98 (-222)	右回り	100 (-75)

札幌	113 (201)	函館	92 (-83)	福島	83 (-522)
新潟	110 (388)	東京	92 (-426)	中山	96 (-316)
中京	97 (-83)	阪神	87 (-838)	小倉	89 (-249)

芝道悪	103 (85)	ダ道悪	93 (-670)

新馬	未勝利	1～3勝C	OP
94 (-136)	99 (-147)	98 (-323)	90 (-474)

2歳	3歳	4歳	5歳以上
94 (-306)	100 (-10)	94 (-325)	98 (-303)

短縮	107 (819)	延長	91 (-933)

POINT 「障害」利益度ワースト8位。距離延長は×。

ノヴェリスト

2020年ランキング **25位**

妙味度（利益度）		全体	**98** (-1164)

芝	102 (630)	ダート	90 (-2572)	障害	128 (511)
短距離	97 (-951)	中距離	99 (-311)	長距離	107 (304)

左回り	103 (620)	右回り	95 (-1924)

札幌	126 (846)	函館	94 (-134)	福島	80 (-933)
新潟	103 (210)	東京	106 (701)	中山	101 (138)
中京	95 (-335)	阪神	95 (-468)	小倉	89 (-373)

芝道悪	103 (312)	ダ道悪	94 (-678)

新馬	未勝利	1～3勝C	OP
112 (706)	94 (-1474)	96 (-876)	100 (14)

2歳	3歳	4歳	5歳以上
103 (341)	94 (-1699)	97 (-421)	110 (969)

短縮	98 (-298)	延長	96 (-589)

POINT 「ダート」利益度ワースト6位。長距離ほど○。

ノボジャック

2020年ランキング **152位**

妙味度（利益度）		全体	**113** (597)

芝	129 (143)	ダート	111 (474)	障害	― ―
短距離	114 (663)	中距離	53 (-47)	長距離	21 (0)

左回り	104 (71)	右回り	116 (437)

札幌	43 (-170)	函館	153 (53)	福島	114 (55)
新潟	99 (-9)	東京	99 (-14)	中山	110 (159)
中京	85 (-31)	阪神	74 (-26)	小倉	193 (185)

芝道悪	271 (171)	ダ道悪	108 (151)

新馬	未勝利	1～3勝C	OP
75 (-75)	144 (530)	100 (-10)	79 (0)

2歳	3歳	4歳	5歳以上
155 (275)	107 (75)	97 (-20)	100 (2)

短縮	161 (727)	延長	86 (-185)

POINT 短距離ほど○。距離延長よりも距離短縮。

ハードスパン

2020年ランキング 131位

妙味度（利益度）　全体 **93**(-510)

| 芝 **114**(246) | ダート **91**(-530) | 障害 **21**(0) |
| 短距離 **97**(-167) | 中距離 **82**(-397) | 長距離 **21**(0) |

| 左回り **101**(19) | 右回り **90**(-517) |

札幌 **91**(0)	函館 **134**(0)	福島 **119**(111)
新潟 **111**(64)	東京 **82**(-266)	中山 **78**(-261)
中京 **127**(137)	阪神 **113**(126)	小倉 **53**(-327)

| 芝道悪 **71**(-115) | ダ道悪 **112**(314) |

新馬	未勝利	1～3勝C	OP
117(0)	**97**(0)	**86**(-790)	**115**(279)

2歳	3歳	4歳	5歳以上
125(0)	**92**(-65)	**79**(0)	**99**(-40)

| 短縮 **110**(146) | 延長 **85**(-300) |

POINT ▶ ダートよりも芝。長距離ほど×。

バゴ

2020年ランキング 74位

妙味度（利益度）　全体 **105**(702)

| 芝 **107**(715) | ダート **99**(-31) | 障害 **89**(-142) |
| 短距離 **104**(235) | 中距離 **108**(635) | 長距離 **101**(10) |

| 左回り **94**(-246) | 右回り **108**(839) |

札幌 **107**(96)	函館 **62**(-340)	福島 **110**(96)
新潟 **63**(-412)	東京 **106**(174)	中山 **80**(-491)
中京 **93**(-74)	阪神 **129**(705)	小倉 **135**(211)

| 芝道悪 **107**(124) | ダ道悪 **100**(5) |

新馬	未勝利	1～3勝C	OP
126(631)	**95**(-392)	**103**(71)	**138**(416)

2歳	3歳	4歳	5歳以上
108(529)	**99**(-48)	**103**(72)	**100**(5)

| 短縮 **107**(292) | 延長 **93**(-276) |

POINT ▶ 阪神で○。新馬戦・オープン戦で○。

パドトロワ

2020年ランキング 132位

妙味度（利益度）　全体 **101**(93)

| 芝 **84**(-373) | ダート **107**(358) | 障害 —— |
| 短距離 **101**(73) | 中距離 **21**(-79) | 長距離 —— |

| 左回り **114**(227) | 右回り **102**(115) |

札幌 **21**(-79)	函館 **62**(-154)	福島 **76**(-192)
新潟 **97**(-20)	東京 **21**(-316)	中山 **97**(-43)
中京 **216**(578)	阪神 **119**(231)	小倉 **83**(-155)

| 芝道悪 **77**(-205) | ダ道悪 **113**(251) |

新馬	未勝利	1～3勝C	OP
91(-74)	**102**(67)	**115**(462)	**78**(-22)

2歳	3歳	4歳	5歳以上
109(123)	**92**(-286)	**98**(-48)	——

| 短縮 **129**(317) | 延長 **91**(-112) |

POINT ▶ 芝よりもダート。距離延長よりも距離短縮。

バトルプラン

2020年ランキング 84位

妙味度（利益度）　全体 **108**(1622)

| 芝 **107**(380) | ダート **106**(946) | 障害 **39**(-304) |
| 短距離 **118**(2370) | 中距離 **97**(-167) | 長距離 **65**(-212) |

| 左回り **98**(-116) | 右回り **114**(1684) |

札幌 **92**(-78)	函館 **116**(143)	福島 **54**(-730)
新潟 **113**(253)	東京 **101**(55)	中山 **138**(1643)
中京 **80**(-223)	阪神 **119**(411)	小倉 **94**(-56)

| 芝道悪 **102**(31) | ダ道悪 **111**(649) |

新馬	未勝利	1～3勝C	OP
74(-546)	**113**(963)	**111**(891)	**91**(-174)

2歳	3歳	4歳	5歳以上
103(175)	**114**(565)	**102**(62)	**101**(63)

| 短縮 **97**(-136) | 延長 **118**(1063) |

POINT ▶ 短距離ほど○。中山で○。新馬戦は×。

種牡馬

フェノーメノ
2020年ランキング **64位**

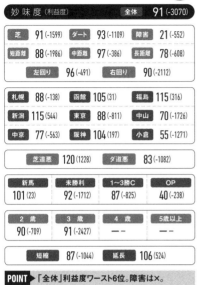

妙味度（利益度）　　全体 **91** (-3070)

芝 91 (-1599)	ダート 93 (-1109)	障害 21 (-552)
短距離 88 (-1986)	中距離 97 (-386)	長距離 78 (-608)

左回り 96 (-491)	右回り 90 (-2112)

札幌 88 (-138)	函館 105 (31)	福島 115 (316)
新潟 115 (544)	東京 88 (-811)	中山 70 (-1726)
中京 77 (-563)	阪神 104 (197)	小倉 55 (-1271)

芝道悪 120 (1228)	ダ道悪 83 (-1082)

新馬	未勝利	1～3勝C	OP
101 (23)	92 (-1712)	87 (-825)	40 (-238)

2歳	3歳	4歳	5歳以上
90 (-709)	91 (-2427)	--	--

短縮 87 (-1044)	延長 106 (524)

POINT「全体」利益度ワースト6位。障害は×。

フサイチセブン
2020年ランキング **122位**

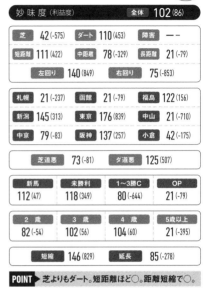

妙味度（利益度）　　全体 **102** (86)

芝 42 (-575)	ダート 110 (453)	障害 --
短距離 111 (422)	中距離 78 (-329)	長距離 21 (-79)

左回り 140 (849)	右回り 75 (-853)

札幌 21 (-237)	函館 21 (-79)	福島 122 (156)
新潟 145 (313)	東京 176 (839)	中山 21 (-710)
中京 79 (-83)	阪神 137 (257)	小倉 42 (-175)

芝道悪 73 (-81)	ダ道悪 125 (507)

新馬	未勝利	1～3勝C	OP
112 (47)	118 (349)	80 (-644)	21 (-79)

2歳	3歳	4歳	5歳以上
82 (-54)	102 (56)	104 (60)	21 (-395)

短縮 146 (829)	延長 85 (-278)

POINT 芝よりもダート。短距離ほど○。距離短縮で○。

ブラックタイド
2020年ランキング **23位**

妙味度（利益度）　　全体 **102** (1503)

芝 97 (-1293)	ダート 103 (826)	障害 128 (991)
短距離 102 (586)	中距離 100 (-143)	長距離 111 (800)

左回り 99 (-256)	右回り 100 (-10)

札幌 101 (19)	函館 98 (-61)	福島 94 (-436)
新潟 104 (251)	東京 97 (-323)	中山 97 (-314)
中京 104 (317)	阪神 116 (2083)	小倉 91 (-620)

芝道悪 99 (-178)	ダ道悪 100 (-4)

新馬	未勝利	1～3勝C	OP
117 (1377)	103 (648)	91 (-1102)	110 (691)

2歳	3歳	4歳	5歳以上
103 (548)	97 (-710)	101 (200)	116 (2673)

短縮 109 (1718)	延長 94 (-1122)

POINT「障害」利益度ベスト4位。5歳以上馬で○。

フリオーソ
2020年ランキング **66位**

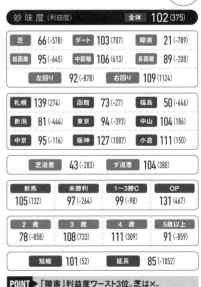

妙味度（利益度）　　全体 **102** (375)

芝 66 (-578)	ダート 103 (707)	障害 21 (-789)
短距離 95 (-645)	中距離 106 (613)	長距離 89 (-208)

左回り 92 (-878)	右回り 109 (1124)

札幌 139 (274)	函館 73 (-27)	福島 50 (-646)
新潟 81 (-444)	東京 94 (-393)	中山 104 (186)
中京 95 (-116)	阪神 127 (1007)	小倉 111 (150)

芝道悪 43 (-283)	ダ道悪 104 (380)

新馬	未勝利	1～3勝C	OP
105 (132)	97 (-264)	99 (-98)	131 (467)

2歳	3歳	4歳	5歳以上
78 (-858)	108 (733)	111 (309)	91 (-859)

短縮 101 (52)	延長 85 (-1052)

POINT「障害」利益度ワースト3位。芝は×。

プリサイスエンド
2020年ランキング 78位

妙味度（利益度）　　全体 **94** (-1307)

芝 63 (-1025)	ダート 98 (-397)	障害 74 (-130)
短距離 99 (-202)	中距離 85 (-1037)	長距離 77 (-135)

左回り 97 (-204)	右回り 94 (-966)

札幌 117 (153)	函館 95 (-54)	福島 106 (82)
新潟 100 (-4)	東京 93 (-286)	中山 92 (-380)
中京 93 (-94)	阪神 85 (-595)	小倉 82 (-193)

芝道悪 48 (-413)	ダ道悪 102 (139)

新馬	未勝利	1～3勝C	OP
107 (117)	98 (-101)	88 (-1532)	89 (-141)

2歳	3歳	4歳	5歳以上
95 (-208)	89 (-756)	107 (329)	86 (-1102)

短縮 108 (389)	延長 88 (-784)

POINT ▶ 芝は×。長距離ほど×。札幌で○。

ブレイクランアウト
2020年ランキング 141位

妙味度（利益度）　　全体 **117** (490)

芝 124 (293)	ダート 107 (78)	障害 70 (-151)
短距離 108 (73)	中距離 124 (245)	長距離 95 (-44)

左回り 88 (-47)	右回り 130 (578)

札幌 66 (0)	函館 48 (-104)	福島 67 (-134)
新潟 70 (-90)	東京 83 (-66)	中山 154 (541)
中京 110 (0)	阪神 273 (519)	小倉 116 (0)

芝道悪 28 (-217)	ダ道悪 101 (7)

新馬	未勝利	1～3勝C	OP
58 (0)	121 (85)	100 (0)	454 (2124)

2歳	3歳	4歳	5歳以上
127 (0)	146 (0)	113 (0)	93 (-198)

短縮 96 (-18)	延長 127 (243)

POINT ▶ 中山・阪神で○。オープン戦で○。

ベーカバド
2020年ランキング 58位

妙味度（利益度）　　全体 **103** (784)

芝 109 (1083)	ダート 99 (-161)	障害 75 (-428)
短距離 104 (560)	中距離 104 (303)	長距離 91 (-226)

左回り 112 (813)	右回り 101 (176)

札幌 92 (-93)	函館 123 (321)	福島 98 (-47)
新潟 108 (260)	東京 98 (-69)	中山 108 (436)
中京 116 (290)	阪神 95 (-150)	小倉 107 (121)

芝道悪 123 (961)	ダ道悪 97 (-146)

新馬	未勝利	1～3勝C	OP
70 (-365)	101 (103)	106 (580)	84 (-597)

2歳	3歳	4歳	5歳以上
97 (-87)	95 (-519)	117 (612)	103 (283)

短縮 110 (649)	延長 96 (-317)

POINT ▶ ダートよりも芝。芝の道悪で○。

ベルシャザール
2020年ランキング 68位

妙味度（利益度）　　全体 **98** (-779)

芝 106 (254)	ダート 96 (-1033)	障害 137 (707)
短距離 107 (978)	中距離 89 (-1830)	長距離 124 (630)

左回り 83 (-1706)	右回り 103 (497)

札幌 80 (-235)	函館 93 (-44)	福島 140 (717)
新潟 58 (-1188)	東京 98 (-95)	中山 85 (-917)
中京 66 (-881)	阪神 102 (113)	小倉 130 (573)

芝道悪 124 (365)	ダ道悪 95 (-491)

新馬	未勝利	1～3勝C	OP
82 (-544)	102 (346)	94 (-649)	21 (-237)

2歳	3歳	4歳	5歳以上
101 (48)	97 (-461)	97 (-280)	——

短縮 136 (2488)	延長 107 (567)

POINT ▶ 「障害」利益度ベスト7位。距離短縮で○。

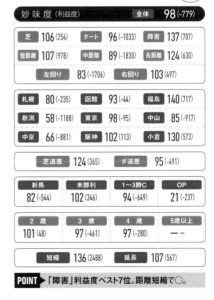

種牡馬

ホッコータルマエ

2020年ランキング 97位

妙味度（利益度）　　全体 **102** (176)

芝 62 (-677)	ダート 107 (536)	障害 ーー
短距離 98 (-149)	中距離 111 (378)	長距離 ーー

左回り 100 (-6)	右回り 103 (215)

札幌 21 (-79)	函館 ーー	福島 88 (-75)
新潟 137 (257)	東京 91 (-142)	中山 83 (-238)
中京 91 (-91)	阪神 108 (249)	小倉 99 (-5)

芝道悪 89 (-115)	ダ道悪 152 (984)

新馬	未勝利	1～3勝C	OP
118 (706)	94 (-314)	80 (-59)	21 (-79)

2歳	3歳	4歳	5歳以上
102 (176)	ーー	ーー	ーー

短縮 97 (-39)	延長 86 (-272)

POINT 芝は×。ダートの道悪で○。下位クラスほど○。

マクフィ

2020年ランキング 69位

妙味度（利益度）　　全体 **107** (1272)

芝 110 (885)	ダート 105 (382)	障害 ーー
短距離 120 (2303)	中距離 85 (-882)	長距離 ーー

左回り 122 (1525)	右回り 98 (-200)

札幌 66 (-413)	函館 237 (683)	福島 87 (-134)
新潟 102 (36)	東京 116 (577)	中山 121 (593)
中京 156 (1001)	阪神 76 (-778)	小倉 75 (-98)

芝道悪 129 (660)	ダ道悪 49 (-1126)

新馬	未勝利	1～3勝C	OP
98 (-144)	110 (959)	89 (-120)	196 (771)

2歳	3歳	4歳	5歳以上
108 (1392)	ーー	138 (0)	21 (0)

短縮 137 (951)	延長 138 (1298)

POINT 中距離よりも短距離。距離短縮も距離延長も○。

マジェスティックウォリアー

2020年ランキング 28位

妙味度（利益度）　　全体 **107** (2635)

芝 79 (-1481)	ダート 111 (3767)	障害 ーー
短距離 91 (-1593)	中距離 117 (3800)	長距離 147 (426)

左回り 105 (588)	右回り 107 (1962)

札幌 107 (146)	函館 155 (605)	福島 59 (-740)
新潟 54 (-1320)	東京 116 (915)	中山 128 (1502)
中京 121 (838)	阪神 98 (-150)	小倉 102 (62)

芝道悪 88 (-280)	ダ道悪 97 (-414)

新馬	未勝利	1～3勝C	OP
111 (635)	105 (1163)	107 (818)	59 (-493)

2歳	3歳	4歳	5歳以上
97 (-249)	113 (3850)	93 (0)	88 (-35)

短縮 109 (723)	延長 116 (1528)

POINT 「ダート」利益度ベスト3位。長距離ほど○。

マツリダゴッホ

2020年ランキング 40位

妙味度（利益度）　　全体 **97** (-1217)

芝 99 (-461)	ダート 88 (-1274)	障害 103 (151)
短距離 99 (-292)	中距離 88 (-1005)	長距離 100 (3)

左回り 90 (-1412)	右回り 99 (-222)

札幌 83 (-404)	函館 101 (53)	福島 100 (-5)
新潟 85 (-839)	東京 97 (-226)	中山 102 (153)
中京 84 (-503)	阪神 103 (99)	小倉 109 (324)

芝道悪 107 (651)	ダ道悪 98 (-87)

新馬	未勝利	1～3勝C	OP
110 (431)	96 (-1184)	92 (-772)	104 (177)

2歳	3歳	4歳	5歳以上
109 (1066)	92 (-1569)	94 (-374)	99 (-89)

短縮 96 (-468)	延長 100 (55)

POINT ダートは×。新馬戦・2歳馬で○。

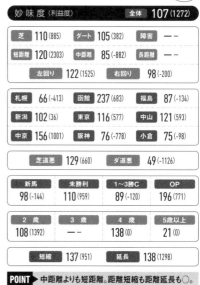

マンハッタンカフェ

2020年
ランキング
51位

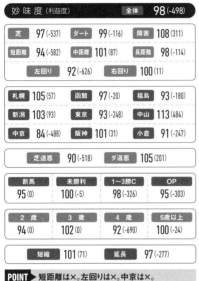

妙味度（利益度）		全体 98 (-498)
芝 97 (-537)	ダート 99 (-116)	障害 108 (311)
短距離 94 (-582)	中距離 101 (87)	長距離 98 (-114)
左回り 92 (-626)		右回り 100 (11)

札幌 105 (57)	函館 97 (-20)	福島 93 (-180)
新潟 103 (93)	東京 93 (-248)	中山 113 (484)
中京 84 (-488)	阪神 101 (31)	小倉 91 (-247)

芝道悪 90 (-518)	ダ道悪 105 (201)

新馬	未勝利	1〜3勝C	OP
95 (0)	100 (-5)	98 (-326)	95 (-303)

2 歳	3 歳	4 歳	5歳以上
94 (0)	102 (0)	92 (-690)	100 (-24)

短縮 101 (71)	延長 97 (-277)

POINT ▶ 短距離は×。左回りは×。中京は×。

ミッキーアイル

2020年
ランキング
73位

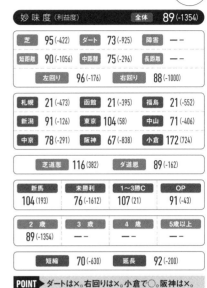

妙味度（利益度）		全体 89 (-1354)
芝 95 (-422)	ダート 73 (-925)	障害 ——
短距離 90 (-1056)	中距離 75 (-296)	長距離 ——
左回り 96 (-176)		右回り 88 (-1000)

札幌 21 (-473)	函館 21 (-395)	福島 21 (-552)
新潟 91 (-126)	東京 104 (58)	中山 71 (-406)
中京 78 (-291)	阪神 67 (-838)	小倉 172 (724)

芝道悪 116 (382)	ダ道悪 89 (-162)

新馬	未勝利	1〜3勝C	OP
104 (193)	76 (-1612)	107 (21)	91 (-43)

2 歳	3 歳	4 歳	5歳以上
89 (-1354)	——	——	——

短縮 70 (-630)	延長 92 (-200)

POINT ▶ ダートは×。右回りは×。小倉で○。阪神は×。

メイショウサムソン

2020年
ランキング
53位

妙味度（利益度）		全体 100 (161)
芝 102 (373)	ダート 96 (-698)	障害 124 (293)
短距離 101 (188)	中距離 94 (-955)	長距離 119 (642)
左回り 101 (70)		右回り 99 (-303)

札幌 55 (-446)	函館 65 (-349)	福島 117 (289)
新潟 109 (199)	東京 97 (-12)	中山 97 (-120)
中京 99 (-41)	阪神 99 (-46)	小倉 118 (867)

芝道悪 114 (804)	ダ道悪 93 (-616)

新馬	未勝利	1〜3勝C	OP
73 (-557)	106 (734)	99 (-152)	104 (72)

2 歳	3 歳	4 歳	5歳以上
87 (-282)	103 (385)	107 (512)	95 (-451)

短縮 99 (-86)	延長 106 (549)

POINT ▶ 障害で○。長距離で○。小倉で○。

メイショウボーラー

2020年
ランキング
37位

妙味度（利益度）		全体 94 (-2498)
芝 95 (-663)	ダート 92 (-2145)	障害 109 (192)
短距離 93 (-2253)	中距離 89 (-843)	長距離 107 (155)
左回り 96 (-379)		右回り 92 (-2386)

札幌 137 (334)	函館 75 (-478)	福島 81 (-422)
新潟 106 (210)	東京 94 (-220)	中山 83 (-470)
中京 87 (-520)	阪神 90 (-971)	小倉 83 (-595)

芝道悪 124 (940)	ダ道悪 96 (-466)

新馬	未勝利	1〜3勝C	OP
77 (-702)	98 (-231)	95 (-886)	92 (-200)

2 歳	3 歳	4 歳	5歳以上
87 (-957)	96 (-606)	99 (-69)	90 (-1290)

短縮 97 (-290)	延長 103 (343)

POINT ▶ 「全体」利益度ワースト10位。5歳以上馬は×。

モーリス

2020年ランキング 29位

妙味度（利益度）　全体 **108** (2080)

芝	111 (2279)	ダート	93 (-310)	障害	--
短距離	113 (2188)	中距離	100 (0)	長距離	--

左回り	116 (1643)	右回り	103 (421)

札幌	137 (261)	函館	77 (-141)	福島	142 (168)
新潟	93 (-165)	東京	137 (1608)	中山	131 (1315)
中京	105 (184)	阪神	91 (-630)	小倉	111 (125)

芝道悪	103 (167)	ダ道悪	129 (292)

新馬	未勝利	1～3勝C	OP
109 (927)	112 (1474)	95 (-71)	81 (-211)

2歳	3歳	4歳	5歳以上
108 (2080)	--	--	--

短縮	100 (18)	延長	111 (511)

POINT　「芝」利益度ベスト9位。東京・中山で◎。

モンテロッソ

2020年ランキング 44位

妙味度（利益度）　全体 **111** (3651)

芝	115 (1983)	ダート	106 (984)	障害	117 (434)
短距離	103 (380)	中距離	116 (2229)	長距離	116 (606)

左回り	97 (-303)	右回り	116 (3245)

札幌	89 (-182)	函館	108 (46)	福島	91 (-277)
新潟	112 (387)	東京	86 (-811)	中山	113 (716)
中京	112 (288)	阪神	130 (1271)	小倉	125 (602)

芝道悪	95 (-215)	ダ道悪	106 (405)

新馬	未勝利	1～3勝C	OP
64 (-647)	114 (2395)	103 (257)	141 (782)

2歳	3歳	4歳	5歳以上
80 (-882)	118 (3123)	90 (-451)	158 (3404)

短縮	116 (1358)	延長	102 (186)

POINT　「全体」利益度ベスト6位。5歳以上馬で◎。

ヨハネスブルグ

2020年ランキング 46位

妙味度（利益度）　全体 **103** (1011)

芝	94 (-629)	ダート	109 (1831)	障害	58 (-499)
短距離	105 (1108)	中距離	101 (74)	長距離	58 (-587)

左回り	99 (-65)	右回り	108 (1521)

札幌	121 (301)	函館	94 (-75)	福島	100 (7)
新潟	96 (-97)	東京	98 (-94)	中山	105 (247)
中京	79 (-471)	阪神	105 (191)	小倉	103 (66)

芝道悪	94 (-158)	ダ道悪	111 (984)

新馬	未勝利	1～3勝C	OP
86 (-85)	103 (156)	107 (1291)	89 (-385)

2歳	3歳	4歳	5歳以上
102 (18)	105 (431)	99 (-39)	103 (498)

短縮	105 (408)	延長	104 (325)

POINT　「ダート」利益度ベスト10位。短距離ほど◎。

ラブリーデイ

2020年ランキング 108位

妙味度（利益度）　全体 **95** (-570)

芝	109 (773)	ダート	46 (-1611)	障害	--
短距離	99 (-90)	中距離	84 (-528)	長距離	--

左回り	100 (9)	右回り	93 (-503)

札幌	239 (555)	函館	128 (85)	福島	131 (407)
新潟	100 (-2)	東京	130 (620)	中山	41 (-1233)
中京	21 (-789)	阪神	107 (130)	小倉	21 (-79)

芝道悪	104 (113)	ダ道悪	100 (3)

新馬	未勝利	1～3勝C	OP
97 (-122)	90 (-557)	97 (-14)	112 (58)

2歳	3歳	4歳	5歳以上
95 (-570)	--	--	--

短縮	21 (-1184)	延長	86 (-301)

POINT　ダートは×。中距離は×。北海道で◎。

リアルインパクト

2020年ランキング 43位

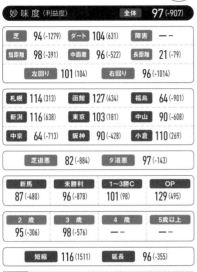

妙味度(利益度)		全体	97 (-907)

芝 94 (-1279)	ダート 104 (631)	障害 ——
短距離 98 (-391)	中距離 96 (-522)	長距離 21 (-79)
左回り 101 (104)	右回り 96 (-1014)	

札幌 114 (313)	函館 127 (434)	福島 64 (-901)
新潟 116 (638)	東京 103 (181)	中山 90 (-608)
中京 64 (-713)	阪神 90 (-428)	小倉 110 (269)

芝道悪 82 (-884)	ダ道悪 97 (-143)

新馬	未勝利	1~3勝C	OP
87 (-480)	96 (-878)	101 (98)	129 (495)

2歳	3歳	4歳	5歳以上
95 (-306)	98 (-576)	——	——

短縮 116 (1511)	延長 96 (-355)

POINT 長距離ほど×。上位クラスほど○。

リーチザクラウン

2020年ランキング 47位

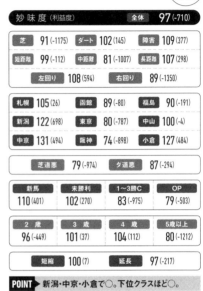

妙味度(利益度)		全体	97 (-710)

芝 91 (-1175)	ダート 102 (145)	障害 109 (377)
短距離 99 (-112)	中距離 81 (-1007)	長距離 107 (298)
左回り 108 (594)	右回り 89 (-1350)	

札幌 105 (26)	函館 89 (-80)	福島 90 (-191)
新潟 122 (698)	東京 80 (-787)	中山 100 (-4)
中京 131 (494)	阪神 74 (-898)	小倉 127 (484)

芝道悪 79 (-974)	ダ道悪 87 (-294)

新馬	未勝利	1~3勝C	OP
110 (401)	102 (270)	83 (-975)	79 (-503)

2歳	3歳	4歳	5歳以上
96 (-449)	101 (37)	104 (112)	80 (-1212)

短縮 100 (7)	延長 97 (-217)

POINT 新潟・中京・小倉で○。下位クラスほど○。

リオンディーズ

2020年ランキング 60位

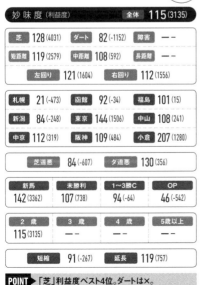

妙味度(利益度)		全体	115 (3135)

芝 128 (4031)	ダート 82 (-1152)	障害 ——
短距離 119 (2579)	中距離 108 (592)	長距離 ——
左回り 121 (1604)	右回り 112 (1556)	

札幌 21 (-473)	函館 92 (-34)	福島 101 (15)
新潟 84 (-248)	東京 144 (1506)	中山 108 (241)
中京 112 (319)	阪神 109 (484)	小倉 207 (1280)

芝道悪 84 (-607)	ダ道悪 130 (356)

新馬	未勝利	1~3勝C	OP
142 (3362)	107 (738)	94 (-64)	46 (-542)

2歳	3歳	4歳	5歳以上
115 (3135)	——	——	——

短縮 91 (-267)	延長 119 (757)

POINT 「芝」利益度ベスト4位。ダートは×。

レッドスパーダ

2020年ランキング 79位

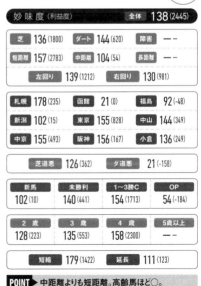

妙味度(利益度)		全体	138 (2445)

芝 136 (1800)	ダート 144 (620)	障害 ——
短距離 157 (2783)	中距離 104 (54)	長距離 ——
左回り 139 (1212)	右回り 130 (981)	

札幌 178 (235)	函館 21 (0)	福島 92 (-48)
新潟 102 (15)	東京 155 (828)	中山 144 (349)
中京 155 (493)	阪神 156 (167)	小倉 136 (249)

芝道悪 126 (362)	ダ道悪 21 (-158)

新馬	未勝利	1~3勝C	OP
102 (10)	140 (441)	154 (1713)	54 (-184)

2歳	3歳	4歳	5歳以上
128 (223)	135 (553)	158 (2300)	——

短縮 179 (1422)	延長 111 (123)

POINT 中距離よりも短距離。高齢馬ほど○。

ローエングリン
2020年ランキング 76位

妙味度（利益度）		全体 101 (122)
芝 104 (631)	ダート 95 (-339)	障害 21 (0)
短距離 102 (264)	中距離 100 (21)	長距離 52 (-96)
左回り 99 (-87)		右回り 102 (299)

札幌 123 (117)	函館 115 (183)	福島 111 (282)
新潟 104 (81)	東京 98 (-66)	中山 98 (-93)
中京 68 (-536)	阪神 70 (-694)	小倉 98 (-30)

芝道悪 98 (-119)	ダ道悪 100 (-3)

新馬	未勝利	1〜3勝C	OP
84 (-334)	100 (11)	100 (47)	127 (404)

2 歳	3 歳	4 歳	5歳以上
104 (139)	99 (-33)	84 (-268)	108 (1131)

短縮 98 (-149)	延長 97 (-133)

POINT ▶ 長距離ほど×。北海道で○。上位クラスほど○。

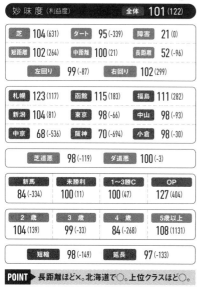

ロージズインメイ
2020年ランキング 42位

妙味度（利益度）		全体 104 (1001)
芝 101 (93)	ダート 102 (426)	障害 119 (291)
短距離 93 (-784)	中距離 110 (1379)	長距離 112 (335)
左回り 109 (872)		右回り 98 (-278)

札幌 81 (-370)	函館 105 (84)	福島 99 (-23)
新潟 111 (266)	東京 106 (416)	中山 93 (-410)
中京 115 (215)	阪神 87 (-375)	小倉 125 (368)

芝道悪 117 (514)	ダ道悪 90 (-625)

新馬	未勝利	1〜3勝C	OP
144 (1052)	107 (779)	92 (-998)	111 (318)

2 歳	3 歳	4 歳	5歳以上
106 (327)	110 (1270)	94 (-267)	99 (-54)

短縮 101 (71)	延長 103 (253)

POINT ▶ 長距離ほど○。新馬戦で○。

ローズキングダム
2020年ランキング 80位

妙味度（利益度）		全体 104 (663)
芝 112 (1096)	ダート 92 (-547)	障害 143 (170)
短距離 108 (558)	中距離 101 (111)	長距離 88 (-175)
左回り 106 (354)		右回り 102 (181)

札幌 122 (243)	函館 32 (-68)	福島 106 (79)
新潟 104 (98)	東京 114 (374)	中山 114 (388)
中京 102 (27)	阪神 65 (-731)	小倉 119 (266)

芝道悪 113 (442)	ダ道悪 66 (-826)

新馬	未勝利	1〜3勝C	OP
81 (-175)	100 (8)	112 (1114)	40 (-241)

2 歳	3 歳	4 歳	5歳以上
87 (-165)	103 (216)	104 (245)	165 (2083)

短縮 94 (-276)	延長 115 (665)

POINT ▶ ダートよりも芝。短距離ほど○。高齢馬ほど○。

ロードアルティマ
2020年ランキング 118位

妙味度（利益度）		全体 103 (298)
芝 111 (422)	ダート 94 (-327)	障害 ──
短距離 109 (675)	中距離 46 (-976)	長距離 ──
左回り 117 (534)		右回り 93 (-414)

札幌 100 (-2)	函館 101 (3)	福島 94 (-28)
新潟 123 (367)	東京 90 (-185)	中山 83 (-289)
中京 171 (142)	阪神 83 (-221)	小倉 97 (-30)

芝道悪 155 (601)	ダ道悪 98 (-32)

新馬	未勝利	1〜3勝C	OP
147 (421)	88 (-455)	122 (795)	66 (-303)

2 歳	3 歳	4 歳	5歳以上
99 (-27)	89 (-261)	92 (-98)	136 (1335)

短縮 122 (540)	延長 83 (-447)

POINT ▶ 中距離よりも短距離。5歳以上馬で○。

ローレルゲレイロ

2020年ランキング **125位**

妙味度（利益度） 全体 **101**(80)

芝 **101**(23)	ダート **105**(171)	障害 **55**(0)
短距離 **108**(399)	中距離 **79**(-126)	長距離 **55**(0)
左回り **111**(223)		右回り **100**(-7)

札幌 **73**(-54)	函館 **127**(80)	福島 **102**(11)
新潟 **97**(-15)	東京 **101**(18)	中山 **89**(-113)
中京 **145**(91)	阪神 **103**(19)	小倉 **108**(58)

芝道悪 **143**(469)	ダ道悪 **133**(467)

新馬 **136**(36)	未勝利 **97**(-62)	1〜3勝C **102**(56)	OP **77**(-23)

2歳 **101**(0)	3歳 **98**(-81)	4歳 **62**(0)	5歳以上 **78**(-221)

短縮 **72**(-540)	延長 **94**(-83)

POINT 短距離ほど○。道悪で○。

ロジュニヴァース

2020年ランキング **102位**

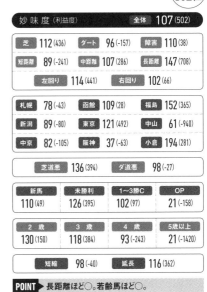

妙味度（利益度） 全体 **107**(502)

芝 **112**(436)	ダート **96**(-157)	障害 **110**(38)
短距離 **89**(-241)	中距離 **107**(286)	長距離 **147**(708)
左回り **114**(441)		右回り **102**(66)

札幌 **78**(-43)	函館 **109**(28)	福島 **152**(365)
新潟 **89**(-80)	東京 **121**(492)	中山 **61**(-940)
中京 **82**(-105)	阪神 **37**(-63)	小倉 **194**(281)

芝道悪 **136**(394)	ダ道悪 **98**(-27)

新馬 **110**(49)	未勝利 **126**(395)	1〜3勝C **102**(97)	OP **21**(-158)

2歳 **130**(150)	3歳 **118**(384)	4歳 **93**(-243)	5歳以上 **21**(-1420)

短縮 **98**(-40)	延長 **116**(362)

POINT 長距離ほど○。若齢馬ほど○。

ワークフォース
2020年ランキング **59位**

妙味度（利益度） 全体 **96**(-1047)

芝 **102**(255)	ダート **85**(-1423)	障害 **115**(213)
短距離 **96**(-391)	中距離 **93**(-921)	長距離 **106**(245)
左回り **95**(-277)		右回り **94**(-1170)

札幌 **112**(71)	函館 **92**(-181)	福島 **82**(-458)
新潟 **104**(76)	東京 **91**(-283)	中山 **87**(-607)
中京 **101**(19)	阪神 **106**(224)	小倉 **114**(332)

芝道悪 **102**(119)	ダ道悪 **82**(-807)

新馬 **92**(-31)	未勝利 **89**(-1057)	1〜3勝C **101**(74)	OP **128**(536)

2歳 **89**(0)	3歳 **88**(-1149)	4歳 **105**(607)	5歳以上 **111**(656)

短縮 **102**(152)	延長 **93**(-478)

POINT ダートは×。高齢馬ほど○。

ワールドエース
2020年ランキング **62位**

妙味度（利益度） 全体 **98**(-702)

芝 **99**(-134)	ダート **97**(-397)	障害 −−
短距離 **95**(-984)	中距離 **106**(688)	長距離 **21**(-473)
左回り **98**(-193)		右回り **99**(-293)

札幌 **28**(-787)	函館 **126**(106)	福島 **126**(459)
新潟 **91**(-209)	東京 **85**(-968)	中山 **106**(508)
中京 **117**(362)	阪神 **91**(-511)	小倉 **115**(308)

芝道悪 **118**(1273)	ダ道悪 **108**(415)

新馬 **117**(791)	未勝利 **106**(1137)	1〜3勝C **79**(-1892)	OP **64**(-181)

2歳 **115**(1321)	3歳 **85**(-3715)	4歳 −−	5歳以上 −−

短縮 **99**(-73)	延長 **77**(-2331)

POINT 下位クラスほど○。3歳馬よりも2歳馬。

種牡馬

ワンダーアキュート

2020年ランキング 157位

妙味度（利益度）　全体 **109** (340)

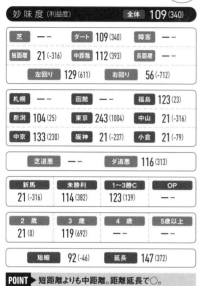

芝	ダート	障害
--	109 (340)	--

短距離	中距離	長距離
21 (-316)	112 (393)	--

左回り	右回り
129 (611)	56 (-712)

札幌	函館	福島
--	--	123 (23)

新潟	東京	中山
104 (25)	243 (1004)	21 (-316)

中京	阪神	小倉
133 (230)	21 (-237)	21 (-79)

芝道悪	ダ道悪
--	116 (313)

新馬	未勝利	1～3勝C	OP
21 (-316)	114 (382)	123 (139)	--

2歳	3歳	4歳	5歳以上
21 (0)	119 (692)	--	--

短縮	延長
92 (-46)	147 (372)

POINT 短距離よりも中距離。距離延長で◯。

American Pharoah

2020年ランキング 67位

妙味度（利益度）　全体 **108** (328)

芝	ダート	障害
91 (-64)	112 (408)	--

短距離	中距離	長距離
108 (126)	108 (219)	21 (-79)

左回り	右回り
116 (219)	103 (86)

札幌	函館	福島
128 (57)	--	--

新潟	東京	中山
190 (271)	118 (91)	76 (-48)

中京	阪神	小倉
83 (-101)	96 (-30)	21 (-237)

芝道悪	ダ道悪
256 (313)	134 (372)

新馬	未勝利	1～3勝C	OP
134 (236)	135 (245)	89 (-209)	75 (-199)

2歳	3歳	4歳	5歳以上
118 (296)	94 (-164)	--	--

短縮	延長
74 (-261)	125 (221)

POINT 芝よりもダート。道悪で◯。3歳馬よりも2歳馬。

Animal Kingdom

2020年ランキング 155位

妙味度（利益度）　全体 **105** (100)

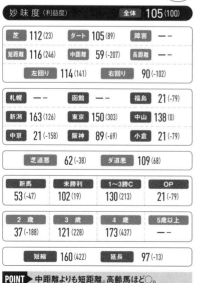

芝	ダート	障害
112 (23)	105 (89)	--

短距離	中距離	長距離
116 (246)	59 (-207)	--

左回り	右回り
114 (141)	90 (-102)

札幌	函館	福島
--	--	21 (-79)

新潟	東京	中山
163 (126)	150 (303)	138 (0)

中京	阪神	小倉
21 (-158)	89 (-69)	21 (-79)

芝道悪	ダ道悪
62 (-38)	109 (68)

新馬	未勝利	1～3勝C	OP
53 (-47)	102 (19)	130 (213)	21 (-79)

2歳	3歳	4歳	5歳以上
37 (-188)	121 (228)	173 (437)	--

短縮	延長
160 (422)	97 (-13)

POINT 中距離よりも短距離。高齢馬ほど◯。

Bernardini

2020年ランキング 127位

妙味度（利益度）　全体 **102** (35)

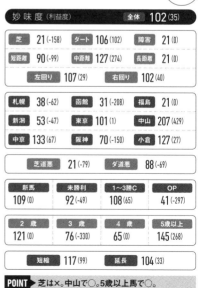

芝	ダート	障害
21 (-158)	106 (102)	21 (0)

短距離	中距離	長距離
90 (-99)	127 (274)	21 (0)

左回り	右回り
107 (29)	102 (40)

札幌	函館	福島
38 (-62)	31 (-208)	21 (0)

新潟	東京	中山
53 (-47)	101 (91)	207 (429)

中京	阪神	小倉
133 (67)	70 (-150)	127 (27)

芝道悪	ダ道悪
21 (-79)	88 (-69)

新馬	未勝利	1～3勝C	OP
109 (0)	92 (-49)	108 (65)	41 (-297)

2歳	3歳	4歳	5歳以上
121 (0)	76 (-330)	65 (0)	145 (268)

短縮	延長
117 (99)	104 (33)

POINT 芝は×。中山で◯。5歳以上馬で◯。

Carpe Diem

2020年ランキング **133位**

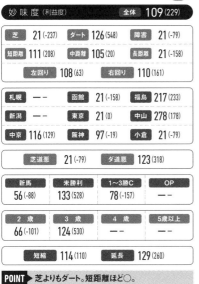

妙味度（利益度）　全体 **109** (229)

芝 21 (-237)	ダート 126 (548)	障害 21 (-79)
短距離 111 (208)	中距離 105 (20)	長距離 21 (-158)
左回り 108 (63)		右回り 110 (161)

札幌 ― ―	函館 21 (-158)	福島 217 (233)
新潟 ― ―	東京 21 (0)	中山 278 (178)
中京 116 (129)	阪神 97 (-19)	小倉 21 (-79)

芝道悪 21 (-79)	ダ道悪 123 (318)

新馬	未勝利	1～3勝C	OP
56 (-88)	133 (528)	78 (-157)	― ―

2 歳	3 歳	4 歳	5歳以上
66 (-101)	124 (530)	― ―	― ―

短縮 114 (110)	延長 129 (260)

POINT ▶ 芝よりもダート。短距離ほど〇。

Declaration of War

2020年ランキング **160位**

妙味度（利益度）　全体 **94** (-287)

芝 96 (-55)	ダート 92 (-254)	障害 82 (-55)
短距離 108 (156)	中距離 68 (-807)	長距離 82 (-55)
左回り 121 (470)		右回り 67 (-749)

札幌 21 (-79)	函館 21 (-158)	福島 173 (294)
新潟 67 (-164)	東京 125 (373)	中山 32 (-410)
中京 162 (250)	阪神 31 (-554)	小倉 91 (-9)

芝道悪 70 (-334)	ダ道悪 110 (134)

新馬	未勝利	1～3勝C	OP
77 (0)	98 (-54)	86 (-219)	74 (-156)

2 歳	3 歳	4 歳	5歳以上
111 (0)	88 (-397)	92 (-119)	― ―

短縮 114 (197)	延長 87 (-199)

POINT ▶ 右回りよりも左回り。距離延長よりも距離短縮。

Distorted Humor

2020年ランキング **135位**

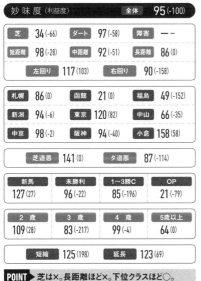

妙味度（利益度）　全体 **95** (-100)

芝 34 (-66)	ダート 97 (-58)	障害 ― ―
短距離 98 (-28)	中距離 92 (-51)	長距離 86 (0)
左回り 117 (103)		右回り 90 (-158)

札幌 86 (0)	函館 21 (0)	福島 49 (-152)
新潟 94 (-6)	東京 120 (82)	中山 66 (-35)
中京 98 (-2)	阪神 94 (-40)	小倉 158 (58)

芝道悪 141 (0)	ダ道悪 87 (-114)

新馬	未勝利	1～3勝C	OP
127 (27)	96 (-22)	85 (-196)	21 (-79)

2 歳	3 歳	4 歳	5歳以上
109 (28)	83 (-217)	99 (-4)	64 (0)

短縮 125 (198)	延長 123 (69)

POINT ▶ 芝は×。長距離ほど×。下位クラスほど〇。

Dubawi

2020年ランキング **100位**

妙味度（利益度）　全体 **107** (150)

芝 101 (12)	ダート 127 (133)	障害 ― ―
短距離 100 (0)	中距離 114 (179)	長距離 21 (0)
左回り 86 (-96)		右回り 114 (211)

札幌 81 (-37)	函館 137 (149)	福島 78 (-22)
新潟 148 (96)	東京 88 (-35)	中山 136 (182)
中京 34 (-133)	阪神 21 (0)	小倉 88 (-24)

芝道悪 107 (64)	ダ道悪 85 (-15)

新馬	未勝利	1～3勝C	OP
60 (0)	120 (216)	113 (148)	67 (0)

2 歳	3 歳	4 歳	5歳以上
78 (0)	99 (-24)	121 (0)	130 (89)

短縮 120 (142)	延長 155 (328)

POINT ▶ 芝よりもダート。高齢馬ほど〇。距離延長で〇。

種牡馬

Exceed And Excel

2020年ランキング 154位

妙味度（利益度）		全体 93 (-84)

芝 53 (-237)	ダート 129 (201)	障害 ——
短距離 95 (-63)	中距離 21 (0)	長距離 ——

左回り 73 (-81)	右回り 97 (-26)

札幌 190 (0)	函館 106 (11)	福島 61 (-39)
新潟 61 (-39)	東京 329 (229)	中山 115 (44)
中京 21 (-79)	阪神 198 (197)	小倉 21 (-79)

芝道悪 57 (-172)	ダ道悪 86 (-29)

新馬 60 (-40)	未勝利 55 (-180)	1～3勝C 142 (42)	OP 21 (-79)
2歳 85 (-30)	3歳 40 (-180)	4歳 141 (284)	5歳以上 21 (0)

短縮 75 (-49)	延長 132 (64)

POINT 芝よりもダート。東京・阪神で○。

Fastnet Rock

2020年ランキング 107位

妙味度（利益度）		全体 98 (-59)

芝 99 (-14)	ダート 74 (-132)	障害 94 (0)
短距離 99 (-36)	中距離 90 (-31)	長距離 87 (0)

左回り 79 (-165)	右回り 109 (190)

札幌 90 (-19)	函館 86 (-28)	福島 180 (321)
新潟 77 (-23)	東京 75 (-101)	中山 115 (45)
中京 92 (-24)	阪神 122 (90)	小倉 103 (8)

芝道悪 101 (13)	ダ道悪 49 (-102)

新馬 101 (4)	未勝利 120 (123)	1～3勝C 80 (-266)	OP 88 (-60)
2歳 74 (-26)	3歳 101 (14)	4歳 67 (-67)	5歳以上 98 (-15)

短縮 108 (40)	延長 88 (-61)

POINT ダートは×。長距離ほど×。

Frankel

2020年ランキング 71位

妙味度（利益度）		全体 93 (-608)

芝 95 (-399)	ダート 79 (-226)	障害 ——
短距離 100 (25)	中距離 83 (-553)	長距離 38 (-62)

左回り 92 (-226)	右回り 94 (-375)

札幌 82 (-105)	函館 140 (198)	福島 62 (-76)
新潟 104 (26)	東京 118 (200)	中山 96 (-49)
中京 48 (-630)	阪神 91 (-125)	小倉 105 (64)

芝道悪 80 (-410)	ダ道悪 88 (0)

新馬 80 (-220)	未勝利 114 (212)	1～3勝C 92 (-269)	OP 79 (-399)
2歳 88 (-302)	3歳 94 (-79)	4歳 93 (-217)	5歳以上 100 (2)

短縮 91 (-177)	延長 81 (-407)

POINT ダートは×。長距離ほど×。距離延長は×。

Ghostzapper

2020年ランキング 156位

妙味度（利益度）		全体 173 (1170)

芝 211 (889)	ダート 139 (316)	障害 ——
短距離 176 (605)	中距離 176 (606)	長距離 ——

左回り 154 (109)	右回り 184 (1174)

札幌 132 (96)	函館 83 (-34)	福島 275 (350)
新潟 64 (-36)	東京 191 (200)	中山 141 (83)
中京 103 (3)	阪神 554 (908)	小倉 21 (-79)

芝道悪 21 (-79)	ダ道悪 40 (-242)

新馬 21 (-79)	未勝利 235 (0)	1～3勝C 233 (933)	OP 62 (0)
2歳 21 (-79)	3歳 179 (0)	4歳 268 (1174)	5歳以上 68 (-257)

短縮 144 (44)	延長 274 (348)

POINT 阪神で○。道悪は×。条件戦は○。4歳馬は○。

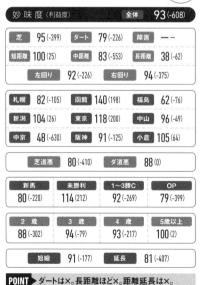

Golden Horn

2020年ランキング **158位**

妙味度（利益度）　全体 **128** (511)

芝 125 (226)	ダート 124 (218)	障害 ——
短距離 168 (272)	中距離 113 (163)	長距離 21 (-79)

左回り 159 (354)	右回り 108 (90)

札幌 ——	函館 ——	福島 ——
新潟 102 (4)	東京 218 (0)	中山 ——
中京 184 (338)	阪神 153 (317)	小倉 ——

芝道悪 167 (337)	ダ道悪 116 (78)

新馬	未勝利	1～3勝C	OP
77 (-46)	120 (162)	176 (456)	21 (-158)

2 歳	3 歳	4 歳	5歳以上
143 (0)	127 (488)	——	——

短縮	延長
145 (135)	108 (46)

POINT 短距離ほど○。距離短縮で○。

Into Mischief

2020年ランキング **111位**

妙味度（利益度）　全体 **95** (-211)

芝 79 (-63)	ダート 98 (-52)	障害 21 (-237)
短距離 94 (-216)	中距離 110 (19)	長距離 21 (-237)

左回り 100 (-4)	右回り 94 (-147)

札幌 42 (-117)	函館 102 (5)	福島 21 (-316)
新潟 51 (-197)	東京 104 (35)	中山 84 (-32)
中京 90 (-29)	阪神 109 (43)	小倉 80 (-61)

芝道悪 63 (-37)	ダ道悪 105 (78)

新馬	未勝利	1～3勝C	OP
92 (-17)	135 (248)	83 (-369)	58 (-210)

2 歳	3 歳	4 歳	5歳以上
97 (-12)	107 (87)	67 (-665)	93 (-20)

短縮	延長
92 (-102)	110 (116)

POINT 芝は×。距離短縮よりも距離延長。

Invincible Spirit

2020年ランキング **139位**

妙味度（利益度）　全体 **101** (10)

芝 100 (5)	ダート 78 (-131)	障害 ——
短距離 101 (25)	中距離 21 (0)	長距離 ——

左回り 86 (-41)	右回り 99 (-10)

札幌 102 (0)	函館 138 (76)	福島 21 (0)
新潟 21 (0)	東京 122 (0)	中山 59 (0)
中京 61 (-116)	阪神 116 (78)	小倉 75 (-49)

芝道悪 98 (-5)	ダ道悪 104 (14)

新馬	未勝利	1～3勝C	OP
156 (56)	108 (0)	78 (-335)	135 (35)

2 歳	3 歳	4 歳	5歳以上
137 (112)	77 (0)	84 (-228)	151 (0)

短縮	延長
122 (65)	61 (-116)

POINT ダートは×。距離延長よりも距離短縮。

Kingman

2020年ランキング **142位**

妙味度（利益度）　全体 **87** (-323)

芝 94 (-130)	ダート 21 (-395)	障害 ——
短距離 93 (-141)	中距離 21 (-473)	長距離 ——

左回り 90 (-88)	右回り 86 (-224)

札幌 116 (32)	函館 98 (-2)	福島 72 (-113)
新潟 182 (328)	東京 96 (-13)	中山 151 (253)
中京 21 (-158)	阪神 70 (-30)	小倉 21 (-79)

芝道悪 117 (101)	ダ道悪 21 (-79)

新馬	未勝利	1～3勝C	OP
115 (75)	70 (-304)	109 (36)	21 (0)

2 歳	3 歳	4 歳	5歳以上
103 (49)	93 (0)	21 (-710)	——

短縮	延長
92 (-58)	65 (-211)

POINT ダートは×。若齢馬ほど○。距離延長は×。

種牡馬

Kitten's Joy

 2020年ランキング 144位

妙味度（利益度）		全体	84(-413)

芝 76(-359)	ダート 96(-47)	障害 21(0)
短距離 106(86)	中距離 63(-448)	長距離 21(0)
左回り 58(-253)	右回り 98(-39)	

札幌 56(-44)	函館 253(0)	福島 21(-237)
新潟 71(-115)	東京 56(-89)	中山 130(182)
中京 21(0)	阪神 80(-163)	小倉 87(-13)

芝道悪 62(-151)	ダ道悪 113(66)

新馬	未勝利	1〜3勝C	OP
46(-107)	70(-330)	109(44)	100(3)

2歳	3歳	4歳	5歳以上
68(-194)	72(-194)	112(0)	91(-112)

短縮 164(321)	延長 61(-270)

POINT 芝は×。短距離ほど○。距離短縮で○。

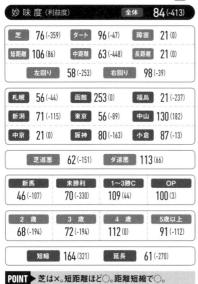

Malibu Moon

 2020年ランキング 138位

妙味度（利益度）		全体	99(-14)

芝 84(-49)	ダート 107(134)	障害 —
短距離 97(-56)	中距離 107(44)	長距離 —
左回り 129(205)	右回り 78(-352)	

札幌 49(-51)	函館 152(262)	福島 21(0)
新潟 104(8)	東京 109(28)	中山 54(-46)
中京 180(160)	阪神 55(-223)	小倉 21(0)

芝道悪 96(-4)	ダ道悪 131(247)

新馬	未勝利	1〜3勝C	OP
75(-25)	104(37)	101(13)	47(-106)

2歳	3歳	4歳	5歳以上
83(-33)	95(-87)	114(68)	62(0)

短縮 97(-17)	延長 98(-18)

POINT 芝よりもダート。短距離よりも中距離。

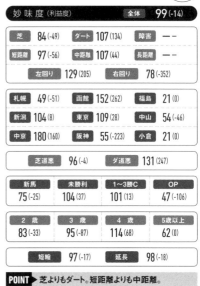

Pioneerof the Nile

2020年ランキング 145位

妙味度（利益度）		全体	98(-52)

芝 66(-101)	ダート 103(47)	障害 116(95)
短距離 91(-109)	中距離 105(38)	長距離 116(95)
左回り 124(195)	右回り 83(-183)	

札幌 103(0)	函館 176(0)	福島 131(154)
新潟 852(752)	東京 108(32)	中山 50(-198)
中京 110(31)	阪神 36(-128)	小倉 21(-79)

芝道悪 91(-9)	ダ道悪 109(46)

新馬	未勝利	1〜3勝C	OP
76(-47)	102(11)	119(131)	31(-69)

2歳	3歳	4歳	5歳以上
87(-13)	90(-69)	112(24)	87(-197)

短縮 165(646)	延長 46(-378)

POINT 芝は×。長距離ほど○。距離短縮で○。

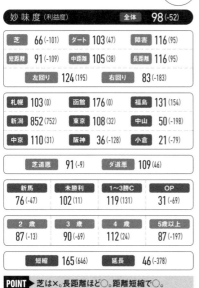

Quality Road

2020年ランキング 143位

妙味度（利益度）		全体	89(-116)

芝 21(0)	ダート 90(-110)	障害 —
短距離 70(-152)	中距離 90(-60)	長距離 89(0)
左回り 127(80)	右回り 79(-167)	

札幌 —	函館 21(0)	福島 168(0)
新潟 171(71)	東京 111(0)	中山 81(0)
中京 21(-158)	阪神 56(-176)	小倉 21(0)

芝道悪 21(0)	ダ道悪 69(-123)

新馬	未勝利	1〜3勝C	OP
55(-135)	52(-96)	97(-20)	—

2歳	3歳	4歳	5歳以上
97(-11)	63(-296)	54(0)	94(0)

短縮 51(-49)	延長 185(85)

POINT 右回りよりも左回り。距離短縮よりも距離延長。

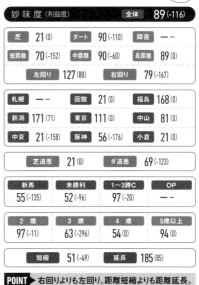

Shamardal

2020年 ランキング **129位**

妙味度 (利益度)		全体 **93** (-129)

芝 **102** (29)	ダート **25** (-151)	障害 — —
短距離 **98** (-31)	中距離 **62** (-38)	長距離 — —

左回り **83** (-152)	右回り **100** (-2)

札幌 **156** (169)	函館 **21** (-79)	福島 **106** (0)
新潟 **21** (-79)	東京 **97** (-13)	中山 **69** (-122)
中京 **106** (18)	阪神 **74** (-52)	小倉 **98** (0)

芝道悪 **119** (94)	ダ道悪 **21** (0)

新馬 **99** (0)	未勝利 **78** (-43)	1〜3勝C **96** (-36)	OP **112** (71)

2歳 **109** (0)	3歳 **63** (-403)	4歳 **141** (0)	5歳以上 **85** (-117)

短縮 **58** (-170)	延長 **72** (-138)

POINT ▶ ダートは×。中距離は×。

Siyouni

2020年 ランキング **153位**

妙味度 (利益度)		全体 **91** (-287)

芝 **93** (-173)	ダート **90** (-68)	障害 — —
短距離 **87** (-230)	中距離 **90** (-111)	長距離 **21** (-158)

左回り **101** (11)	右回り **86** (-306)

札幌 **92** (-17)	函館 **168** (204)	福島 **21** (-158)
新潟 **94** (-18)	東京 **80** (-82)	中山 **128** (28)
中京 **117** (35)	阪神 **21** (-395)	小倉 **21** (-158)

芝道悪 **66** (-238)	ダ道悪 **60** (-79)

新馬 **102** (2)	未勝利 **96** (-53)	1〜3勝C **74** (-448)	OP — —

2歳 **114** (0)	3歳 **81** (-508)	4歳 **130** (119)	5歳以上 — —

短縮 **41** (-534)	延長 **21** (-631)

POINT ▶ 道悪は×。上位クラスほど×。

Speightstown

2020年 ランキング **88位**

妙味度 (利益度)		全体 **104** (190)

芝 **109** (146)	ダート **100** (17)	障害 **21** (0)
短距離 **103** (160)	中距離 **145** (182)	長距離 **21** (0)

左回り **105** (95)	右回り **103** (109)

札幌 **82** (-36)	函館 **88** (0)	福島 **109** (36)
新潟 **110** (52)	東京 **109** (82)	中山 **129** (174)
中京 **94** (-36)	阪神 **88** (-48)	小倉 **125** (99)

芝道悪 **121** (64)	ダ道悪 **88** (-240)

新馬 **111** (57)	未勝利 **110** (188)	1〜3勝C **102** (36)	OP **95** (-37)

2歳 **117** (87)	3歳 **105** (162)	4歳 **91** (-17)	5歳以上 **106** (53)

短縮 **131** (275)	延長 **86** (-136)

POINT ▶ 下位クラスほど○。距離延長よりも距離短縮。

Take Charge Indy

2020年 ランキング **126位**

妙味度 (利益度)		全体 **116** (188)

芝 **21** (0)	ダート **130** (240)	障害 **110** (41)
短距離 **129** (229)	中距離 **21** (0)	長距離 **110** (41)

左回り **137** (74)	右回り **102** (15)

札幌 — —	函館 **133** (65)	福島 **83** (-17)
新潟 **145** (179)	東京 **132** (0)	中山 **21** (-79)
中京 **21** (-79)	阪神 **187** (87)	小倉 **133** (66)

芝道悪 **21** (0)	ダ道悪 **138** (38)

新馬 **145** (0)	未勝利 **106** (17)	1〜3勝C **101** (7)	OP **21** (-158)

2歳 **120** (0)	3歳 **85** (-116)	4歳 **67** (0)	5歳以上 **176** (303)

短縮 **107** (27)	延長 **83** (-104)

POINT ▶ ダートで○。短距離で○。5歳以上馬で○。

種牡馬

Tapit

2020年ランキング 92位

妙味度（利益度）		全体	98 (-147)

芝	91 (-174)	ダート	99 (-24)	障害	―
短距離	95 (-149)	中距離	100 (-12)	長距離	21 (0)

左回り	104 (88)	右回り	94 (-233)

札幌	116 (16)	函館	213 (0)	福島	123 (0)
新潟	60 (-242)	東京	111 (138)	中山	84 (-204)
中京	100 (2)	阪神	67 (-367)	小倉	80 (-78)

芝道悪	83 (-84)	ダ道悪	87 (-229)

新馬	未勝利	1～3勝C	OP
112 (61)	106 (66)	96 (-126)	58 (-422)

2 歳	3 歳	4 歳	5歳以上
99 (-16)	104 (90)	83 (-355)	98 (-8)

短縮	112 (144)	延長	102 (32)

POINT 道悪は×。下位クラスほど○。

Uncle Mo

2020年ランキング 77位

妙味度（利益度）		全体	112 (670)

芝	107 (70)	ダート	114 (662)	障害	21 (0)
短距離	97 (-87)	中距離	128 (863)	長距離	21 (0)

左回り	104 (62)	右回り	115 (611)

札幌	100 (-3)	函館	131 (31)	福島	61 (-78)
新潟	102 (5)	東京	94 (-50)	中山	99 (-5)
中京	110 (60)	阪神	108 (117)	小倉	171 (71)

芝道悪	101 (1)	ダ道悪	110 (169)

新馬	未勝利	1～3勝C	OP
102 (16)	117 (421)	112 (254)	21 (-158)

2 歳	3 歳	4 歳	5歳以上
104 (51)	118 (714)	110 (41)	129 (0)

短縮	103 (47)	延長	103 (37)

POINT ダートで○。中距離で○。右回りで○。

Verrazano
2020年ランキング 140位

妙味度（利益度）		全体	88 (-75)

芝	21 (0)	ダート	91 (-54)	障害	―
短距離	103 (8)	中距離	71 (-88)	長距離	―

左回り	108 (38)	右回り	103 (3)

札幌	21 (0)	函館	21 (0)	福島	―
新潟	176 (76)	東京	123 (46)	中山	21 (0)
中京	67 (-66)	阪神	136 (36)	小倉	―

芝道悪	―	ダ道悪	107 (22)

新馬	未勝利	1～3勝C	OP
110 (21)	72 (-56)	101 (1)	―

2 歳	3 歳	4 歳	5歳以上
49 (0)	100 (2)	―	―

短縮	234 (134)	延長	52 (-96)

POINT 中距離は×。距離延長よりも距離短縮。

Will Take Charge
2020年ランキング 101位

妙味度（利益度）		全体	119 (317)

芝	―	ダート	119 (317)	障害	―
短距離	73 (-81)	中距離	144 (618)	長距離	―

左回り	21 (-158)	右回り	140 (593)

札幌	265 (165)	函館	21 (-79)	福島	69 (-63)
新潟	―	東京	21 (-158)	中山	212 (337)
中京	21 (0)	阪神	131 (153)	小倉	―

芝道悪	―	ダ道悪	93 (-7)

新馬	未勝利	1～3勝C	OP
84 (-16)	123 (136)	101 (11)	287 (375)

2 歳	3 歳	4 歳	5歳以上
92 (-25)	133 (464)	―	―

短縮	104 (4)	延長	144 (175)

POINT 短距離よりも中距離。3歳馬で○。

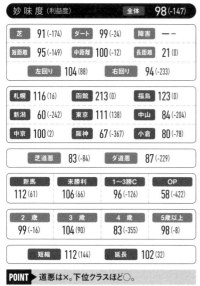

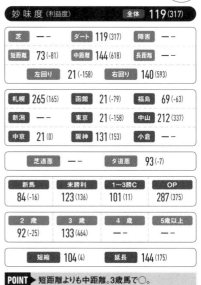

種牡馬ランキング

全体

キズナがヘニーヒューズを抑えてトップ!

　昨年の時点では新種牡馬だったキズナが出走数を増やして利益度トップ。勝ち上がり率が非常に高いのに、まだ超大物が出ていないというのがポイントで、ディープ産駒の陰に隠れているうちに狙っておきたい。一方で、初年度産駒でいきなりアーモンドアイを出したロードカナロアはワースト5位。世間のイメージがどれだけ馬券に影響を与えているかがわかる。

　2〜9位は社台系以外の種牡馬が並ぶ。2位は安定のヘニーヒューズで、ダートでは積極的に買っていくべきだ。3位のゴールドシップはスピード不足が懸念されたが、2歳戦も短距離も妙味度が高く、明らかに過小評価されている。芝長距離はわかりやすく優秀だ。また、リオンディーズ、クリエイター2、エイシンヒカリ、モーリス、ダノンレジェンドなどが上位にランクインしているように、新種牡馬は青田買いが有効だ。

順位	利益度	種牡馬名	妙味度
1	6804	キズナ	106
2	6664	ヘニーヒューズ	107
3	4365	ゴールドシップ	109
4	4312	カレンブラックヒル	113
5	3739	スクリーンヒーロー	105
6	3651	モンテロッソ	111
7	3325	エスケンデレヤ	111
8	3212	サウスヴィグラス	106
9	3135	リオンディーズ	115
10	3002	タートルボウル	108
11	2664	シニスターミニスター	106
12	2635	マジェスティックウォリアー	107

順位	利益度	種牡馬名	妙味度
13	2536	カジノドライヴ	108
14	2492	クリエイター2	140
15	2445	レッドスパーダ	138
16	2268	ディープインパクト	101
17	2252	アイルハヴアナザー	103
18	2131	エイシンヒカリ	133
19	2080	モーリス	108
20	1942	クリーンエコロジー	202
21	1933	ヴァンセンヌ	118
22	1799	トゥザグローリー	105
23	1672	ステイゴールド	105
24	1622	バトルプラン	108

順位	利益度	種牡馬名	妙味度
25	1598	トーセンラー	112
26	1513	ダノンレジェンド	125
27	1503	ブラックタイド	102
28	1293	フィガロ	172
29	1272	マクフィ	107
30	1224	エスポワールシチー	105
31	1183	スマートファルコン	103
32	1170	Ghostzapper	173
33	1011	ヨハネスブルグ	103
34	1001	ロージズインメイ	104
35	913	ドゥラメンテ	104
36	853	トウケイヘイロー	145
37	814	エピファネイア	101
38	784	ベーカバド	103
39	783	アサクサキングス	108
40	781	Munnings	198
41	742	エーシンジーライン	471
42	742	ヴァーミリアン	104
43	729	アポロソニック	166
44	720	ディープスカイ	106
45	709	トゥザワールド	103
46	706	サマーバード	114
47	704	ダノンバラード	112
48	702	バゴ	105
49	690	トビーズコーナー	109
50	679	サクラプレジデント	125
51	670	Uncle Mo	112
52	669	トランセンド	103
53	665	Fusaichi Pegasus	174
54	663	ローズキングダム	104

順位	利益度	種牡馬名	妙味度
55	653	Blame	144
56	633	Itsmyluckyday	179
57	597	ノボジャック	113
58	557	バンブーエール	129
59	554	More Than Ready	140
60	517	Haynesfield	152
61	511	Golden Horn	128
62	511	キングヘイロー	102
63	509	Le Havre	125
64	502	ロジユニヴァース	107
65	500	スズカコーズウェイ	104
66	490	ブレイクランアウト	117
67	487	アスカクリチャン	119
68	487	ルーラーシップ	100
69	428	パイロ	101
70	427	ゴールスキー	314
71	416	クレスコグランド	152
72	412	キャプテントゥーレ	106
73	410	ホワイトマズル	108
74	400	アジアエクスプレス	103
75	384	グランプリボス	102
76	375	フリオーソ	102
77	355	ウォーターリーグ	122
78	355	Roman Ruler	132
79	353	トーセンブライト	108
80	353	ミュゼスルタン	159
81	349	ヘニーハウンド	158
82	342	アドマイヤオーラ	112
83	340	ワンダーアキュート	109
84	336	Mizzen Mast	142

順位	利益度	種牡馬名	妙味度
85	335	Free Eagle	212
86	330	ジョーカプチーノ	102
87	328	American Pharoah	108
88	319	コパノリチャード	108
89	317	Will Take Charge	119
90	315	スタチューオブリバティ	112
91	307	Gleneagles	128
92	302	ゴールドヘイロー	106
93	298	ロードアルティマ	103
94	297	Jimmy Creed	174
95	285	アンライバルド	102
96	282	エンパイアメーカー	101
97	275	フレンチデビュティ	103
98	254	スーパーホーネット	121
99	251	ウインバリアシオン	105
100	243	テイエムオペラオー	113
101	239	Constitution	118
102	231	New Approach	123
103	229	Carpe Diem	109
104	224	Liam's Map	116
105	224	ダノンシャーク	106
106	210	ボストンハーバー	142
107	208	Medaglia d'Oro	107
108	202	シングンオペラ	113
109	200	ドリームジャーニー	101
110	192	I Am Invincible	196
111	190	Speightstown	104
112	188	Pivotal	113
113	188	Take Charge Indy	116
114	186	Point of Entry	114

順位	利益度	種牡馬名	妙味度
115	185	Temple City	113
116	176	ホッコータルマエ	102
117	169	ファスリエフ	104
118	168	ダイシンオレンジ	124
119	167	タガノロックオン	114
120	165	カフェラピード	155
121	161	メイショウサムソン	100
122	160	アルデバラン2	103
123	158	Street Cry	132
124	154	Tonalist	114
125	152	Teofilo	113
126	151	Lonhro	122
127	150	Dubawi	107
128	148	Authorized	130
129	145	エーシンフォワード	148
130	142	Run Away and Hide	116
131	140	オペラハウス	120
132	138	Smart Missile	128
133	137	タイキシャトル	101
134	124	グロリアスノア	116
135	123	サウンドボルケーノ	105
136	123	クリストワイニング	115
137	122	ローエングリン	101
138	118	Goldencents	120
139	112	Summer Front	156
140	104	エイシンアポロン	105
141	100	ダンスインザダーク	105
142	100	Animal Kingdom	105
143	99	Violence	109
144	95	ソングオブウインド	107

順位	利益度	種牡馬名	妙味度
145	93	パドトロワ	101
146	90	スパイキュール	106
147	86	フサイチセブン	102
148	86	Square Eddie	129
149	85	Fed Biz	121
150	81	Giant's Causeway	105
151	81	バーディバーディ	112
152	80	ゴーカイ	120
153	80	ローレルゲレイロ	101
154	80	ガルボ	105
155	79	California Chrome	120
156	71	ストーミングホーム	101
157	68	Khozan	123
158	67	ワイルドワンダー	107
159	60	Scat Daddy	104
160	56	マーベラスサンデー	103
161	50	ブラックタキシード	103
162	46	First Samurai	103
163	46	ダブルスター	115
164	44	トワイニング	107
165	43	Spring At Last	143
166	42	No Nay Never	102
167	41	Jimmy Choux	121
168	40	ブラックホーク	120
169	35	Bernardini	102
170	33	Dansili	107
171	32	Smart Strike	111
172	30	Overdriven	130
173	24	Redoute's Choice	108
174	23	Gutaifan	123

順位	利益度	種牡馬名	妙味度
175	23	Lope de Vega	104
176	18	フジキセキ	103
177	17	He's Had Enough	117
178	14	War Command	102
179	10	ウォーエンブレム	110
180	10	Invincible Spirit	101
181	9	ニューイングランド	102
182	8	Stormy Atlantic	103
183	8	Champs Elysees	108
184	7	Encosta De Lago	107
185	5	タイセイレジェンド	100
186	4	Elusive Quality	101
187	4	Regal Ransom	101
188	3	Central Banker	101
189	3	Tiz Wonderful	101
190	2	To Honor and Serve	102
191	1	スマートロビン	101
192	0	Acclamation	37
193	0	Adios Charlie	36
194	0	After Market	21
195	0	Al Kazeem	21
196	0	Algorithms	21
197	0	Any Given Saturday	56
198	0	Arakan	21
199	0	Arch	160
200	0	Belgravia	53
201	0	Bellamy Road	82
202	0	Big Bad Bob	21
203	0	Big Brown	86
204	0	Birdstone	94

順位	利益度	種牡馬名	妙味度	順位	利益度	種牡馬名	妙味度
205	0	Bluegrass Cat	46	235	0	Forestry	86
206	0	Broken Vow	185	236	0	Gio Ponti	96
207	0	Casamento	47	237	0	Girolamo	21
208	0	Cherokee Run	21	238	0	Half Ours	59
209	0	Closing Argument	153	239	0	Harlan's Holiday	111
210	0	Colonel John	62	240	0	Hawk Wing	64
211	0	Corinthian	21	241	0	Henrythenavigator	45
212	0	Cowboy Cal	98	242	0	Here Comes Ben	21
213	0	Custom for Carlos	38	243	0	High Chaparral	77
214	0	Dalakhani	61	244	0	Honest Man	21
215	0	Danehill Dancer	106	245	0	Hussonet	21
216	0	Data Link	21	246	0	Ice Box	42
217	0	Denman	21	247	0	Idiot Proof	21
218	0	Desert Party	49	248	0	Indian Charlie	207
219	0	Discreetly Mine	110	249	0	Intello	21
220	0	Dominus	114	250	0	Intense Focus	77
221	0	Doyen	21	251	0	Intikhab	21
222	0	Dream Ahead	21	252	0	Kantharos	119
223	0	Drosselmeyer	96	253	0	Kodiac	126
224	0	Dubai Destination	70	254	0	Kyllachy	21
225	0	Duke of Marmalade	21	255	0	Langfuhr	76
226	0	Dutch Art	46	256	0	Lantana Mob	65
227	0	Dylan Thomas	21	257	0	Liaison	21
228	0	Elusive City	110	258	0	Lion Heart	126
229	0	Excelebration	21	259	0	Lookin At Lucky	56
230	0	Exchange Rate	83	260	0	Lord of England	30
231	0	First Defence	21	261	0	Lucky Pulpit	109
232	0	Flashy Bull	117	262	0	Majesticperfection	47
233	0	Flying Spur	21	263	0	Manduro	21
234	0	Forest Wildcat	21	264	0	Marju	119

順位	利益度	種牡馬名	妙味度
265	0	Master Command	21
266	0	Medicean	70
267	0	Midshipman	73
268	0	Montbrook	21
269	0	Montjeu	144
270	0	Muhtathir	207
271	0	Noonmark	21
272	0	Northern Afleet	21
273	0	Officer	21
274	0	Old Fashioned	68
275	0	Oratorio	320
276	0	Parading	71
277	0	Perfect Soul	21
278	0	Pour Moi	21
279	0	Proud Citizen	52
280	0	Pulpit	42
281	0	Pure Prize	58
282	0	Rio de La Plata	155
283	0	Rip Van Winkle	21
284	0	Royal Applause	21
285	0	Scipion	21
286	0	Sepoy	21
287	0	Sidney's Candy	87
288	0	Singspiel	21
289	0	Smarty Jones	21
290	0	Soldier Hollow	21
291	0	Starcraft	21
292	0	Strong Mandate	21
293	0	Successful Appeal	21
294	0	Swiss Spirit	21

順位	利益度	種牡馬名	妙味度
295	0	Tale of Ekati	107
296	0	Tamayuz	21
297	0	Thewayyouare	21
298	0	Tiznow	99
299	0	Tizway	21
300	0	Twirling Candy	130
301	0	Warrior's Reward	88
302	0	Wiesenpfad	128
303	0	Wilburn	21
304	0	Wildcat Heir	21
305	0	Zensational	84
306	0	アグネスタキオン	49
307	0	アグネスフライト	21
308	0	アグネスワールド	21
309	0	アサクサデンエン	109
310	0	アジュディケーティング	71
311	0	アジュディミツオー	21
312	0	アドマイヤジュピタ	21
313	0	アドマイヤボス	96
314	0	アドマイヤメイン	77
315	0	アフリート	57
316	0	アポインテッドデイ	72
317	0	アラムシャー	21
318	0	アルカセット	75
319	0	アンクルスーパー	41
320	0	イーグルカフェ	80
321	0	ヴィクトリー	27
322	0	ウインクリューガー	72
323	0	ウインラディウス	179
324	0	エアジハード	48

順位	利益度	種牡馬名	妙味度
325	0	エイシンサンディ	103
326	0	エーシンモアオバー	21
327	0	エクラヴァンクール	21
328	0	オウケンマジック	21
329	0	オネストジョン	21
330	0	カーム	121
331	0	キタサンカムイデン	21
332	0	キョウワスプレンダ	107
333	0	キンググローリアス	21
334	0	クーリンガー	45
335	0	コパノジングー	21
336	0	コパノフウジン	21
337	0	コマンズ	89
338	0	ザール	59
339	0	サイレントハンター	21
340	0	サクラローレル	21
341	0	サツカーボーイ	106
342	0	サニングデール	111
343	0	サブミーカー	21
344	0	サンライズバッカス	98
345	0	シベリアンホーク	21
346	0	ジョウテンブレーヴ	21
347	0	シルクハリアー	21
348	0	シルクフェイマス	49
349	0	スエヒロコマンダー	21
350	0	スターオブコジーン	21
351	0	スターキングマン	21
352	0	ストラヴィンスキー	108
353	0	スパロービート	21
354	0	スマートボーイ	127

順位	利益度	種牡馬名	妙味度
355	0	スリーロールス	21
356	0	スリリングサンデー	78
357	0	セイントアレックス	68
358	0	ゼンノドラゴン	21
359	0	ダイシングロウ	21
360	0	ダイシンプラン	21
361	0	ダイタクリーヴァ	21
362	0	ダイワレイダース	21
363	0	タガノゲルニカ	96
364	0	タップダンスシチー	21
365	0	タヤスツヨシ	190
366	0	ダンツシアトル	21
367	0	ダンディコマンド	21
368	0	チアズブライトリー	21
369	0	チーフベアハート	105
370	0	チチカステナンゴ	74
371	0	チャクラ	21
372	0	ディクタット	21
373	0	デスペラード	21
374	0	デビッドジュニア	49
375	0	テレグノシス	257
376	0	トウカイテイオー	21
377	0	トウカイワイルド	177
378	0	トーセンダンス	21
379	0	トーホウエンペラー	72
380	0	ナイキアディライト	88
381	0	ナリタセンチュリー	267
382	0	ハギノハイグレイド	21
383	0	バトルライン	98
384	0	バブルガムフェロー	21

順位	利益度	種牡馬名	妙味度
385	0	パラダイスクリーク	87
386	0	バランスオブゲーム	71
387	0	ビービーガルダン	42
388	0	ビッグサンデー	138
389	0	ファンタスティックライト	87
390	0	フェデラリスト	404
391	0	フサイチコンコルド	165
392	0	フサイチホウオー	66
393	0	ブライアンズタイム	99
394	0	ヘクタープロテクター	21
395	0	ボーンキング	101
396	0	マイネルセレクト	133
397	0	マイネルラヴ	122
398	0	マリエンバード	21
399	0	マンハッタンスカイ	21
400	0	ムーンバラッド	64
401	0	モエレプルトス	21
402	0	モルフェサイレンス	21
403	0	モルフェデスペクタ	93
404	0	ヤマニンセラフィム	91
405	0	ラスカルスズカ	79
406	0	ラムタラ	21
407	0	リキアイサイレンス	37
408	0	リキアイワカタカ	21
409	0	リンカーン	73
410	0	ルールオブロー	72
411	0	ロサード	64
412	0	ロックオブジブラルタル	89
413	0	ロッコウオロシ	73
414	0	ロドリゴデトリアーノ	94

順位	利益度	種牡馬名	妙味度
415	0	ワンダースピード	75
416	0	フサイチリシャール	100
417	-1	Graydar	100
418	-3	Sea The Stars	99
419	-3	スペシャルウィーク	100
420	-3	Olympic Glory	97
421	-5	アポロキングダム	100
422	-6	Street Boss	100
423	-9	オウケンブルースリ	99
424	-11	Macho Uno	95
425	-12	カネヒキリ	100
426	-14	Malibu Moon	99
427	-16	リッカロイヤル	84
428	-17	サクラメガワンダー	83
429	-19	Bodemeister	81
430	-19	ネイティヴハート	91
431	-20	アドマイヤドン	90
432	-24	Union Rags	96
433	-26	Galileo	74
434	-28	ルースリンド	72
435	-29	エムオーウイナー	94
436	-30	ジャイアントレッカー	85
437	-31	オレハマッテルゼ	98
438	-32	Candy Ride	96
439	-35	Leroidesanimaux	93
440	-35	エイシンデピュティ	94
441	-36	Maclean's Music	95
442	-39	カリズマティック	95
443	-39	ヴリル	61
444	-40	Poet's Voice	60

順位	利益度	種牡馬名	妙味度
445	-40	ジークエンブレム	87
446	-40	Kendargent	60
447	-42	サクラオリオン	94
448	-43	Hansen	86
449	-45	スニッツェル	85
450	-46	メイショウオウドウ	95
451	-48	Awesome Again	76
452	-50	キモンノカシワ	96
453	-52	Pioneerof the Nile	98
454	-53	アドマイヤコジーン	98
455	-54	マヤノトップガン	96
456	-55	Creative Cause	72
457	-56	キャプテンスティーヴ	81
458	-59	Fastnet Rock	98
459	-61	Holy Roman Emperor	69
460	-62	Mineshaft	84
461	-63	Magician	94
462	-72	Cape Cross	88
463	-75	Verrazano	88
464	-77	アグネスデジタル	99
465	-78	スウィフトカレント	89
466	-79	Adlerflug	21
467	-79	Bobby's Kitten	21
468	-79	Havana Gold	21
469	-79	Mshawish	21
470	-79	Nyquist	21
471	-79	Starspangledbanner	21
472	-79	エキストラエンド	21
473	-79	スマイルジャック	21
474	-79	ノボトゥルー	21

順位	利益度	種牡馬名	妙味度
475	-79	ミキノバンジョー	21
476	-79	リッカバクシンオ	21
477	-81	Mayson	88
478	-84	Exceed And Excel	93
479	-86	サダムパテック	57
480	-88	フォーティナイナーズサン	94
481	-90	Raven's Pass	90
482	-92	サンライズペガサス	95
483	-94	Emcee	87
484	-95	ティンバーカントリー	86
485	-98	シンボリクリスエス	100
486	-100	Distorted Humor	95
487	-103	Iffraaj	83
488	-105	City Zip	89
489	-107	Unbridled's Song	82
490	-111	ストリートセンス	98
491	-112	Justin Phillip	63
492	-113	カンパニー	95
493	-113	サムライハート	99
494	-114	アドマイヤジャパン	89
495	-116	Quality Road	89
496	-116	ザサンデーフサイチ	96
497	-119	Tapizar	92
498	-127	Lawman	37
499	-129	トーセンロレンス	74
500	-129	Shamardal	93
501	-132	Honor Code	78
502	-133	オリオンザサンクス	67
503	-137	ケイムホーム	99
504	-139	サイレントディール	65

種牡馬 ランキング

順位	利益度	種牡馬名	妙味度
505	-143	Shackleford	87
506	-147	Tapit	98
507	-149	Trappe Shot	50
508	-152	Shalaa	81
509	-153	ダノンゴーゴー	49
510	-156	デュランダル	87
511	-157	Cairo Prince	89
512	-157	メジロベイリー	61
513	-158	New Bay	21
514	-158	Palace Malice	21
515	-158	Sir Percy	21
516	-158	エイシンプレストン	21
517	-158	コメート	21
518	-158	ネオヴァンドーム	21
519	-158	マジンプロスパー	21
520	-164	ハタノヴァンクール	87
521	-165	Australia	72
522	-170	Oasis Dream	76
523	-170	The Factor	92
524	-176	サクラゼウス	65
525	-178	セレスハント	82
526	-187	カルストンライトオ	91
527	-191	ミリオンディスク	73
528	-196	Shanghai Bobby	86
529	-202	ミスキャスト	82
530	-203	ワイルドラッシュ	96
531	-203	トーセンモナーク	59
532	-208	Camelot	58
533	-208	Slade Power	70
534	-208	マルカシェンク	58

順位	利益度	種牡馬名	妙味度
535	-211	Into Mischief	95
536	-212	Sea The Moon	47
537	-217	Shakin It Up	64
538	-221	Competitive Edge	45
539	-222	チェリークラウン	68
540	-222	Overanalyze	80
541	-222	アッミラーレ	93
542	-224	サクラバクシンオー	86
543	-228	Flatter	71
544	-229	ロードバリオス	62
545	-237	Bullet Train	21
546	-237	Exaggerator	21
547	-237	Muhaarar	21
548	-237	Myboycharlie	21
549	-237	Palace	21
550	-237	Stay Thirsty	21
551	-237	Ultimate Eagle	21
552	-237	Zoustar	21
553	-237	ヴィットリオドーロ	21
554	-237	ローマンエンパイア	21
555	-237	English Channel	66
556	-243	スズカマンボ	97
557	-253	Hat Trick	68
558	-254	パーソナルラッシュ	64
559	-259	Archarcharch	80
560	-264	ファルブラヴ	83
561	-269	シルバーチャーム	83
562	-273	ゼンノエルシド	45
563	-283	ゴールドアリュール	100
564	-287	Siyouni	91

順位	利益度	種牡馬名	妙味度
565	-287	Declaration of War	94
566	-293	メジロダイボサツ	73
567	-295	アーネストリー	96
568	-295	ハイアーゲーム	77
569	-302	Nathaniel	57
570	-306	Sebring	66
571	-312	コンデュイット	92
572	-316	Air Force Blue	21
573	-316	Uncaptured	21
574	-316	ナムラタイタン	21
575	-316	バンデ	21
576	-320	Paddy O'Prado	36
577	-322	Tavistock	60
578	-323	カフェオリンポス	54
579	-323	Kingman	87
580	-328	ペルーサ	77
581	-329	アメリカンボス	75
582	-330	Orb	59
583	-333	シビルウォー	95
584	-339	ゴスホークケン	74
585	-342	Tale of the Cat	43
586	-344	バロズハート	43
587	-346	Canford Cliffs	42
588	-355	オンファイア	89
589	-389	Congrats	65
590	-395	アロマカフェ	21
591	-395	オールステイ	21
592	-395	ハクサンムーン	21
593	-404	War Front	78
594	-413	Kitten's Joy	84

順位	利益度	種牡馬名	妙味度
595	-414	トーセンファントム	92
596	-418	Noble Mission	62
597	-423	Curlin	82
598	-430	サクラオールイン	46
599	-443	ダノンシャンティ	99
600	-445	ケープブランコ	98
601	-452	トーホウジャッカル	75
602	-475	Mastercraftsman	66
603	-477	Dark Angel	81
604	-490	Midnight Lute	71
605	-497	ショウナンカンプ	96
606	-498	マンハッタンカフェ	98
607	-510	ハードスパン	93
608	-510	Zoffany	66
609	-511	シルポート	84
610	-521	アドマイヤマックス	92
611	-532	ラブイズブーシェ	56
612	-534	ナカヤマフェスタ	97
613	-534	ジャングルポケット	98
614	-552	Race Day	21
615	-553	スターリングローズ	83
616	-558	Super Saver	44
617	-570	ヒルノダムール	77
618	-570	ラブリーデイ	95
619	-580	Dawn Approach	78
620	-590	キンシャサノキセキ	99
621	-596	ノーザンリバー	67
622	-608	Frankel	93
623	-631	Night of Thunder	21
624	-631	セイクリムズン	21

順位	利益度	種牡馬名	妙味度
625	-702	ワールドエース	98
626	-710	リーチザクラウン	97
627	-710	ネヴァブション	21
628	-710	ブリーズフレイバー	21
629	-733	スズカフェニックス	92
630	-760	サンカルロ	58
631	-779	ベルシャザール	98
632	-785	Lemon Drop Kid	66
633	-790	ニホンピロアワーズ	62
634	-796	グランデッツァ	47
635	-824	ネオユニヴァース	98
636	-840	ファーガソン	53
637	-907	リアルインパクト	97
638	-950	キングカメハメハ	99
639	-954	マコトスパルビエロ	40
640	-977	スクワートルスクワート	70
641	-1028	タニノギムレット	92
642	-1045	クロフネ	99
643	-1047	ワークフォース	96
644	-1139	オーシャンブルー	72
645	-1144	スピルバーグ	95
646	-1164	ノヴェリスト	98
647	-1184	リヤンドファミュ	21
648	-1217	マツリダゴッホ	97
649	-1236	トーセンホマレボシ	96
650	-1307	プリサイスエンド	94
651	-1354	ミッキーアイル	89
652	-1423	ゼンノロブロイ	95
653	-1451	ディスクリートキャット	90
654	-1622	ダイワメジャー	99

順位	利益度	種牡馬名	妙味度
655	-1628	ダンカーク	96
656	-1813	スウェプトオーヴァーボード	95
657	-1900	タイムパラドックス	89
658	-1967	キングズベスト	94
659	-2096	アドマイヤムーン	95
660	-2220	グラスワンダー	84
661	-2263	ハーツクライ	98
662	-2352	ヴィクトワールピサ	97
663	-2498	メイショウボーラー	94
664	-2550	ディープブリランテ	95
665	-2818	ストロングリターン	90
666	-2823	ジャスタウェイ	96
667	-3070	フェノーメノ	91
668	-3464	ロードカナロア	98
669	-3523	オルフェーヴル	97
670	-3660	ハービンジャー	95
671	-4218	トーセンジョーダン	84
672	-6209	エイシンフラッシュ	93

芝

順位	利益度	種牡馬名	妙味度
1	7311	キズナ	111
2	4654	ゴールドシップ	111
3	4485	エピファネイア	107
4	4031	リオンディーズ	128
5	3676	カレンブラックヒル	122
6	3275	スクリーンヒーロー	107
7	2682	エイシンヒカリ	151
8	2578	ディープインパクト	102
9	2279	モーリス	111
10	1983	モンテロッソ	115

ワースト3

1	-3506	ロードカナロア	97
2	-2984	ハービンジャー	95
3	-2840	トーセンジョーダン	68

ダート

順位	利益度	種牡馬名	妙味度
1	7676	ヘニーヒューズ	110
2	4021	エスケンデレヤ	116
3	3767	マジェスティックウォリアー	111
4	3371	サウスヴィグラス	106
5	2939	シニスターミニスター	107
6	2564	カジノドライヴ	109
7	2273	キンシャサノキセキ	104
8	2206	クリエイター2	151
9	1909	アイルハヴァナザー	104
10	1831	ヨハネスブルグ	109

ワースト3

1	-4899	エピファネイア	75
2	-3843	エイシンフラッシュ	88
3	-3817	ディープブリランテ	83

障害

順位	利益度	種牡馬名	妙味度
1	1437	ルーラーシップ	129
2	1093	エピファネイア	646
3	1028	ジャスタウェイ	145
4	991	ブラックタイド	128
5	961	Munnings	260
6	940	エスケンデレヤ	335
7	707	ベルシャザール	137
8	648	ハービンジャー	125
9	613	スマートファルコン	177
10	522	Authorized	204

ワースト3

1	-918	カネヒキリ	46
2	-868	ナカヤマフェスタ	21
3	-789	フリオーソ	21

短距離(1600m以下)

順位	利益度	種牡馬名	妙味度
1	5069	ヘニーヒューズ	108
2	4295	スクリーンヒーロー	111
3	3445	カレンブラックヒル	115
4	2783	レッドスパーダ	157
5	2579	リオンディーズ	119
6	2491	サウスヴィグラス	105
7	2370	バトルプラン	118
8	2369	ハーツクライ	105
9	2303	マクフィ	120
10	2188	モーリス	113

ワースト3

1	-5421	エイシンフラッシュ	88
2	-3167	オルフェーヴル	93
3	-2544	ジャスタウェイ	92

種牡馬 ランキング

中距離（1700～2200m）

順位	利益度	種牡馬名	妙味度
1	5990	キズナ	111
2	3800	マジェスティックウォリアー	117
3	3513	エスケンデレヤ	121
4	2904	タートルボウル	115
5	2229	モンテロッソ	116
6	2022	アイルハヴァナザー	105
7	1879	パイロ	110
8	1839	ディープインパクト	102
9	1733	ドゥラメンテ	116
10	1463	ゴールドシップ	104

ワースト3			
1	-4619	ロードカナロア	90
2	-3618	ハーツクライ	95
3	-2155	ディープブリランテ	89

長距離（2300m以上）

順位	利益度	種牡馬名	妙味度
1	2656	ケープブランコ	304
2	1555	スピルバーグ	294
3	1536	ゴールドシップ	126
4	1159	ジャスタウェイ	120
5	1068	キズナ	127
6	995	トゥザグローリー	155
7	961	Munnings	260
8	800	ブラックタイド	111
9	782	オルフェーヴル	106
10	708	ロジユニヴァース	147

ワースト3			
1	-887	カネヒキリ	53
2	-812	キングカメハメハ	92
3	-789	ザサンデーフサイチ	21

左回り

順位	利益度	種牡馬名	妙味度
1	2186	カレンブラックヒル	124
2	2024	ヘニーヒューズ	106
3	1956	ゴールドシップ	111
4	1897	クリーンエコロジー	416
5	1702	シニスターミニスター	111
6	1677	トゥザグローリー	112
7	1643	モーリス	116
8	1604	リオンディーズ	121
9	1525	マクフィ	122
10	1459	エイシンヒカリ	156

ワースト3			
1	-1806	スウェプトオーヴァーボード	84
2	-1773	ハービンジャー	92
3	-1708	ダイワメジャー	95

右回り

順位	利益度	種牡馬名	妙味度
1	7103	キズナ	110
2	4454	ヘニーヒューズ	108
3	3251	クリエイター2	179
4	3245	モンテロッソ	116
5	2695	サウスヴィグラス	107
6	2660	アイルハヴァナザー	106
7	2620	スクリーンヒーロー	105
8	2561	ディープインパクト	102
9	2520	カレンブラックヒル	110
10	2312	ゴールドシップ	107

ワースト3			
1	-4973	エイシンフラッシュ	91
2	-3880	ジャスタウェイ	92
3	-3644	ロードカナロア	97

札幌

順位	利益度	種牡馬名	妙味度
1	1055	ゴールドシップ	132
2	846	ノヴェリスト	126
3	665	サウスヴィグラス	119
4	601	スクリーンヒーロー	113
5	555	ラブリーデイ	239
6	542	ダノンレジェンド	236
7	505	ヴァンセンヌ	268
8	489	アジアエクスプレス	161
9	481	カレンブラックヒル	130
10	475	トーセンラー	168

ワースト3

1	-1092	オルフェーヴル	79
2	-865	ジャスタウェイ	69
3	-830	エピファネイア	74

函館

順位	利益度	種牡馬名	妙味度
1	1381	カレンブラックヒル	153
2	996	ルーラーシップ	122
3	683	マクフィ	237
4	633	スクリーンヒーロー	118
5	605	マジェスティックウォリアー	155
6	565	Dark Angel	383
7	512	ヘニーヒューズ	124
8	507	コパノリチャード	354
9	475	ストロングリターン	132
10	436	アイルハヴアナザー	111

ワースト3

1	-1339	エイシンフラッシュ	71
2	-957	キズナ	78
3	-740	ディープインパクト	85

福島

順位	利益度	種牡馬名	妙味度
1	990	ザサンデーフサイチ	298
2	986	トゥザグローリー	138
3	949	ヴァンセンヌ	219
4	888	エイシンフラッシュ	111
5	835	アイルハヴアナザー	115
6	810	Blame	370
7	797	シニスターミニスター	126
8	717	ベルシャザール	140
9	698	ダノンシャンティ	122
10	675	トゥザワールド	148

ワースト3

1	-1538	ダイワメジャー	80
2	-1269	ストロングリターン	42
3	-1250	ヴィクトワールピサ	80

新潟

順位	利益度	種牡馬名	妙味度
1	1133	ジャスタウェイ	116
2	858	エイシンヒカリ	223
3	752	Pioneerof the Nile	852
4	698	リーチザクラウン	122
5	638	リアルインパクト	116
6	618	ドゥラメンテ	121
7	544	フェノーメノ	115
8	537	エスポワールシチー	126
9	513	ステイゴールド	113
10	486	Tapizar	262

ワースト3

1	-1320	マジェスティックウォリアー	54
2	-1188	ベルシャザール	58
3	-1071	トゥザワールド	68

種牡馬 ランキング

東京

順位	利益度	種牡馬名	妙味度
1	2976	カレンブラックヒル	162
2	1833	ゴールドシップ	119
3	1770	ヘニーヒューズ	111
4	1731	クリーンエコロジー	446
5	1608	モーリス	137
6	1506	リオンディーズ	144
7	1430	トゥザグローリー	122
8	1198	エスケンデレヤ	116
9	1196	スクリーンヒーロー	110
10	1170	トゥザワールド	132

ワースト3			
1	-1796	エピファネイア	87
2	-1792	ダイワメジャー	88
3	-1547	ストロングリターン	72

中山

順位	利益度	種牡馬名	妙味度
1	1643	バトルプラン	138
2	1601	キンシャサノキセキ	113
3	1502	マジェスティックウォリアー	128
4	1437	クリエイター2	165
5	1315	モーリス	131
6	1098	Munnings	374
7	1051	ゴールドシップ	111
8	992	エピファネイア	109
9	939	トーセンラー	147
10	879	ジョーカプチーノ	119

ワースト3			
1	-2157	スピルバーグ	51
2	-1844	ロードカナロア	90
3	-1738	ディープブリランテ	83

中京

順位	利益度	種牡馬名	妙味度
1	1692	エピファネイア	129
2	1255	ディスクリートキャット	170
3	1001	マクフィ	156
4	883	ダイワメジャー	108
5	838	マジェスティックウォリアー	121
6	827	エイシンヒカリ	218
7	623	ジャスタウェイ	108
8	610	パイロ	112
9	578	パドトロワ	216
10	494	リーチザクラウン	131

ワースト3			
1	-1276	キズナ	88
2	-1133	ルーラーシップ	91
3	-999	エイシンフラッシュ	86

阪神

順位	利益度	種牡馬名	妙味度
1	3653	キズナ	116
2	2083	ブラックタイド	116
3	1788	クリエイター2	279
4	1591	ヘニーヒューズ	109
5	1450	ルーラーシップ	105
6	1357	グランプリボス	130
7	1271	モンテロッソ	130
8	1269	シビルウォー	191
9	1149	ダノンシャーク	292
10	1119	エピファネイア	107

ワースト3			
1	-1877	ゴールドアリュール	88
2	-1786	ハーツクライ	93
3	-971	メイショウボーラー	90

小倉

順位	利益度	種牡馬名	妙味度
1	1539	ディープインパクト	112
2	1280	リオンディーズ	207
3	943	カジノドライヴ	143
4	867	メイショウサムソン	118
5	796	パイロ	119
6	753	More Than Ready	351
7	724	ミッキーアイル	172
8	707	ダイワメジャー	109
9	657	カリズマティック	319
10	627	タートルボウル	121

ワースト3

1	-1271	フェノーメノ	55
2	-1144	キンシャサノキセキ	87
3	-871	スピルバーグ	52

芝道悪(稍重／重／不良)

順位	利益度	種牡馬名	妙味度
1	3280	ゴールドシップ	126
2	2808	エイシンフラッシュ	117
3	2134	カレンブラックヒル	146
4	1437	スクリーンヒーロー	112
5	1309	ヴァンセンヌ	157
6	1273	ワールドエース	118
7	1228	フェノーメノ	120
8	1030	ショウナンカンプ	141
9	1003	トウザグローリー	126
10	987	ナカヤマフェスタ	135

ワースト3

1	-2234	スピルバーグ	49
2	-1861	ヴィクトワールピサ	88
3	-1596	キンシャサノキセキ	85

ダ道悪(稍重／重／不良)

順位	利益度	種牡馬名	妙味度
1	2640	カジノドライヴ	121
2	2225	ヘニーヒューズ	107
3	1789	アイルハヴアナザー	110
4	1729	エスケンデレヤ	119
5	1671	シニスターミニスター	110
6	1488	スマートファルコン	109
7	1479	サウスヴィグラス	107
8	1140	グランプリボス	118
9	1114	キングカメハメハ	106
10	1069	キンシャサノキセキ	105

ワースト3

1	-2370	ダイワメジャー	85
2	-2356	エピファネイア	71
3	-1856	ストロングリターン	73

新馬

順位	利益度	種牡馬名	妙味度
1	3362	リオンディーズ	142
2	1461	エピファネイア	112
3	1422	クリエイター2	151
4	1377	ブラックタイド	117
5	1219	キズナ	111
6	1052	ロージズインメイ	144
7	974	トーセンラー	146
8	927	モーリス	109
9	791	ワールドエース	117
10	722	ゴールドシップ	111

ワースト3

1	-2104	ロードカナロア	82
2	-1380	オルフェーヴル	84
3	-1369	エイシンフラッシュ	85

種牡馬 ランキング

未勝利

順位	利益度	種牡馬名	妙味度
1	3962	ゴールドシップ	114
2	3234	エスケンデレヤ	115
3	2827	カレンブラックヒル	116
4	2529	ヘニーヒューズ	109
5	2395	モンテロッソ	114
6	2324	カジノドライヴ	119
7	2205	スクリーンヒーロー	107
8	2014	ルーラーシップ	103
9	1998	サウスヴィグラス	113
10	1797	ヴァンセンヌ	135

	ワースト3		
1	-3610	キングズベスト	76
2	-1712	フェノーメノ	92
3	-1674	トーセンジョーダン	90

1〜3勝クラス

順位	利益度	種牡馬名	妙味度
1	3628	ヘニーヒューズ	108
2	2298	キズナ	108
3	1950	スクリーンヒーロー	107
4	1713	レッドスパーダ	154
5	1439	シニスターミニスター	107
6	1291	ヨハネスブルグ	107
7	1290	キングズベスト	113
8	1196	エスケンデレヤ	120
9	1166	ロードカナロア	102
10	1154	スマートファルコン	108

	ワースト3		
1	-3140	オルフェーヴル	93
2	-2834	ディープブリランテ	89
3	-2550	エイシンフラッシュ	91

OP（重賞含む）

順位	利益度	種牡馬名	妙味度
1	2124	ブレイクランアウト	454
2	1921	カレンブラックヒル	213
3	1867	ステイゴールド	114
4	1773	ディープインパクト	104
5	1258	キズナ	114
6	1220	サマーバード	344
7	1193	Munnings	299
8	1015	ダイワメジャー	106
9	972	キングズベスト	136
10	874	ドリームジャーニー	136

	ワースト3		
1	-1865	エイシンフラッシュ	58
2	-1817	ハーツクライ	91
3	-1141	ハービンジャー	87

2歳

順位	利益度	種牡馬名	妙味度
1	3135	リオンディーズ	115
2	2535	ゴールドシップ	116
3	2492	クリエイター2	140
4	2490	キズナ	110
5	2131	エイシンヒカリ	133
6	2080	モーリス	108
7	1999	ヘニーヒューズ	114
8	1942	クリーンエコロジー	202
9	1805	カレンブラックヒル	119
10	1513	ダノンレジェンド	125

	ワースト3		
1	-2171	ロードカナロア	90
2	-1887	オルフェーヴル	86
3	-1801	ジョーカプチーノ	83

3歳

順位	利益度	種牡馬名	妙味度
1	4119	エスケンデレヤ	116
2	3850	マジェスティックウォリアー	113
3	3406	キズナ	104
4	3150	ディープインパクト	105
5	3123	モンテロッソ	118
6	2372	カレンブラックヒル	110
7	2201	サウスヴィグラス	110
8	2016	カジノドライヴ	112
9	1768	スマートファルコン	108
10	1618	トーセンラー	133

ワースト3

1	-3715	ワールドエース	85
2	-3072	キンシャサノキセキ	93
3	-2427	フェノーメノ	91

4歳

順位	利益度	種牡馬名	妙味度
1	2300	レッドスパーダ	158
2	2109	ロードカナロア	105
3	2086	ヘニーヒューズ	109
4	1697	アイルハヴアナザー	113
5	1301	オルフェーヴル	105
6	1174	Ghostzapper	268
7	1091	ハーツクライ	104
8	982	タートルボウル	117
9	919	ナカヤマフェスタ	113
10	910	ケープブランコ	111

ワースト3

1	-3354	ダンカーク	81
2	-2538	ハービンジャー	90
3	-2425	エイシンフラッシュ	88

5歳以上

順位	利益度	種牡馬名	妙味度
1	3404	モンテロッソ	158
2	2673	ブラックタイド	116
3	2083	ローズキングダム	165
4	2003	ステイゴールド	106
5	1637	Munnings	373
6	1585	スクリーンヒーロー	116
7	1541	キンシャサノキセキ	107
8	1442	ヴァーミリアン	116
9	1335	ロードアルティマ	136
10	1215	ダノンシャンティ	114

ワースト3

1	-3911	ハーツクライ	93
2	-3564	オルフェーヴル	78
3	-2429	キングカメハメハ	93

距離短縮

順位	利益度	種牡馬名	妙味度
1	5012	カレンブラックヒル	161
2	4836	ロードカナロア	113
3	4273	ヘニーヒューズ	119
4	3644	ゴールドアリュール	117
5	2636	アイルハヴアナザー	117
6	2488	ベルシャザール	136
7	1983	キズナ	108
8	1911	トゥザワールド	140
9	1788	カジノドライヴ	125
10	1718	ブラックタイド	109

1	-4738	エイシンフラッシュ	82
2	-3108	エピファネイア	84
3	-1935	ジャスタウェイ	90

距離延長

順位	利益度	種牡馬名	妙味度
1	3682	エスケンデレヤ	144
2	3333	ヘニーヒューズ	114
3	2819	タートルボウル	124
4	2449	キズナ	108
5	2042	スマートファルコン	118
6	1894	シニスターミニスター	116
7	1788	エイシンヒカリ	279
8	1758	エピファネイア	108
9	1716	トゥザグローリー	118
10	1679	ルーラーシップ	104

		ワースト3	
1	-3085	ダイワメジャー	89
2	-2331	ワールドエース	77
3	-1863	キングズベスト	75

	順位	着別度数	単回
2020年成績 全体	1	53-41-48-362/504	96
芝	4	36-24-28-220/308	101
ダート	13	17-17-20-142/196	86

chapter_4

厩舎名鑑

妙味度(利益度) 　　全体 106

	妙味度(利益度)				全体 106

103 (98)	ダート	111 (2111)	関東
103 (594)	中西間	105 (1595)	長距離
左回り	100 (-5)	右回り	108 (2912)
札幌 117 (594)	函館 96 (-81)	福島
新潟 99 (-34)	東京 106 (251)	中山
中京 97 (-150)	阪神 105 (660)	小倉

	芝国際 99 (-112)	ダ国際 112 (851)

新馬	未勝利	1〜3勝C	OP
100 (-16)	106 (643)	100 (-10)	121 (2355)

2歳	3歳	4歳	5歳
101 (68)	104 (807)	108 (1002)	1 (1

休明初戦	休明2走	休明3走	連
99 (-111)	102 (225)	108 (538)	

※「2020年ランキング」は着別度数ランキングであり、
リーディングの順位とは異なります。
※2021年新規開業の厩舎は掲載していません。

OP、重賞では
絶対に軽視してはいけない
リーディングトレーナーであり
利益度6位。年度代表馬を出して
冠馬を出しても、キだキだ世間の

2020年ランキング 1位

矢作 芳人

2020年成績	順位	着別度数	単回収	複回収
全体	1	53-41-48-362/504	96	91
芝	4	36-24-28-220/308	103	80
ダート	13	17-17-20-142/196	86	107

妙味度(利益度) **全体 106**(3080)

芝 **103** (798)	ダート **111** (2111)	障害 **172** (0)
短距離 **103** (594)	中距離 **105** (1595)	長距離 **120** (746)
	左回り **100** (-5)	右回り **108** (2912)

札幌 **117** (594)	函館 **96** (-81)	福島 **108** (222)
新潟 **99** (-34)	東京 **106** (251)	中山 **104** (116)
中京 **97** (-150)	阪神 **105** (660)	小倉 **116** (626)

芝道悪 **99** (-112)	ダ道悪 **112** (851)

新馬	未勝利	1〜3勝C	OP	重賞
100 (-16)	**106** (643)	**100** (-10)	**121** (2355)	**105** (405)

2 歳	3 歳	4 歳	5歳以上
101 (68)	**104** (807)	**108** (1002)	**113** (1588)

休明初戦	休明2走	休明3走	連 闘
99 (-111)	**102** (225)	**108** (538)	**105** (155)

OP、重賞では 絶対に軽視してはいけない!!

　リーディングトレーナーでありながら、利益度6位。年度代表馬を出しても、三冠馬を出しても、まだまだ世間の評価が追いついていない。中長距離、上級条件に強く、古馬になっても衰えず、叩いて上昇する、という特徴がわかりやすい。

2020年ランキング 2位

友道 康夫

2020年成績	順位	着別度数	単回収	複回収
全体	2	50-24-24-167/265	88	78
芝	1	49-21-22-149/241	95	79
ダート	186	1-3-1-17/22	13	64

妙味度(利益度) **全体 101**(385)

芝 **104** (1002)	ダート **85** (-335)	障害 **121** (42)
短距離 **98** (-183)	中距離 **100** (0)	長距離 **114** (442)
	左回り **100** (0)	右回り **102** (316)

札幌 **116** (109)	函館 **112** (49)	福島 **109** (45)
新潟 **103** (53)	東京 **100** (-10)	中山 **108** (107)
中京 **99** (-48)	阪神 **101** (52)	小倉 **98** (-36)

芝道悪 **100** (23)	ダ道悪 **77** (-251)

新馬	未勝利	1〜3勝C	OP	重賞
116 (467)	**98** (-131)	**104** (279)	**97** (-230)	**93** (-405)

2 歳	3 歳	4 歳	5歳以上
112 (594)	**103** (316)	**102** (94)	**82** (-767)

休明初戦	休明2走	休明3走	連 闘
99 (-74)	**90** (-547)	**112** (336)	**42** (-58)

芝の長距離と 2歳戦は徹底マーク

　わかりやすいほどの芝専門厩舎。ダービーや菊花賞に強いというイメージの通り、距離が延びるほど妙味度も上がる。重賞も長距離だけ狙うスタンスでよさそう。また、2歳戦にめっぽう強く、人気馬は特に信頼できる。

2020年ランキング　3位
堀 宣行

2020年成績	順位	着別度数	単回収	複回収
全体	3	48-36-17-155/256	95	82
芝	2	42-33-13-137/225	95	75
ダート	128	6-3-4-18/31	96	133

妙味度(利益度)　全体 101 (167)

芝 99 (-223)	ダート 107 (232)	障害 —		
短距離 99 (-101)	中距離 102 (315)	長距離 100 (12)		
左回り 101 (147)	右回り 100 (17)				

札幌 103 (69)	函館 88 (-49)	福島 87 (-169)
新潟 76 (-541)	東京 106 (536)	中山 102 (132)
中京 92 (-156)	阪神 78 (-215)	小倉 132 (347)

芝道悪 110 (715)	ダ道悪 125 (251)

新馬	未勝利	1～3勝C	OP	重賞
126 (462)	96 (-130)	100 (-34)	97 (-154)	104 (138)

2歳	3歳	4歳	5歳以上
109 (213)	100 (16)	97 (-194)	102 (131)

休明初戦	休明2走	休明3走	連闘
110 (1199)	88 (-812)	77 (-367)	102 (2)

しっかり仕上げて使うため「休み明け」「新馬」が狙い目

実はダートの妙味度が高い。これはカフェファラオが出る前からの傾向。芝に関しては、東京が好走率も高く狙いやすい。しっかり仕上げてから使うスタイルだけに、「休み明け」の利益度ベスト9位は納得。「新馬」も儲かる。

2020年ランキング　4位
安田 隆行

2020年成績	順位	着別度数	単回収	複回収
全体	4	46-40-46-229/361	51	71
芝	21	21-16-20-101/158	53	68
ダート	4	23-21-26-121/191	49	74

妙味度(利益度)　全体 100 (58)

芝 97 (-467)	ダート 103 (542)	障害 103 (31)		
短距離 103 (500)	中距離 98 (-244)	長距離 85 (-384)		
左回り 102 (223)	右回り 99 (-130)				

札幌 116 (229)	函館 115 (138)	福島 90 (-188)
新潟 86 (-452)	東京 113 (324)	中山 108 (189)
中京 99 (-36)	阪神 102 (144)	小倉 94 (-214)

芝道悪 105 (269)	ダ道悪 106 (461)

新馬	未勝利	1～3勝C	OP	重賞
109 (253)	97 (-303)	98 (-316)	102 (129)	101 (40)

2歳	3歳	4歳	5歳以上
103 (160)	94 (-858)	110 (986)	100 (20)

休明初戦	休明2走	休明3走	連闘
99 (-141)	91 (-761)	106 (267)	110 (94)

短距離は強いだけじゃなく妙味度も高い!!

2020年はダノンスマッシュで香港スプリントを制覇。イメージ通り距離が短いほうが狙える。ただ、芝よりもダートの妙味度が高く、妙味を追うならダート短距離狙いが現実的か。「4歳」は利益度ベスト8位で、遅咲きの活躍馬も多い。

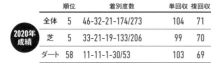

2020年ランキング　5位
藤沢 和雄

2020年成績		順位	着別度数	単回収	複回収
	全体	5	46-32-21-174/273	104	71
	芝	5	33-21-19-133/206	99	70
	ダート	58	11-11-1-30/53	103	69

妙味度(利益度)　全体　96 (-984)

芝 98 (-484)	ダート 94 (-314)	障害 88 (-173)
短距離 104 (567)	中距離 89 (-1407)	長距離 92 (-145)

左回り 99 (-124)	右回り 95 (-670)

札幌 103 (81)	函館 93 (-91)	福島 58 (-416)
新潟 98 (-27)	東京 99 (-54)	中山 97 (-225)
中京 90 (-129)	阪神 87 (-103)	小倉 123 (23)

芝道悪 92 (-442)	ダ道悪 101 (9)

新馬 84 (-267)	未勝利 101 (63)	1～3勝C 104 (348)	OP 82 (-1462)	重賞 85 (-748)

2歳 99 (-32)	3歳 95 (-490)	4歳 105 (451)	5歳以上 84 (-825)

休明初戦 96 (-499)	休明2走 90 (-612)	休明3走 106 (138)	連闘 88 (-25)

最後のシーズンとなるが
それでも買うのは我慢

　常に過剰人気してしまうので妙味度は低い。特に「新馬」「OP」「重賞」では過度な期待をされがちなので、逆張りに徹するべき。もし買うなら「未勝利」「1～3勝クラス」か。「最後の○○」に踊らされないように気をつけたい。

2020年ランキング　6位
国枝 栄

2020年成績		順位	着別度数	単回収	複回収
	全体	6	44-39-21-197/301	67	66
	芝	3	36-31-15-143/225	62	64
	ダート	95	8-7-6-54/75	82	70

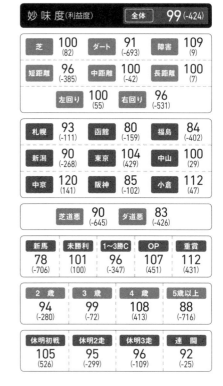

妙味度(利益度)　全体　99 (-424)

芝 100 (82)	ダート 91 (-693)	障害 109 (9)
短距離 96 (-385)	中距離 100 (-42)	長距離 100 (7)

左回り 100 (55)	右回り 96 (-531)

札幌 93 (-111)	函館 80 (-159)	福島 84 (-402)
新潟 90 (-268)	東京 104 (429)	中山 100 (29)
中京 120 (141)	阪神 85 (-102)	小倉 112 (47)

芝道悪 90 (-645)	ダ道悪 83 (-426)

新馬 78 (-706)	未勝利 101 (100)	1～3勝C 96 (-347)	OP 107 (451)	重賞 112 (431)

2歳 94 (-280)	3歳 99 (-72)	4歳 108 (413)	5歳以上 88 (-716)

休明初戦 105 (526)	休明2走 95 (-299)	休明3走 96 (-109)	連闘 92 (-25)

アーモンドアイのイメージで
芝の中長距離の上級条件

　2020年はアーモンドアイが芝GI9冠を達成。アーモンドアイのイメージで「芝の中長距離」「東京」「オープン」「休み明け初戦」が狙う際のポイントになる。ただし、妙味度は高くないだけに、消しで利用するほうが有効かもしれない。

2020年ランキング 7位
杉山 晴紀

	順位	着別度数	単回収	複回収
2020年成績 全体	7	42-29-34-255/360	78	83
芝	16	22-10-15-111/158	115	75
ダート	12	17-18-17-138/190	48	89

妙味度(利益度) **全体 105**(1968)

芝	110 (1560)	ダート	103 (607)	障害	89 (-130)
短距離	101 (174)	中距離	110 (1881)	長距離	99 (-16)
左回り	106 (529)	右回り	106 (1483)		

札幌	113 (144)	函館	139 (316)	福島	98 (-30)
新潟	104 (114)	東京	125 (517)	中山	91 (-112)
中京	95 (-189)	阪神	95 (-433)	小倉	128 (1049)

芝道悪	105 (256)	ダ道悪	97 (-263)

新馬	未勝利	1～3勝C	OP	重賞
103 (90)	107 (940)	106 (672)	99 (-49)	106 (126)

2 歳	3 歳	4 歳	5歳以上
106 (346)	109 (1704)	102 (69)	98 (-136)

休明初戦	休明2走	休明3走	連 闘
110 (819)	94 (-304)	115 (537)	144 (887)

誰もが知る存在になる前に
狙っておきたい新進気鋭の厩舎

　2020年はデアリングタクトが牝馬三冠を達成。2016年開業ながら、すでに5頭の重賞勝ち馬を送り出している。全体的に過小評価されており、今のうちに狙っておきたい。「中距離」「小倉」「3歳」「連闘」は利益度ベスト10位入り。

2020年ランキング 8位
音無 秀孝

	順位	着別度数	単回収	複回収
2020年成績 全体	8	38-44-34-237/353	109	92
芝	11	24-30-21-150/225	93	92
ダート	35	13-12-13-83/121	145	91

妙味度(利益度) **全体 102**(843)

芝	102 (481)	ダート	102 (215)	障害	104 (31)
短距離	105 (918)	中距離	98 (-310)	長距離	103 (100)
左回り	112 (992)	右回り	99 (-334)		

札幌	90 (-113)	函館	96 (-44)	福島	107 (57)
新潟	97 (-61)	東京	108 (130)	中山	104 (89)
中京	121 (909)	阪神	99 (-135)	小倉	109 (363)

芝道悪	104 (236)	ダ道悪	92 (-435)

新馬	未勝利	1～3勝C	OP	重賞
83 (-487)	108 (853)	108 (1017)	95 (-377)	106 (191)

2 歳	3 歳	4 歳	5歳以上
97 (-110)	106 (819)	103 (216)	99 (-138)

休明初戦	休明2走	休明3走	連 闘
94 (-663)	112 (807)	101 (24)	37 (-126)

上位の常連ながら妙味あり
ひと叩きでの上昇を狙え!

　2014年以降、常にリーディング10位以内をキープしていながら、やや過小評価傾向。「新馬」「休み明け初戦」の妙味度が低く、「未勝利」「休み明け2走目」の妙味度が高いというのが馬券的なポイントか。「中京」は利益度ベスト4位。

厩舎 TOP 20

2020年リーディング 9位
池江 泰寿

2020年成績		順位	着別度数	単回収	複回収
	全体	9	38-37-30-209/314	71	72
	芝	6	31-29-23-173/256	77	65
	ダート	150	4-8-6-35/53	32	96

妙味度(利益度)　全体 96 (-1101)

芝 97 (-749)	ダート 90 (-528)	障害 99 (-4)
短距離 91 (-795)	中距離 100 (-53)	長距離 94 (-290)
左回り 93 (-615)	右回り 97 (-555)	

札幌 107 (94)	函館 105 (20)	福島 88 (-121)
新潟 100 (0)	東京 87 (-429)	中山 88 (-265)
中京 95 (-184)	阪神 93 (-531)	小倉 104 (123)

| 芝道悪 87 (-972) | ダ道悪 96 (-94) |

| 新馬 92 (-178) | 未勝利 96 (-355) | 1~3勝C 94 (-430) | OP 104 (371) | 重賞 107 (367) |

| 2歳 91 (-359) | 3歳 99 (-108) | 4歳 102 (141) | 5歳以上 89 (-974) |

| 休明初戦 96 (-384) | 休明2走 95 (-296) | 休明3走 109 (374) | 連闘 197 (194) |

有名厩舎だけに
人気になりやすく妙味は少ない

オルフェーヴルなど多数のGI馬を送り出したことで常に過剰人気するため、妙味は少ない。特徴的なのは、クラスが上がるほど妙味度が高くなるという点と、中央開催よりローカルのほうが妙味度が高いという点か。

2020年リーディング 10位
西村 真幸

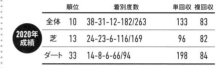

2020年成績		順位	着別度数	単回収	複回収
	全体	10	38-31-12-182/263	133	83
	芝	13	24-23-6-116/169	96	82
	ダート	33	14-8-6-66/94	198	84

妙味度(利益度)　全体 102 (585)

芝 107 (1224)	ダート 95 (-502)	障害 73 (0)
短距離 99 (-157)	中距離 105 (559)	長距離 112 (162)
左回り 96 (-215)	右回り 104 (903)	

札幌 105 (74)	函館 112 (258)	福島 95 (-53)
新潟 83 (-182)	東京 66 (-271)	中山 138 (379)
中京 104 (137)	阪神 106 (419)	小倉 92 (-266)

| 芝道悪 99 (-47) | ダ道悪 91 (-373) |

| 新馬 98 (-33) | 未勝利 100 (-1) | 1~3勝C 107 (789) | OP 93 (-350) | 重賞 82 (-460) |

| 2歳 99 (-41) | 3歳 101 (138) | 4歳 108 (405) | 5歳以上 104 (219) |

| 休明初戦 114 (1060) | 休明2走 108 (438) | 休明3走 114 (406) | 連闘 98 (-38) |

休み明け初戦と
急坂コースで注目!!

2015年開業で、2019年に一気にリーディング10位まで浮上した。2020年はフェアリーポルカとタイセイビジョンで重賞3勝。「休み明け初戦」は利益度ベスト10位。急坂コース(阪神、中京、中山)の妙味度が高いのも特徴。

2020年ランキング　　11位
藤原 英昭

2020年成績		順位	着別度数	単回収	複回収
	全体	11	38-19-29-183/269	124	88
	芝	9	28-14-22-135/199	152	99
	ダート	75	10-5-6-46/67	45	57

妙味度(利益度)　　全体 95(-1217)

芝 97 (-516)	ダート 89 (-751)	障害 105 (14)
短距離 97 (-371)	中距離 93 (-842)	長距離 100 (6)
左回り 99 (-79)	右回り 93 (-1104)	

札幌 103 (38)	函館 86 (-83)	福島 79 (-63)
新潟 85 (-527)	東京 107 (290)	中山 89 (-79)
中京 102 (88)	阪神 94 (-384)	小倉 105 (50)

芝道悪 85 (-867)	ダ道悪 93 (-188)

新馬 84 (-395)	末勝利 97 (-134)	1～3C 94 (-666)	OP 96 (-244)	重賞 103 (121)

2歳 89 (-386)	3歳 95 (-475)	4歳 89 (-567)	5歳以上 104 (342)

休明初戦 96 (-411)	休明2走 100 (-18)	休明3走 97 (-116)	連闘 80 (-161)

ベタ買いの回収率は高いが
妙味度は低いので要注意

　2018年のリーディングトレーナー。「好走率は高いが妙味はない」というのが実態。2020年は芝の単勝回収率が152%になっているが、これは単勝万馬券によるもの。2021年も金鯱賞のギベオンによって確実にそうなる。

2020年ランキング　　12位
清水 久詞

2020年成績		順位	着別度数	単回収	複回収
	全体	12	37-36-42-312/427	65	71
	芝	12	24-24-29-192/269	68	78
	ダート	72	10-9-10-113/142	54	53

妙味度(利益度)　　全体 100(-127)

芝 104 (1151)	ダート 89 (-1597)	障害 108 (128)
短距離 101 (175)	中距離 95 (-853)	長距離 108 (215)
左回り 97 (-237)	右回り 100 (-33)	

札幌 66 (-134)	函館 118 (255)	福島 108 (218)
新潟 94 (-194)	東京 99 (-34)	中山 101 (20)
中京 97 (-102)	阪神 102 (296)	小倉 76 (-1017)

芝道悪 96 (-341)	ダ道悪 96 (-258)

新馬 92 (-274)	末勝利 94 (-1113)	1～3C 104 (500)	OP 122 (1121)	重賞 102 (31)

2歳 99 (-55)	3歳 95 (-1009)	4歳 97 (-119)	5歳以上 109 (860)

休明初戦 85 (-1289)	休明2走 100 (-26)	休明3走 105 (228)	連闘 71 (-493)

クラスが上がるほど良く
使いながら上向いていく

　キタサンブラックで一躍有名になった厩舎だが、過剰人気はしていない。クラスが上がるほど妙味度が高くなり、「OP」の利益度はベスト5位。叩き良化型で「休み明け初戦」は割引。「小倉」は利益度ワースト2位と良くない。

2020年ランキング 13位
須貝 尚介

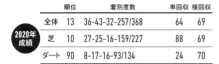

2020年成績	順位	着別度数	単回収	複回収
全体	13	36-43-32-257/368	64	69
芝	10	27-25-16-159/227	88	69
ダート	90	8-17-16-93/134	24	70

妙味度(利益度)　全体 98(-638)

芝 99(-238)	ダート 97(-403)	障害 89(-78)
短距離 99(-107)	中距離 99(-158)	長距離 86(-398)

左回り 98(-160)	右回り 99(-368)

札幌 111(326)	函館 109(218)	福島 75(-448)
新潟 93(-171)	東京 103(64)	中山 124(294)
中京 94(-293)	阪神 103(288)	小倉 99(-29)

芝道悪 97(-136)	ダ道悪 88(-582)

新馬	未勝利	1～3勝C	OP	重賞
117(520)	92(-883)	98(-207)	94(-384)	101(40)

2歳	3歳	4歳	5歳以上
106(380)	93(-897)	93(-427)	102(222)

休明初戦	休明2走	休明3走	連闘
93(-663)	99(-92)	102(70)	87(-246)

全体の妙味度は低いが
新馬や2歳戦は狙うべき

　ゴールドシップ、ジャスタウェイなど、古馬の大物のイメージが強いが、実は「新馬」「2歳」の妙味度が高いのがポイント。2020年は白毛のソダシで阪神JFを制覇したが、2020年までの重賞38勝のうち2歳戦が10勝と多くを占める。

2020年ランキング 14位
中内田 充正

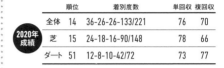

2020年成績	順位	着別度数	単回収	複回収
全体	14	36-26-26-133/221	76	70
芝	15	24-18-16-90/148	78	66
ダート	51	12-8-10-42/72	73	77

妙味度(利益度)　全体 99(-156)

芝 100(-53)	ダート 99(-98)	障害 119(19)
短距離 100(17)	中距離 99(-55)	長距離 80(-143)

左回り 93(-409)	右回り 101(139)

札幌 93(-54)	函館 83(-105)	福島 50(-100)
新潟 77(-352)	東京 84(-283)	中山 98(-11)
中京 104(114)	阪神 105(313)	小倉 86(-130)

芝道悪 80(-1016)	ダ道悪 97(-118)

新馬	未勝利	1～3勝C	OP	重賞
103(80)	100(-2)	102(145)	97(-134)	95(-153)

2歳	3歳	4歳	5歳以上
103(92)	100(40)	104(140)	81(-812)

休明初戦	休明2走	休明3走	連闘
99(-46)	96(-194)	94(-100)	48(0)

高い好走率を誇るが
買われやすい厩舎

　2020年はグレナディアガーズで朝日杯FSを制覇。出走数が極端に少なく、好走率は4割前後あるが、あまり妙味はない。「新馬」「2歳」や「阪神」「中京」は好走率も妙味度も高く、狙うとしたらここか。

2020年ランキング　15位
斉藤 崇史

2020年成績	順位	着別度数	単回収	複回収
全体	15	34-30-19-182/265	92	74
芝	8	29-20-15-98/162	140	102
ダート	142	5-6-2-61/74	21	32

妙 味 度 (利益度)　　　全体 100 (92)

芝 107 (1185)	ダート 90 (-758)	障害 77 (-672)
短距離 102 (174)	中距離 102 (209)	長距離 94 (-259)
左回り 103 (164)	右回り 102 (330)	

札幌 112 (0)	函館 49 (0)	福島 71 (-402)
新潟 107 (121)	東京 118 (327)	中山 99 (-10)
中京 88 (-349)	阪神 101 (54)	小倉 95 (-142)

芝道悪 104 (213)	ダ道悪 79 (-746)

新馬 99 (-27)	未勝利 100 (2)	1～3勝C 93 (-525)	OP 136 (1211)	重賞 154 (1446)

2 歳 111 (369)	3 歳 104 (465)	4 歳 87 (-924)	5歳以上 96 (-175)

休明初戦 100 (-2)	休明2走 91 (-527)	休明3走 84 (-301)	連 闘 56 (-263)

重賞を含むオープンに強く特に芝や2、3歳戦で注目!!

2016年開業。2020年はクロノジェネシスで宝塚記念、有馬記念、ラウダシオンでNHKマイルCを制覇。「OP（重賞含む）」は利益度ベスト4位で、特に芝や2、3歳戦のOPが狙い目。2021年もラーゴムできさらぎ賞を勝っている。

2020年ランキング　16位
木村 哲也

2020年成績	順位	着別度数	単回収	複回収
全体	16	34-25-26-153/238	66	69
芝	7	31-23-21-113/188	81	75
ダート	172	3-2-5-38/48	12	51

妙 味 度 (利益度)　　　全体 101 (341)

芝 102 (287)	ダート 101 (38)	障害 81 (-38)
短距離 102 (166)	中距離 103 (347)	長距離 95 (-66)
左回り 104 (508)	右回り 99 (-145)	

札幌 100 (5)	函館 116 (187)	福島 79 (-254)
新潟 114 (355)	東京 103 (248)	中山 103 (213)
中京 74 (-105)	阪神 72 (-139)	小倉 21 (-237)

芝道悪 97 (-127)	ダ道悪 97 (-60)

新馬 115 (442)	未勝利 108 (502)	1～3勝C 97 (-259)	OP 88 (-434)	重賞 91 (-246)

2 歳 115 (642)	3 歳 104 (390)	4 歳 89 (-580)	5歳以上 92 (-354)

休明初戦 103 (361)	休明2走 97 (-156)	休明3走 86 (-261)	連 闘 21 (0)

下級条件、2、3歳戦、休み明けで妙味あり

2020年は関東リーディング4位。出走数の多い「東京」「中山」「新潟」でしっかり結果を出していることがわかる。ポイントは「下級条件のほうが良い」「2、3歳戦のほうが良い」「休み明けのほうが良い」といったところか。

厩舎 TOP 20

2020年ランキング **17位**

手塚 貴久

	順位	着別度数	単回収	複回収
全体	17	33-30-26-204/293	100	96
芝	14	24-20-20-147/211	88	87
ダート	84	9-10-6-56/81	131	119

2020年成績

妙味度(利益度)　**全体 100 (0)**

芝	103 (634)	ダート	94 (-496)	障害	21 (-79)
短距離	102 (366)	中距離	98 (-242)	長距離	97 (-48)
左回り	99 (-92)	右回り	100 (47)		

札幌	106 (62)	函館	91 (-52)	福島	100 (4)
新潟	99 (-28)	東京	102 (173)	中山	100 (22)
中京	63 (-184)	阪神	116 (194)	小倉	92 (-75)

芝道悪	108 (544)	ダ道悪	110 (265)

新馬	未勝利	1～3勝C	OP	重賞
112 (286)	100 (-1)	95 (-781)	111 (493)	117 (562)

2 歳	3 歳	4 歳	5歳以上
115 (772)	96 (-483)	100 (25)	89 (-667)

休明初戦	休明2走	休明3走	連闘
102 (204)	88 (-736)	95 (-158)	76 (-71)

年によってムラあり
狙うなら2歳戦と休み明け初戦

　2020年はフィエールマンで天皇賞春を制覇。妙味度100、利益度0で過大評価も過小評価もされていない。ただし、常に安定しているわけではなく、年によってムラがある。安定して妙味度が高いのは「2歳戦」「休み明け初戦」ぐらい。

2020年ランキング **18位**

伊藤 圭三

	順位	着別度数	単回収	複回収
全体	18	33-28-29-223/313	60	78
芝	109	6-4-4-51/65	74	78
ダート	1	27-24-25-171/247	57	78

2020年成績

妙味度(利益度)　**全体 97 (-1074)**

芝	83 (-1128)	ダート	102 (374)	障害	63 (-37)
短距離	99 (-271)	中距離	92 (-722)	長距離	86 (-173)
左回り	99 (-185)	右回り	95 (-781)		

札幌	90 (-204)	函館	88 (-216)	福島	121 (422)
新潟	97 (-67)	東京	102 (246)	中山	89 (-895)
中京	73 (-327)	阪神	71 (-233)	小倉	96 (-40)

芝道悪	96 (-66)	ダ道悪	105 (505)

新馬	未勝利	1～3勝C	OP	重賞
83 (-426)	106 (467)	95 (-825)	78 (-376)	43 (-683)

2 歳	3 歳	4 歳	5歳以上
92 (-429)	104 (623)	83 (-1151)	94 (-278)

休明初戦	休明2走	休明3走	連闘
92 (-501)	89 (-504)	122 (789)	173 (800)

未勝利戦、1勝クラスを
叩いて叩いて馬券になる

　2020年はダート勝利数1位。勝ち鞍の7～8割が未勝利と1勝クラスで、JRA重賞勝ち馬はスマートボーイ以降出ていない。「連闘」は利益度6位、「休み明け3走目」は利益度9位と、ダート厩舎らしく叩いて結果を出していることがわかる。

2020年ランキング 19位
佐々木 晶三

2020年成績	順位	着別度数	単回収	複回収
全体	19	33-22-31-172/258	80	83
芝	23	18-15-13-80/126	110	85
ダート	26	15-7-18-88/128	53	83

妙味度(利益度) 全体 106(1667)

芝	ダート	障害
102 (208)	113 (1622)	71 (-117)

短距離	中距離	長距離
108 (989)	107 (901)	84 (-110)

左回り	右回り
108 (441)	107 (1461)

札幌	函館	福島
124 (312)	105 (42)	131 (282)

新潟	東京	中山
102 (36)	49 (-205)	112 (48)

中京	阪神	小倉
110 (347)	109 (742)	95 (-133)

芝道悪	ダ道悪
106 (195)	110 (642)

新馬	未勝利	1～3勝C	OP	重賞
108 (92)	107 (539)	107 (885)	90 (-115)	112 (84)

2歳	3歳	4歳	5歳以上
121 (529)	100 (-23)	109 (464)	107 (540)

休明初戦	休明2走	休明3走	連闘
108 (691)	108 (468)	87 (-418)	144 (219)

近年、妙味度を上げており
特注は裏開催のダート

　2020年は久々にリーディング上位に食い込んだ。2018年から妙味度が上がってきており、キズナ以降平地の大物が出ていないのも過小評価の原因か。ダートの妙味度は優秀で、特に裏開催を狙いすましてきたときが買い。

2020年ランキング 20位
池添 学

2020年成績	順位	着別度数	単回収	複回収
全体	20	33-22-22-197/274	81	78
芝	19	21-17-13-135/186	63	81
ダート	64	11-5-9-58/83	110	73

妙味度(利益度) 全体 96(-1060)

芝	ダート	障害
96 (-693)	95 (-430)	118 (90)

短距離	中距離	長距離
101 (127)	92 (-1064)	106 (51)

左回り	右回り
102 (111)	94 (-1224)

札幌	函館	福島
74 (-206)	92 (-85)	103 (48)

新潟	東京	中山
104 (70)	107 (104)	131 (283)

中京	阪神	小倉
98 (-37)	86 (-1064)	87 (-497)

芝道悪	ダ道悪
96 (-221)	108 (286)

新馬	未勝利	1～3勝C	OP	重賞
104 (71)	97 (-160)	94 (-763)	107 (338)	113 (302)

2歳	3歳	4歳	5歳以上
98 (-63)	96 (-431)	95 (-377)	96 (-284)

休明初戦	休明2走	休明3走	連闘
95 (-460)	98 (-109)	104 (136)	128 (313)

注目されやすいので
逆張りに使うべき

　2020年はサラキアで府中牝馬Sを、エアアルマスで東海Sを制覇。ノーザンファーム生産の素質馬が入ることで注目されるため、全体的に妙味度が低い。特に出走数の多い関西圏の競馬場では狙えない。逆張りに使うべきか。

厩舎

相沢 郁

2020年ランキング 56位

妙味度（利益度）　　　**全体** 103 (856)

芝	97 (-462)	ダート	109 (1292)	障害	42 (0)
短距離	98 (-248)	中距離	101 (210)	長距離	148 (1109)

左回り	102 (323)	右回り	104 (665)

札幌	109 (90)	函館	104 (43)	福島	91 (-195)
新潟	86 (-477)	東京	110 (1044)	中山	108 (858)
中京	76 (-167)	阪神	84 (-64)	小倉	21 (-474)

芝道悪	101 (68)	ダ道悪	100 (11)

新馬	未勝利	1～3勝C	OP	重賞
139 (1169)	101 (94)	98 (-290)	108 (295)	101 (23)

2歳	3歳	4歳	5歳以上
105 (273)	106 (760)	97 (-200)	94 (-313)

休明初戦	休明2走	休明3走	連闘
80 (-1400)	99 (-55)	115 (517)	108 (40)

POINT 長距離ほど○。休み明けは3走目。

青木 孝文

2020年ランキング 136位

妙味度（利益度）　　　**全体** 105 (1315)

芝	112 (2008)	ダート	93 (-804)	障害	99 (-10)
短距離	108 (1260)	中距離	103 (323)	長距離	82 (-319)

左回り	89 (-1206)	右回り	115 (2536)

札幌	138 (799)	函館	130 (178)	福島	101 (25)
新潟	85 (-649)	東京	107 (435)	中山	127 (2180)
中京	59 (-617)	阪神	45 (-383)	小倉	94 (-72)

芝道悪	134 (1539)	ダ道悪	107 (287)

新馬	未勝利	1～3勝C	OP	重賞
69 (-835)	119 (1923)	101 (117)	84 (-158)	103 (12)

2歳	3歳	4歳	5歳以上
117 (1328)	97 (-311)	110 (447)	93 (-446)

休明初戦	休明2走	休明3走	連闘
97 (-181)	94 (-280)	92 (-198)	99 (-25)

POINT 「芝」利益度ベスト6位。短距離ほど○。

浅野 洋一郎

2020年ランキング 165位

妙味度（利益度）　　　**全体** 83 (-2993)

芝	66 (-1447)	ダート	91 (-1056)	障害	83 (-436)
短距離	89 (-1157)	中距離	73 (-1189)	長距離	75 (-662)

左回り	87 (-812)	右回り	81 (-1643)

札幌	116 (209)	函館	92 (-38)	福島	86 (-273)
新潟	44 (-892)	東京	91 (-417)	中山	72 (-1313)
中京	134 (344)	阪神	63 (-259)	小倉	56 (-567)

芝道悪	53 (-756)	ダ道悪	93 (-248)

新馬	未勝利	1～3勝C	OP	重賞
75 (-404)	90 (-773)	81 (-1571)	31 (-137)	21 (0)

2歳	3歳	4歳	5歳以上
80 (-611)	91 (-621)	63 (-1023)	77 (-1237)

休明初戦	休明2走	休明3走	連闘
89 (-404)	92 (-204)	124 (313)	21 (-948)

POINT 「全体」利益度ワースト4位。芝は×。連闘は×。

浅見 秀一

2020年ランキング 25位

妙味度（利益度）　　　**全体** 101 (403)

芝	94 (-747)	ダート	104 (744)	障害	115 (407)
短距離	103 (693)	中距離	80 (-1651)	長距離	118 (573)

左回り	108 (562)	右回り	97 (-724)

札幌	81 (-453)	函館	82 (-145)	福島	133 (429)
新潟	97 (-86)	東京	126 (464)	中山	91 (-149)
中京	112 (378)	阪神	104 (363)	小倉	105 (134)

芝道悪	92 (-250)	ダ道悪	113 (1122)

新馬	未勝利	1～3勝C	OP	重賞
117 (417)	101 (109)	101 (172)	96 (-136)	94 (-24)

2歳	3歳	4歳	5歳以上
97 (-218)	103 (462)	104 (169)	98 (-129)

休明初戦	休明2走	休明3走	連闘
108 (333)	104 (143)	85 (-411)	55 (-316)

POINT 下位クラスほど○。休み明け3走目は×。

安達 昭夫

2020年
ランキング
89位

妙味度（利益度）		全体	113 (2764)

芝	111 (867)	ダート	118 (2290)	障害	54 (-324)
短距離	103 (289)	中距離	125 (2817)	長距離	71 (-324)

左回り	109 (240)	右回り	117 (2994)

札幌	117 (0)	函館	130 (266)	福島	100 (-1)
新潟	54 (-137)	東京	109 (37)	中山	147 (47)
中京	114 (289)	阪神	103 (242)	小倉	124 (284)

芝道悪	106 (137)	ダ道悪	117 (847)

新馬	未勝利	1～3勝C	OP	重賞
84 (-268)	123 (1883)	111 (644)	116 (383)	94 (-84)

2 歳	3 歳	4 歳	5歳以上
100 (9)	120 (1800)	120 (314)	103 (239)

休明初戦	休明2走	休明3走	連闘
107 (335)	110 (289)	124 (666)	54 (-46)

POINT ▶ 「ダート」利益度ベスト4位。休み明けは3走目。

荒川 義之

2020年
ランキング
91位

妙味度（利益度）		全体	115 (4918)

芝	119 (2530)	ダート	111 (1915)	障害	130 (516)
短距離	126 (3445)	中距離	106 (922)	長距離	127 (865)

左回り	124 (1405)	右回り	113 (3152)

札幌	74 (-423)	函館	97 (-37)	福島	108 (124)
新潟	125 (554)	東京	98 (-7)	中山	105 (42)
中京	124 (867)	阪神	133 (3147)	小倉	116 (559)

芝道悪	129 (1155)	ダ道悪	110 (690)

新馬	未勝利	1～3勝C	OP	重賞
119 (472)	108 (1204)	118 (1930)	148 (1239)	129 (351)

2 歳	3 歳	4 歳	5歳以上
103 (134)	116 (2402)	102 (113)	137 (2501)

休明初戦	休明2走	休明3走	連闘
128 (1632)	112 (593)	119 (623)	67 (-399)

POINT ▶ 「全体」利益度ベスト1位。オープン戦で○。

飯田 祐史

2020年
ランキング
85位

妙味度（利益度）		全体	104 (992)

芝	93 (-565)	ダート	104 (514)	障害	133 (365)
短距離	103 (462)	中距離	100 (22)	長距離	127 (323)

左回り	83 (-750)	右回り	105 (963)

札幌	92 (-61)	函館	96 (-28)	福島	86 (-180)
新潟	106 (91)	東京	110 (40)	中山	122 (110)
中京	65 (-1004)	阪神	109 (643)	小倉	82 (-483)

芝道悪	127 (557)	ダ道悪	102 (163)

新馬	未勝利	1～3勝C	OP	重賞
91 (-181)	118 (1466)	94 (-647)	107 (119)	85 (-91)

2 歳	3 歳	4 歳	5歳以上
86 (-371)	116 (1584)	87 (-778)	112 (562)

休明初戦	休明2走	休明3走	連闘
106 (427)	110 (566)	120 (629)	90 (-20)

POINT ▶ 芝よりもダート。休み明けは3走目。

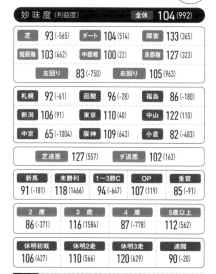

飯田 雄三

2020年
ランキング
125位

妙味度（利益度）		全体	102 (397)

芝	85 (-1008)	ダート	109 (1207)	障害	86 (-70)
短距離	108 (769)	中距離	100 (-11)	長距離	84 (-94)

左回り	86 (-513)	右回り	106 (932)

札幌	121 (165)	函館	49 (0)	福島	100 (2)
新潟	95 (-60)	東京	177 (153)	中山	138 (76)
中京	81 (-503)	阪神	104 (322)	小倉	88 (-169)

芝道悪	90 (-175)	ダ道悪	108 (483)

新馬	未勝利	1～3勝C	OP	重賞
87 (-329)	111 (977)	84 (-1050)	118 (176)	41 (-59)

2 歳	3 歳	4 歳	5歳以上
106 (217)	102 (164)	83 (-483)	112 (462)

休明初戦	休明2走	休明3走	連闘
100 (-3)	87 (-379)	82 (-475)	77 (-163)

POINT ▶ 芝よりもダート。短距離ほど○。

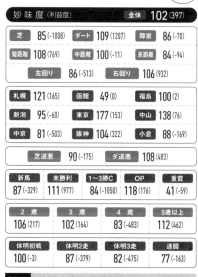

厩舎

五十嵐 忠男

2020年ランキング 107位

妙味度（利益度）		全体 102(553)

芝 106(361)	ダート 96(-555)	障害 138(644)
短距離 97(-315)	中距離 99(-85)	長距離 135(662)

左回り 101(33)	右回り 98(-315)

札幌 105(34)	函館 103(27)	福島 60(0)
新潟 109(137)	東京 117(122)	中山 85(-87)
中京 99(-30)	阪神 107(574)	小倉 82(-308)

芝道悪 83(-239)	ダ道悪 102(152)

新馬	未勝利	1～3勝C	OP	重賞
80(-436)	102(146)	101(65)	131(709)	54(-368)

2歳	3歳	4歳	5歳以上
95(-231)	104(394)	92(-101)	113(877)

休明初戦	休明2走	休明3走	連闘
90(-517)	110(390)	98(-57)	134(134)

POINT 「障害」利益度ベスト2位。長距離ほど○。

池上 昌和

2020年ランキング 101位

妙味度（利益度）		全体 97(-573)

芝 100(-29)	ダート 96(-438)	障害 55(-135)
短距離 96(-431)	中距離 100(-23)	長距離 86(-130)

左回り 99(-125)	右回り 96(-453)

札幌 108(76)	函館 90(-103)	福島 88(-288)
新潟 99(-16)	東京 99(-54)	中山 100(27)
中京 105(49)	阪神 107(34)	小倉 59(-165)

芝道悪 103(77)	ダ道悪 92(-385)

新馬	未勝利	1～3勝C	OP	重賞
100(-2)	98(-206)	98(-178)	58(-379)	44(-169)

2歳	3歳	4歳	5歳以上
95(-162)	97(-337)	100(-22)	86(-690)

休明初戦	休明2走	休明3走	連闘
106(406)	99(-69)	95(-158)	133(98)

POINT 上位クラスほど×。休み明けは初戦。

池添 兼雄

2020年ランキング 103位

妙味度（利益度）		全体 94(-1522)

芝 101(85)	ダート 86(-1279)	障害 58(-166)
短距離 88(-1705)	中距離 105(423)	長距離 75(-449)

左回り 99(-54)	右回り 94(-1264)

札幌 115(346)	函館 104(82)	福島 136(429)
新潟 68(-416)	東京 103(21)	中山 91(-68)
中京 111(261)	阪神 85(-1077)	小倉 117(261)

芝道悪 98(-93)	ダ道悪 80(-715)

新馬	未勝利	1～3勝C	OP	重賞
107(140)	94(-613)	94(-364)	83(-780)	103(80)

2歳	3歳	4歳	5歳以上
100(28)	92(-951)	92(-202)	87(-752)

休明初戦	休明2走	休明3走	連闘
71(-1754)	101(76)	103(106)	105(32)

POINT 高齢馬ほど×。休み明けは3走目。

伊坂 重信

2020年ランキング 190位

妙味度（利益度）		全体 83(-830)

芝 21(-1264)	ダート 91(-282)	障害 209(437)
短距離 95(-162)	中距離 21(-1185)	長距離 150(252)

左回り 85(-423)	右回り 55(-772)

札幌 ——	函館 ——	福島 21(-316)
新潟 21(-553)	東京 62(-644)	中山 58(-594)
中京 219(835)	阪神 21(-79)	小倉 ——

芝道悪 21(-237)	ダ道悪 200(299)

新馬	未勝利	1～3勝C	OP	重賞
21(-474)	113(141)	87(-393)	21(-79)	——

2歳	3歳	4歳	5歳以上
21(-1027)	21(-474)	21(-869)	154(1084)

休明初戦	休明2走	休明3走	連闘
21(-1264)	91(-87)	21(-474)	21(-316)

POINT 「障害」利益度ベスト9位。芝は×。

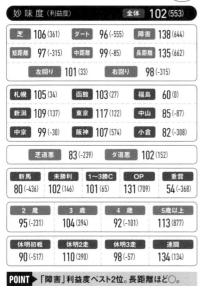

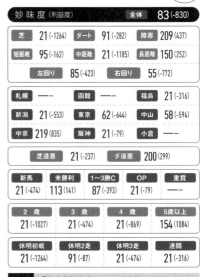

石栗 龍彦

2020年ランキング **186位**

妙味度（利益度）　　　全体 **95** (-1035)

芝 78 (-1056)	ダート 95 (-681)	障害 111 (64)
短距離 87 (-1772)	中距離 113 (637)	長距離 98 (-14)
左回り 88 (-882)	右回り 97 (-324)	

札幌 127 (323)	函館 45 (-328)	福島 151 (1486)
新潟 87 (-327)	東京 85 (-713)	中山 66 (-1778)
中京 99 (-8)	阪神 42 (0)	小倉 51 (-389)

芝道悪 68 (-418)	ダ道悪 81 (-1040)

新馬	未勝利	1〜3勝C	OP	重賞
21 (-1817)	110 (837)	96 (-266)	81 (-113)	21 (0)

2 歳	3 歳	4 歳	5歳以上
90 (-554)	71 (-1702)	82 (-569)	103 (157)

休明初戦	休明2走	休明3走	連闘
91 (-298)	99 (-25)	81 (-305)	46 (-428)

POINT ▶ 福島で○。道悪は×。連闘は×。

石毛 善彦

2020年ランキング **171位**

妙味度（利益度）　　　全体 **91** (-1891)

芝 106 (581)	ダート 74 (-2482)	障害 80 (-431)
短距離 94 (-875)	中距離 86 (-669)	長距離 78 (-639)
左回り 69 (-2483)	右回り 101 (63)	

札幌 127 (190)	函館 125 (343)	福島 80 (-528)
新潟 88 (-467)	東京 72 (-1507)	中山 105 (270)
中京 86 (-125)	阪神 36 (-192)	小倉 75 (-372)

芝道悪 100 (-14)	ダ道悪 85 (-460)

新馬	未勝利	1〜3勝C	OP	重賞
100 (-9)	77 (-2693)	105 (293)	76 (-411)	71 (-115)

2 歳	3 歳	4 歳	5歳以上
99 (-43)	73 (-2047)	104 (67)	101 (50)

休明初戦	休明2走	休明3走	連闘
68 (-1715)	98 (-56)	102 (34)	72 (-449)

POINT ▶ 「ダート」利益度ワースト4位。長距離ほど×。

石坂 公一

2020年ランキング **69位**

妙味度（利益度）　　　全体 **97** (-635)

芝 95 (-487)	ダート 99 (-79)	障害 75 (-152)
短距離 99 (-92)	中距離 92 (-779)	長距離 111 (182)
左回り 68 (-1017)	右回り 102 (429)	

札幌 64 (-469)	函館 62 (-382)	福島 77 (-255)
新潟 44 (-673)	東京 110 (30)	中山 125 (152)
中京 65 (-690)	阪神 102 (130)	小倉 117 (367)

芝道悪 85 (-479)	ダ道悪 103 (160)

新馬	未勝利	1〜3勝C	OP	重賞
119 (347)	98 (-209)	94 (-432)	126 (263)	21 (-395)

2 歳	3 歳	4 歳	5歳以上
94 (-177)	97 (-284)	79 (-211)	110 (605)

休明初戦	休明2走	休明3走	連闘
79 (-1100)	93 (-252)	112 (332)	21 (-395)

POINT ▶ 北海道・関東ローカルは×。休み明けは3走目。

石橋 守

2020年ランキング **143位**

妙味度（利益度）　　　全体 **96** (-953)

芝 89 (-1428)	ダート 102 (285)	障害 ——
短距離 97 (-516)	中距離 97 (-270)	長距離 75 (-99)
左回り 107 (206)	右回り 94 (-1259)	

札幌 48 (0)	函館 64 (-391)	福島 74 (-104)
新潟 137 (330)	東京 132 (95)	中山 21 (-237)
中京 90 (-181)	阪神 96 (-435)	小倉 96 (-145)

芝道悪 115 (525)	ダ道悪 89 (-692)

新馬	未勝利	1〜3勝C	OP	重賞
102 (40)	89 (-913)	98 (-236)	106 (79)	21 (-474)

2 歳	3 歳	4 歳	5歳以上
94 (-196)	99 (-82)	99 (-36)	88 (-1016)

休明初戦	休明2走	休明3走	連闘
95 (-287)	104 (220)	103 (122)	21 (-474)

POINT ▶ 芝よりもダート。新潟・東京で○。連闘は×。

厩舎

伊藤 伸一

2020年ランキング **150位**

妙味度（利益度） 全体 100 (75)

芝 116 (1717)	ダート 86 (-1691)	障害 120 (323)
短距離 94 (-862)	中距離 104 (362)	長距離 126 (619)

左回り 114 (1303)	右回り 91 (-1224)

札幌 125 (303)	函館 88 (-178)	福島 104 (82)
新潟 116 (519)	東京 120 (1261)	中山 79 (-1471)
中京 31 (-687)	阪神 79 (-126)	小倉 115 (214)

芝道悪 116 (578)	ダ道悪 79 (-962)

新馬	未勝利	1～3勝C	OP	重賞
53 (-899)	100 (9)	112 (1068)	63 (-336)	21 (-158)

2 歳	3 歳	4 歳	5歳以上
70 (-1778)	103 (260)	116 (554)	104 (251)

休明初戦	休明2走	休明3走	連闘
115 (521)	82 (-559)	130 (608)	64 (-426)

POINT 「芝」利益度ベスト9位。長距離ほど○。

伊藤 大士

2020年ランキング **148位**

妙味度（利益度） 全体 92 (-2306)

芝 95 (-791)	ダート 87 (-1414)	障害 21 (0)
短距離 90 (-1990)	中距離 92 (-638)	長距離 195 (475)

左回り 92 (-975)	右回り 93 (-1155)

札幌 58 (-635)	函館 90 (-73)	福島 84 (-373)
新潟 102 (70)	東京 88 (-1068)	中山 97 (-252)
中京 83 (-171)	阪神 56 (-176)	小倉 123 (325)

芝道悪 93 (-389)	ダ道悪 83 (-617)

新馬	未勝利	1～3勝C	OP	重賞
102 (63)	87 (-1416)	92 (-1007)	121 (228)	188 (439)

2 歳	3 歳	4 歳	5歳以上
95 (-307)	80 (-1861)	104 (246)	93 (-503)

休明初戦	休明2走	休明3走	連闘
87 (-988)	94 (-328)	103 (86)	113 (294)

POINT 「全体」利益度ワースト10位。長距離ほど○。

稲垣 幸雄

2020年ランキング **177位**

妙味度（利益度） 全体 92 (-1360)

芝 103 (138)	ダート 97 (-317)	障害 32 (-1289)
短距離 114 (1167)	中距離 86 (-922)	長距離 31 (-1309)

左回り 129 (1969)	右回り 76 (-1905)

札幌 98 (-13)	函館 56 (-352)	福島 64 (-619)
新潟 99 (-17)	東京 122 (1008)	中山 68 (-1210)
中京 169 (484)	阪神 21 (-316)	小倉 278 (535)

芝道悪 171 (848)	ダ道悪 117 (712)

新馬	未勝利	1～3勝C	OP	重賞
122 (410)	71 (-2468)	106 (340)	54 (-368)	21 (-79)

2 歳	3 歳	4 歳	5歳以上
92 (-374)	100 (19)	105 (119)	73 (-1402)

休明初戦	休明2走	休明3走	連闘
94 (-274)	118 (494)	100 (2)	88 (-60)

POINT 「障害」利益度ワースト1位。短距離ほど○。

岩戸 孝樹

2020年ランキング **98位**

妙味度（利益度） 全体 96 (-1063)

芝 92 (-1055)	ダート 97 (-526)	障害 123 (414)
短距離 100 (66)	中距離 85 (-1532)	長距離 109 (213)

左回り 96 (-412)	右回り 93 (-1134)

札幌 87 (-181)	函館 109 (116)	福島 86 (-454)
新潟 94 (-191)	東京 101 (120)	中山 93 (-644)
中京 104 (23)	阪神 84 (-48)	小倉 114 (193)

芝道悪 110 (420)	ダ道悪 93 (-331)

新馬	未勝利	1～3勝C	OP	重賞
121 (465)	92 (-1002)	94 (-817)	128 (484)	21 (0)

2 歳	3 歳	4 歳	5歳以上
100 (13)	92 (-1079)	91 (-591)	101 (45)

休明初戦	休明2走	休明3走	連闘
77 (-1314)	86 (-622)	126 (787)	94 (-81)

POINT 障害で○。オープン戦で○。休み明けは3走目。

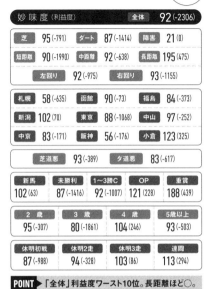

上原 博之

2020年ランキング 124位

妙味度（利益度）　全体 99 (-245)

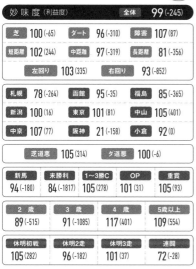

| 芝 100 (-65) | ダート 96 (-310) | 障害 107 (87) |
| 短距離 102 (244) | 中距離 97 (-319) | 長距離 81 (-356) |

左回り 103 (335)　右回り 93 (-852)

札幌 78 (-264)	函館 95 (-35)	福島 85 (-365)
新潟 100 (16)	東京 101 (81)	中山 105 (401)
中京 107 (77)	阪神 21 (-158)	小倉 92 (0)

芝道悪 105 (314)　ダ道悪 100 (-6)

| 新馬 94 (-180) | 未勝利 84 (-1817) | 1〜3勝C 105 (278) | OP 101 (31) | 重賞 105 (93) |

| 2歳 89 (-515) | 3歳 91 (-1085) | 4歳 117 (401) | 5歳以上 109 (554) |

| 休明初戦 105 (282) | 休明2走 96 (-182) | 休明3走 101 (37) | 連闘 72 (-28) |

 POINT 短距離ほど○。未勝利戦は×。2歳馬は×。

上村 洋行

2020年ランキング 82位

妙味度（利益度）　全体 100 (-91)

| 芝 95 (-470) | ダート 103 (354) | 障害 93 (-14) |
| 短距離 99 (-72) | 中距離 100 (39) | 長距離 85 (-49) |

左回り 100 (12)　右回り 100 (-82)

札幌 75 (-276)	函館 99 (-11)	福島 123 (162)
新潟 115 (73)	東京 104 (13)	中山 21 (-237)
中京 98 (-41)	阪神 110 (769)	小倉 108 (151)

芝道悪 133 (870)　ダ道悪 108 (399)

| 新馬 78 (-712) | 未勝利 111 (1005) | 1〜3勝C 96 (-313) | OP 75 (-75) | 重賞 21 (-79) |

| 2歳 105 (241) | 3歳 101 (80) | 4歳 103 (57) | 5歳以上 89 (-460) |

| 休明初戦 96 (-214) | 休明2走 89 (-376) | 休明3走 122 (374) | 連闘 94 (-19) |

 POINT 道悪で○。新馬戦は×。休み明け2走目は×。

梅田 智之
2020年ランキング 78位

妙味度（利益度）　全体 105 (1365)

| 芝 94 (-683) | ダート 114 (2227) | 障害 96 (-17) |
| 短距離 111 (1457) | 中距離 98 (-214) | 長距離 106 (73) |

左回り 120 (983)　右回り 101 (247)

札幌 108 (81)	函館 62 (-413)	福島 85 (-193)
新潟 155 (1483)	東京 106 (44)	中山 104 (53)
中京 102 (37)	阪神 100 (-24)	小倉 111 (388)

芝道悪 99 (-45)　ダ道悪 124 (1714)

| 新馬 76 (-480) | 未勝利 107 (625) | 1〜3勝C 103 (332) | OP 105 (183) | 重賞 108 (79) |

| 2歳 91 (-403) | 3歳 106 (665) | 4歳 110 (532) | 5歳以上 109 (649) |

| 休明初戦 114 (740) | 休明2走 98 (-84) | 休明3走 95 (-174) | 連闘 141 (497) |

POINT 「ダート」利益度ベスト6位。新潟で○。

蛯名 利弘
2020年ランキング 176位

妙味度（利益度）　全体 101 (222)

| 芝 81 (-1192) | ダート 108 (1258) | 障害 93 (-36) |
| 短距離 99 (-137) | 中距離 106 (550) | 長距離 85 (-73) |

左回り 97 (-257)　右回り 101 (172)

札幌 121 (148)	函館 109 (95)	福島 109 (356)
新潟 94 (-213)	東京 103 (137)	中山 91 (-520)
中京 77 (-277)	阪神 21 (-158)	小倉 75 (-373)

芝道悪 93 (-201)　ダ道悪 108 (467)

| 新馬 75 (-627) | 未勝利 98 (-257) | 1〜3勝C 102 (195) | OP 114 (14) | 重賞 89 (0) |

| 2歳 72 (-1328) | 3歳 102 (184) | 4歳 115 (540) | 5歳以上 91 (-400) |

| 休明初戦 48 (-2305) | 休明2走 84 (-536) | 休明3走 115 (290) | 連闘 89 (-85) |

POINT 芝よりもダート。休み明け初戦は×。

大江原 哲

2020年ランキング **80位**

妙味度（利益度）　　全体 **111** (3289)

芝 124 (3206)	ダート 109 (1279)	障害 66 (-675)
短距離 116 (2662)	中距離 109 (893)	長距離 93 (-220)

左回り 94 (-702)	右回り 127 (4602)

札幌 103 (51)	函館 106 (18)	福島 157 (1251)
新潟 80 (-667)	東京 102 (114)	中山 117 (1752)
中京 60 (-839)	阪神 144 (487)	小倉 138 (761)

芝道悪 165 (2665)	夕道悪 89 (-685)

新馬	未勝利	1～3勝C	OP	重賞
109 (210)	119 (2521)	100 (30)	88 (-214)	85 (-167)

2歳	3歳	4歳	5歳以上
127 (1754)	114 (1913)	92 (-325)	91 (-532)

休明初戦	休明2走	休明3走	連闘
120 (1292)	98 (-74)	118 (495)	90 (-148)

POINT 「芝」利益度ベスト1位。短距離ほど○。

大久保 龍志

2020年ランキング **28位**

妙味度（利益度）　　全体 **100** (2)

芝 102 (254)	ダート 97 (-468)	障害 102 (8)
短距離 94 (-711)	中距離 106 (831)	長距離 95 (-91)

左回り 100 (-2)	右回り 100 (-89)

札幌 76 (-120)	函館 87 (-128)	福島 83 (-100)
新潟 110 (190)	東京 97 (-23)	中山 92 (-47)
中京 98 (-68)	阪神 94 (-491)	小倉 94 (-147)

芝道悪 90 (-373)	夕道悪 94 (-427)

新馬	未勝利	1～3勝C	OP	重賞
106 (140)	105 (370)	98 (-180)	100 (-6)	118 (346)

2歳	3歳	4歳	5歳以上
105 (197)	103 (337)	90 (-660)	100 (-3)

休明初戦	休明2走	休明3走	連闘
104 (313)	99 (-49)	100 (16)	37 (-63)

POINT ダートよりも芝。北海道は×。

大竹 正博

2020年ランキング **49位**

妙味度（利益度）　　全体 **101** (263)

芝 108 (1393)	ダート 87 (-1033)	障害 64 (0)
短距離 105 (693)	中距離 100 (-13)	長距離 83 (-222)

左回り 107 (833)	右回り 97 (-412)

札幌 97 (-23)	函館 99 (-13)	福島 90 (-206)
新潟 90 (-390)	東京 113 (869)	中山 101 (76)
中京 106 (118)	阪神 57 (-213)	小倉 97 (-23)

芝道悪 111 (564)	夕道悪 76 (-611)

新馬	未勝利	1～3勝C	OP	重賞
128 (694)	100 (-26)	97 (-246)	92 (-243)	82 (-321)

2歳	3歳	4歳	5歳以上
106 (214)	102 (189)	90 (-499)	106 (294)

休明初戦	休明2走	休明3走	連闘
108 (695)	85 (-707)	89 (-251)	92 (-58)

POINT ダートよりも芝。短距離ほど○。新馬戦で○。

大根田 裕之

2020年ランキング **158位**

妙味度（利益度）　　全体 **105** (1029)

芝 102 (157)	ダート 106 (689)	障害 97 (-44)
短距離 105 (501)	中距離 103 (225)	長距離 105 (95)

左回り 77 (-529)	右回り 110 (1544)

札幌 21 (-316)	函館 123 (70)	福島 127 (216)
新潟 80 (-182)	東京 44 (-56)	中山 86 (-29)
中京 87 (-255)	阪神 101 (58)	小倉 121 (784)

芝道悪 122 (508)	夕道悪 127 (1253)

新馬	未勝利	1～3勝C	OP	重賞
123 (530)	103 (219)	103 (202)	120 (354)	190 (360)

2歳	3歳	4歳	5歳以上
97 (-84)	97 (-227)	92 (-123)	116 (978)

休明初戦	休明2走	休明3走	連闘
107 (347)	101 (45)	88 (-328)	106 (55)

POINT 道悪で○。オープン戦・重賞で○。

大橋 勇樹

2020年ランキング **130位**

妙味度（利益度）　　　　全体 **106** (1808)

芝 99 (-96)	ダート 109 (1849)	障害 85 (-137)
短距離 110 (1334)	中距離 105 (802)	長距離 83 (-216)

左回り 111 (461)	右回り 106 (1567)

札幌 86 (-178)	函館 58 (-209)	福島 103 (9)
新潟 102 (17)	東京 56 (-44)	中山 60 (-81)
中京 109 (286)	阪神 107 (794)	小倉 108 (176)

芝道悪 117 (333)	ダ道悪 101 (83)

新馬 112 (321)	未勝利 111 (1103)	1～3勝C 101 (97)	OP 68 (-381)	重賞 21 (-79)

2 歳 139 (1812)	3 歳 111 (1315)	4 歳 97 (-154)	5歳以上 89 (-904)

休明初戦 96 (-301)	休明2走 107 (387)	休明3走 107 (294)	連闘 58 (-632)

POINT 「ダート」利益度ベスト9位。高齢馬ほど×。

大和田 成

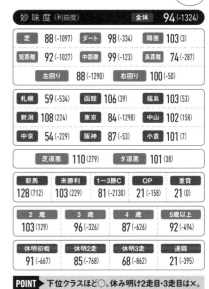
2020年ランキング **112位**

妙味度（利益度）　　　　全体 **94** (-1324)

芝 88 (-1097)	ダート 98 (-334)	障害 103 (3)
短距離 92 (-1027)	中距離 99 (-123)	長距離 74 (-287)

左回り 88 (-1290)	右回り 100 (-50)

札幌 59 (-534)	函館 106 (39)	福島 103 (53)
新潟 108 (224)	東京 84 (-1298)	中山 102 (158)
中京 54 (-229)	阪神 87 (-53)	小倉 101 (7)

芝道悪 110 (279)	ダ道悪 101 (38)

新馬 128 (712)	未勝利 103 (229)	1～3勝C 81 (-2130)	OP 21 (-158)	重賞 21 (0)

2 歳 103 (129)	3 歳 96 (-326)	4 歳 87 (-626)	5歳以上 92 (-494)

休明初戦 91 (-667)	休明2走 85 (-768)	休明3走 68 (-862)	連闘 21 (-395)

POINT 下位クラスほど○。休み明け2走目・3走目は×。

小笠 倫弘

2020年ランキング **126位**

妙味度（利益度）　　　　全体 **99** (-305)

芝 82 (-1182)	ダート 104 (495)	障害 135 (173)
短距離 94 (-739)	中距離 106 (442)	長距離 101 (8)

左回り 91 (-760)	右回り 103 (332)

札幌 131 (187)	函館 95 (-45)	福島 97 (-43)
新潟 107 (194)	東京 84 (-888)	中山 105 (337)
中京 93 (-46)	阪神 111 (109)	小倉 89 (-32)

芝道悪 89 (-278)	ダ道悪 100 (-3)

新馬 64 (-1124)	未勝利 105 (488)	1～3勝C 98 (-109)	OP 92 (-87)	重賞 83 (-120)

2 歳 77 (-1234)	3 歳 99 (-103)	4 歳 109 (382)	5歳以上 108 (279)

休明初戦 109 (437)	休明2走 95 (-163)	休明3走 97 (-153)	連闘 110 (62)

POINT 芝よりもダート。高齢馬ほど○。

岡田 稲男

2020年ランキング **106位**

妙味度（利益度）　　　　全体 **100** (-124)

芝 100 (-20)	ダート 100 (-4)	障害 21 (0)
短距離 101 (71)	中距離 99 (-93)	長距離 88 (-36)

左回り 104 (192)	右回り 98 (-383)

札幌 93 (-152)	函館 96 (-64)	福島 106 (68)
新潟 93 (-131)	東京 120 (20)	中山 21 (-316)
中京 104 (124)	阪神 87 (-983)	小倉 124 (495)

芝道悪 101 (30)	ダ道悪 113 (1056)

新馬 98 (-40)	未勝利 102 (173)	1～3勝C 99 (-143)	OP 45 (-1045)	重賞 32 (-475)

2 歳 88 (-365)	3 歳 95 (-638)	4 歳 107 (333)	5歳以上 105 (280)

休明初戦 107 (492)	休明2走 92 (-417)	休明3走 97 (-84)	連闘 170 (417)

POINT 短距離ほど○。高齢馬ほど○。連闘で○。

厩舎

尾形 和幸

2020年ランキング **139位**

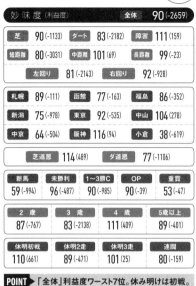

妙味度（利益度） 全体 **90** (-2659)

芝 90 (-1133)	ダート 83 (-2182)	障害 111 (159)
短距離 80 (-3031)	中距離 101 (69)	長距離 99 (-23)

左回り 81 (-2143)	右回り 92 (-928)

札幌 89 (-111)	函館 77 (-163)	福島 86 (-352)
新潟 75 (-978)	東京 92 (-535)	中山 104 (278)
中京 64 (-504)	阪神 116 (94)	小倉 38 (-619)

芝道悪 114 (489)	ダ道悪 77 (-1106)

新馬	未勝利	1～3勝C	OP	重賞
59 (-994)	96 (-487)	90 (-985)	90 (-39)	53 (-47)

2歳	3歳	4歳	5歳以上
87 (-767)	83 (-2138)	111 (409)	89 (-401)

休明初戦	休明2走	休明3走	連闘
110 (661)	89 (-471)	101 (25)	80 (-159)

POINT 「全体」利益度ワースト7位。休み明けは初戦。

奥平 雅士

2020年ランキング **66位**

妙味度（利益度） 全体 **99** (-278)

芝 96 (-314)	ダート 100 (70)	障害 33 (-202)
短距離 102 (233)	中距離 96 (-409)	長距離 88 (-209)

左回り 100 (51)	右回り 98 (-228)

札幌 89 (0)	函館 58 (0)	福島 101 (36)
新潟 88 (-318)	東京 102 (167)	中山 92 (-520)
中京 117 (204)	阪神 48 (-105)	小倉 178 (859)

芝道悪 109 (220)	ダ道悪 94 (-330)

新馬	未勝利	1～3勝C	OP	重賞
106 (122)	104 (405)	87 (-1328)	21 (-79)	21 (-79)

2歳	3歳	4歳	5歳以上
88 (-370)	105 (559)	92 (-283)	92 (-474)

休明初戦	休明2走	休明3走	連闘
93 (-456)	88 (-438)	116 (461)	65 (-212)

POINT 短距離ほど○。下位クラスほど○。

奥村 武

2020年ランキング **68位**

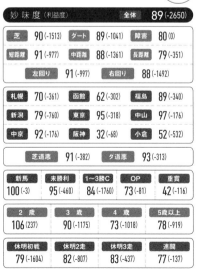

妙味度（利益度） 全体 **89** (-2650)

芝 90 (-1513)	ダート 89 (-1041)	障害 80 (0)
短距離 91 (-977)	中距離 88 (-1361)	長距離 79 (-351)

左回り 91 (-997)	右回り 88 (-1492)

札幌 70 (-361)	函館 62 (-302)	福島 89 (-340)
新潟 79 (-760)	東京 95 (-318)	中山 97 (-176)
中京 92 (-176)	阪神 32 (-68)	小倉 52 (-532)

芝道悪 91 (-382)	ダ道悪 93 (-313)

新馬	未勝利	1～3勝C	OP	重賞
100 (-3)	95 (-460)	84 (-1760)	73 (-81)	42 (-116)

2歳	3歳	4歳	5歳以上
106 (237)	90 (-1175)	73 (-1018)	78 (-919)

休明初戦	休明2走	休明3走	連闘
79 (-1604)	82 (-807)	83 (-437)	77 (-137)

POINT 「全体」利益度ワースト9位。長距離ほど×。

奥村 豊

2020年ランキング **63位**

妙味度（利益度） 全体 **117** (4844)

芝 114 (1474)	ダート 119 (2985)	障害 116 (189)
短距離 115 (1491)	中距離 118 (2626)	長距離 122 (741)

左回り 115 (612)	右回り 117 (3895)

札幌 100 (-2)	函館 79 (-232)	福島 137 (551)
新潟 127 (409)	東京 107 (28)	中山 133 (296)
中京 105 (118)	阪神 121 (1814)	小倉 112 (381)

芝道悪 160 (1743)	ダ道悪 123 (1670)

新馬	未勝利	1～3勝C	OP	重賞
127 (595)	112 (1283)	118 (2151)	126 (732)	60 (-161)

2歳	3歳	4歳	5歳以上
97 (-154)	128 (2987)	122 (1340)	106 (425)

休明初戦	休明2走	休明3走	連闘
133 (2509)	106 (331)	105 (143)	130 (385)

POINT 「ダート」利益度ベスト1位。休み明けは初戦。

尾関 知人

2020年ランキング **47位**

妙味度（利益度）　　　**全体 93** (-1938)

| 芝 | 98 (-355) | ダート | 84 (-1821) | 障害 | 102 (25) |
| 短距離 | 95 (-643) | 中距離 | 93 (-947) | 長距離 | 87 (-355) |

| 左回り | 94 (-901) | 右回り | 93 (-913) |

札幌	84 (-249)	函館	59 (-487)	福島	72 (-513)
新潟	85 (-639)	東京	101 (88)	中山	96 (-235)
中京	72 (-364)	阪神	95 (-42)	小倉	124 (118)

| 芝道悪 | 89 (-356) | ダ道悪 | 92 (-415) |

新馬	未勝利	1～3勝C	OP	重賞
110 (279)	87 (-1475)	92 (-781)	95 (-109)	86 (-116)

2 歳	3 歳	4 歳	5歳以上
109 (339)	80 (-2569)	99 (-56)	105 (280)

休明初戦	休明2走	休明3走	連闘
102 (231)	77 (-1480)	90 (-300)	52 (-383)

POINT ▶ 「ダート」利益度ワースト9位。長距離ほど×。

小野 次郎

2020年ランキング **110位**

妙味度（利益度）　　　**全体 105** (1176)

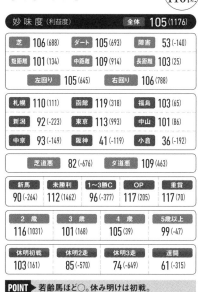

| 芝 | 106 (688) | ダート | 105 (693) | 障害 | 53 (-140) |
| 短距離 | 101 (134) | 中距離 | 109 (914) | 長距離 | 103 (25) |

| 左回り | 105 (645) | 右回り | 106 (788) |

札幌	110 (111)	函館	119 (318)	福島	103 (65)
新潟	92 (-223)	東京	113 (993)	中山	101 (86)
中京	93 (-149)	阪神	41 (-119)	小倉	36 (-192)

| 芝道悪 | 82 (-676) | ダ道悪 | 109 (463) |

新馬	未勝利	1～3勝C	OP	重賞
90 (-264)	112 (1462)	96 (-377)	117 (205)	117 (70)

2 歳	3 歳	4 歳	5歳以上
116 (1031)	101 (168)	105 (39)	99 (-47)

休明初戦	休明2走	休明3走	連闘
103 (161)	85 (-570)	74 (-649)	61 (-315)

POINT ▶ 若齢馬ほど○。休み明けは初戦。

粕谷 昌央

2020年ランキング **184位**

妙味度（利益度）　　　**全体 93** (-1497)

| 芝 | 97 (-338) | ダート | 90 (-1036) | 障害 | 95 (-84) |
| 短距離 | 92 (-1108) | 中距離 | 97 (-217) | 長距離 | 92 (-186) |

| 左回り | 99 (-92) | 右回り | 85 (-1772) |

札幌	69 (-435)	函館	60 (-362)	福島	108 (200)
新潟	85 (-491)	東京	114 (827)	中山	86 (-856)
中京	77 (-185)	阪神	21 (-158)	小倉	75 (-371)

| 芝道悪 | 107 (245) | ダ道悪 | 83 (-662) |

新馬	未勝利	1～3勝C	OP	重賞
68 (-802)	94 (-664)	98 (-167)	92 (-8)	21 (0)

2 歳	3 歳	4 歳	5歳以上
79 (-1254)	102 (179)	84 (-692)	96 (-133)

休明初戦	休明2走	休明3走	連闘
91 (-437)	81 (-688)	136 (791)	74 (-288)

POINT ▶ 東京は○。2歳馬は×。休み明けは3走目。

加藤 和宏

2020年ランキング **161位**

妙味度（利益度）　　　**全体 93** (-1719)

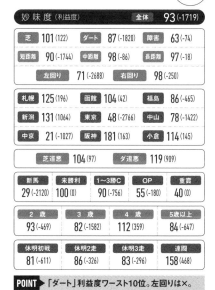

| 芝 | 101 (122) | ダート | 87 (-1820) | 障害 | 63 (-74) |
| 短距離 | 90 (-1744) | 中距離 | 98 (-86) | 長距離 | 97 (-18) |

| 左回り | 71 (-2688) | 右回り | 98 (-250) |

札幌	125 (196)	函館	104 (42)	福島	86 (-465)
新潟	131 (1064)	東京	48 (-2766)	中山	78 (-1422)
中京	21 (-1027)	阪神	181 (163)	小倉	114 (145)

| 芝道悪 | 104 (97) | ダ道悪 | 119 (909) |

新馬	未勝利	1～3勝C	OP	重賞
29 (-2120)	100 (0)	90 (-756)	55 (-180)	40 (0)

2 歳	3 歳	4 歳	5歳以上
93 (-469)	82 (-1582)	112 (359)	84 (-647)

休明初戦	休明2走	休明3走	連闘
81 (-611)	86 (-326)	83 (-296)	158 (468)

POINT ▶ 「ダート」利益度ワースト10位。左回りは×。

加藤 士津八

2020年ランキング **73位**

妙味度（利益度）　全体 95(-1182)

芝 75(-2523)	ダート 106(923)	障害 74(-290)
短距離 82(-2061)	中距離 112(1394)	長距離 74(-625)

左回り 99(-101)	右回り 93(-844)

札幌 62(-495)	函館 85(-89)	福島 114(503)
新潟 102(57)	東京 104(291)	中山 91(-516)
中京 65(-781)	阪神 125(127)	小倉 68(-287)

芝道悪 83(-529)	ダ道悪 123(1578)

新馬	未勝利	1〜3勝C	OP	重賞
78(-561)	105(575)	92(-770)	21(-474)	21(-79)

2歳	3歳	4歳	5歳以上
95(-283)	100(-10)	97(-112)	85(-644)

休明初戦	休明2走	休明3走	連闘
102(94)	132(1327)	96(-130)	56(-88)

POINT 「芝」利益度ワースト1位。休み明けは2走目。

加藤 征弘

2020年ランキング **23位**

妙味度（利益度）　全体 100(134)

芝 100(-51)	ダート 101(114)	障害 116(126)
短距離 104(598)	中距離 96(-359)	長距離 86(-170)

左回り 103(457)	右回り 97(-425)

札幌 141(447)	函館 50(-352)	福島 83(-338)
新潟 124(673)	東京 98(-156)	中山 100(32)
中京 104(42)	阪神 100(1)	小倉 21(-395)

芝道悪 92(-323)	ダ道悪 108(364)

新馬	未勝利	1〜3勝C	OP	重賞
107(140)	104(204)	99(-137)	67(-1107)	77(-206)

2歳	3歳	4歳	5歳以上
103(99)	101(75)	102(151)	96(-258)

休明初戦	休明2走	休明3走	連闘
103(266)	88(-786)	112(437)	102(7)

POINT 短距離ほど○。下位クラスほど○。

金成 貴史

2020年ランキング **45位**

妙味度（利益度）　全体 107(1913)

芝 113(2296)	ダート 99(-41)	障害 197(484)
短距離 108(975)	中距離 106(681)	長距離 108(217)

左回り 108(938)	右回り 107(958)

札幌 110(149)	函館 110(99)	福島 114(455)
新潟 123(642)	東京 102(142)	中山 104(263)
中京 110(186)	阪神 82(-161)	小倉 153(369)

芝道悪 101(27)	ダ道悪 106(140)

新馬	未勝利	1〜3勝C	OP	重賞
135(779)	116(1220)	99(-105)	89(-133)	105(19)

2歳	3歳	4歳	5歳以上
123(886)	109(1020)	97(-166)	99(-68)

休明初戦	休明2走	休明3走	連闘
112(993)	97(-163)	105(161)	34(-66)

POINT 「芝」利益度ベスト4位。下位クラスほど○。

萱野 浩二

2020年ランキング **131位**

妙味度（利益度）　全体 97(-664)

芝 83(-1556)	ダート 106(929)	障害 77(-234)
短距離 96(-609)	中距離 100(3)	長距離 94(-107)

左回り 98(-233)	右回り 98(-268)

札幌 98(-29)	函館 116(97)	福島 98(-70)
新潟 74(-647)	東京 98(-174)	中山 91(-765)
中京 130(119)	阪神 35(-259)	小倉 129(231)

芝道悪 114(448)	ダ道悪 109(484)

新馬	未勝利	1〜3勝C	OP	重賞
115(353)	102(221)	94(-679)	41(-530)	29(-213)

2歳	3歳	4歳	5歳以上
84(-829)	103(332)	96(-240)	99(-59)

休明初戦	休明2走	休明3走	連闘
93(-317)	101(41)	75(-621)	57(-215)

POINT 「芝」利益度ワースト10位。下位クラスほど○。

加用 正

2020年ランキング **141位**

妙味度（利益度） 全体 **102** (522)

芝 103 (489)	ダート 106 (651)	障害 75 (-371)
短距離 106 (914)	中距離 106 (499)	長距離 66 (-721)

左回り 99 (-74)	右回り 106 (1217)

札幌 77 (-136)	函館 96 (-37)	福島 157 (513)
新潟 78 (-410)	東京 75 (-176)	中山 144 (305)
中京 102 (68)	阪神 112 (973)	小倉 89 (-269)

芝道悪 88 (-556)	ダ道悪 88 (-520)

新馬	未勝利	1～3勝C	OP	重賞
79 (-451)	100 (-3)	95 (-618)	119 (624)	107 (91)

2歳	3歳	4歳	5歳以上
106 (298)	96 (-344)	112 (559)	98 (-132)

休明初戦	休明2走	休明3走	連闘
76 (-1305)	106 (300)	133 (882)	82 (-159)

POINT オープン戦で○。休み明けは3走目。

河内 洋

2020年ランキング **84位**

妙味度（利益度） 全体 **107** (1717)

芝 109 (1326)	ダート 104 (441)	障害 ——
短距離 113 (1785)	中距離 101 (170)	長距離 67 (-65)

左回り 126 (1390)	右回り 103 (598)

札幌 133 (0)	函館 135 (0)	福島 126 (158)
新潟 130 (549)	東京 145 (546)	中山 75 (-172)
中京 112 (312)	阪神 98 (-140)	小倉 110 (271)

芝道悪 91 (-412)	ダ道悪 114 (676)

新馬	未勝利	1～3勝C	OP	重賞
119 (285)	95 (-415)	110 (1059)	112 (320)	133 (230)

2歳	3歳	4歳	5歳以上
104 (137)	106 (715)	112 (428)	101 (89)

休明初戦	休明2走	休明3走	連闘
103 (238)	94 (-329)	119 (602)	73 (-53)

POINT 短距離ほど○。左回りで○。休み明けは3走目。

川村 禎彦

2020年ランキング **94位**

妙味度（利益度） 全体 **102** (635)

芝 99 (-48)	ダート 105 (898)	障害 44 (-113)
短距離 110 (1632)	中距離 89 (-1318)	長距離 106 (37)

左回り 117 (776)	右回り 99 (-341)

札幌 ——	函館 87 (0)	福島 89 (-179)
新潟 122 (503)	東京 88 (-12)	中山 168 (890)
中京 119 (507)	阪神 85 (-1356)	小倉 102 (69)

芝道悪 123 (789)	ダ道悪 100 (16)

新馬	未勝利	1～3勝C	OP	重賞
109 (209)	100 (-64)	104 (333)	76 (-608)	109 (36)

2歳	3歳	4歳	5歳以上
97 (-273)	109 (638)	109 (530)	95 (-230)

休明初戦	休明2走	休明3走	連闘
106 (150)	100 (-6)	118 (417)	85 (-133)

POINT 中山で○。休み明けは3走目。

菊川 正達

2020年ランキング **154位**

妙味度（利益度） 全体 **92** (-2077)

芝 104 (712)	ダート 73 (-2887)	障害 56 (-133)
短距離 87 (-1842)	中距離 94 (-633)	長距離 118 (609)

左回り 98 (-181)	右回り 90 (-1515)

札幌 75 (-150)	函館 79 (-215)	福島 108 (202)
新潟 83 (-564)	東京 100 (-19)	中山 80 (-1757)
中京 131 (220)	阪神 21 (-316)	小倉 97 (-35)

芝道悪 113 (639)	ダ道悪 60 (-1357)

新馬	未勝利	1～3勝C	OP	重賞
104 (70)	100 (-31)	83 (-1903)	98 (-27)	108 (109)

2歳	3歳	4歳	5歳以上
95 (-326)	106 (557)	69 (-1537)	84 (-1233)

休明初戦	休明2走	休明3走	連闘
86 (-637)	88 (-342)	73 (-493)	58 (-212)

POINT 「ダート」利益度ワースト2位。長距離ほど○。

菊沢 隆徳

 2020年ランキング 93位

妙味度（利益度）　全体 101 (345)

芝 104 (627)	ダート 97 (-272)	障害 96 (0)
短距離 107 (1013)	中距離 91 (-920)	長距離 102 (10)

左回り 98 (-265)	右回り 103 (387)

札幌 131 (376)	函館 93 (-80)	福島 105 (118)
新潟 90 (-397)	東京 103 (193)	中山 105 (294)
中京 105 (91)	阪神 48 (-156)	小倉 21 (-158)

芝道悪 89 (-386)	ダ道悪 90 (-439)

新馬	未勝利	1～3勝C	OP	重賞
86 (-276)	99 (-61)	98 (-194)	121 (678)	114 (227)

2 歳	3 歳	4 歳	5歳以上
93 (-220)	104 (415)	97 (-115)	110 (738)

休明初戦	休明2走	休明3走	連闘
103 (244)	112 (579)	106 (174)	144 (219)

POINT ▶ 札幌で○。道悪は×。オープン戦・重賞で○。

北出 成人

 2020年ランキング 64位

妙味度（利益度）　全体 102 (597)

芝 105 (691)	ダート 98 (-268)	障害 105 (43)
短距離 98 (-259)	中距離 106 (626)	長距離 118 (232)

左回り 97 (-198)	右回り 103 (601)

札幌 207 (750)	函館 80 (-184)	福島 135 (492)
新潟 96 (-135)	東京 144 (443)	中山 130 (385)
中京 92 (-273)	阪神 90 (-765)	小倉 109 (243)

芝道悪 107 (288)	ダ道悪 84 (-797)

新馬	未勝利	1～3勝C	OP	重賞
95 (-135)	91 (-962)	113 (1094)	103 (95)	70 (-177)

2 歳	3 歳	4 歳	5歳以上
95 (-282)	92 (-706)	105 (176)	114 (1140)

休明初戦	休明2走	休明3走	連闘
98 (-130)	119 (820)	109 (315)	173 (801)

POINT ▶ 長距離ほど○。東京・中山で○。連闘で○。

木原 一良

2020年ランキング 140位

妙味度（利益度）　全体 106 (1398)

芝 109 (884)	ダート 106 (755)	障害 59 (-331)
短距離 109 (1033)	中距離 106 (551)	長距離 89 (-220)

左回り 110 (465)	右回り 107 (1311)

札幌 82 (-214)	函館 68 (-477)	福島 120 (78)
新潟 173 (876)	東京 133 (132)	中山 36 (-257)
中京 90 (-312)	阪神 121 (1519)	小倉 105 (88)

芝道悪 112 (229)	ダ道悪 102 (137)

新馬	未勝利	1～3勝C	OP	重賞
99 (-35)	105 (486)	110 (801)	103 (42)	125 (50)

2 歳	3 歳	4 歳	5歳以上
110 (380)	106 (613)	104 (198)	98 (-97)

休明初戦	休明2走	休明3走	連闘
111 (752)	94 (-294)	103 (112)	72 (-310)

POINT ▶ 短距離ほど○。新潟で○。若齢馬ほど○。

久保田 貴士

2020年ランキング 61位

妙味度（利益度）　全体 97 (-711)

芝 102 (224)	ダート 94 (-723)	障害 66 (-34)
短距離 97 (-335)	中距離 94 (-834)	長距離 114 (332)

左回り 97 (-418)	右回り 98 (-219)

札幌 117 (182)	函館 122 (112)	福島 99 (-50)
新潟 97 (-102)	東京 97 (-204)	中山 94 (-387)
中京 91 (-190)	阪神 57 (-86)	小倉 127 (160)

芝道悪 85 (-593)	ダ道悪 103 (151)

新馬	未勝利	1～3勝C	OP	重賞
109 (163)	100 (-28)	93 (-957)	92 (-110)	66 (-238)

2 歳	3 歳	4 歳	5歳以上
117 (516)	94 (-809)	86 (-623)	100 (-13)

休明初戦	休明2走	休明3走	連闘
98 (-150)	98 (-101)	102 (54)	60 (-121)

POINT ▶ 北海道で○。下位クラスほど○。

栗田 徹

2020年ランキング **43位**

妙味度（利益度） 全体 **99 (-310)**

芝 96 (-469)	ダート 101 (68)	障害 85 (-77)
短距離 100 (-30)	中距離 98 (-221)	長距離 91 (-120)

左回り 102 (244) 右回り 96 (-551)

札幌 70 (-269)	函館 94 (-78)	福島 103 (52)
新潟 93 (-215)	東京 104 (295)	中山 101 (47)
中京 104 (35)	阪神 93 (-22)	小倉 84 (-161)

芝道悪 81 (-639) ダ道悪 103 (113)

新馬	未勝利	1〜3勝C	OP	重賞
93 (-205)	103 (224)	102 (139)	82 (-526)	95 (-95)

2歳	3歳	4歳	5歳以上
101 (39)	96 (-423)	96 (-192)	104 (149)

休明初戦	休明2走	休明3走	連闘
107 (537)	84 (-778)	108 (179)	117 (101)

POINT 長距離ほど×。休み明け2走目は×。

黒岩 陽一

2020年ランキング **109位**

妙味度（利益度） 全体 **88 (-2899)**

芝 91 (-1422)	ダート 83 (-1222)	障害 87 (-185)
短距離 84 (-1368)	中距離 85 (-1508)	長距離 101 (43)

左回り 88 (-1259) 右回り 87 (-1527)

札幌 51 (-634)	函館 91 (-57)	福島 95 (-171)
新潟 103 (83)	東京 85 (-1063)	中山 83 (-1188)
中京 56 (-576)	阪神 65 (0)	小倉 131 (184)

芝道悪 92 (-346) ダ道悪 79 (-578)

新馬	未勝利	1〜3勝C	OP	重賞
92 (-211)	87 (-1326)	89 (-939)	81 (-420)	95 (-55)

2歳	3歳	4歳	5歳以上
90 (-599)	84 (-1872)	99 (-15)	80 (-642)

休明初戦	休明2走	休明3走	連闘
95 (-343)	96 (-179)	54 (-1057)	56 (-88)

POINT 「全体」利益度ワースト6位。短距離ほど×。

古賀 史生

2020年ランキング **156位**

妙味度（利益度） 全体 **87 (-2653)**

芝 68 (-1603)	ダート 93 (-1049)	障害 80 (-283)
短距離 88 (-1537)	中距離 85 (-1036)	長距離 100 (-7)

左回り 89 (-945) 右回り 89 (-1141)

札幌 21 (-395)	函館 72 (-171)	福島 81 (-432)
新潟 101 (34)	東京 82 (-1056)	中山 101 (52)
中京 21 (-632)	阪神 21 (-237)	小倉 92 (-70)

芝道悪 68 (-584) ダ道悪 80 (-1182)

新馬	未勝利	1〜3勝C	OP	重賞
64 (-649)	86 (-1765)	93 (-420)	73 (0)	45 (0)

2歳	3歳	4歳	5歳以上
97 (-149)	81 (-1852)	84 (-430)	95 (-178)

休明初戦	休明2走	休明3走	連闘
72 (-853)	105 (96)	63 (-623)	69 (-154)

POINT 「全体」利益度ワースト8位。芝よりはダート。

古賀 慎明

2020年ランキング **113位**

妙味度（利益度） 全体 **94 (-1546)**

芝 90 (-1259)	ダート 98 (-287)	障害 84 (0)
短距離 99 (-76)	中距離 91 (-889)	長距離 74 (-234)

左回り 101 (165) 右回り 86 (-1657)

札幌 37 (-442)	函館 103 (32)	福島 77 (-531)
新潟 98 (-70)	東京 98 (-194)	中山 90 (-725)
中京 151 (719)	阪神 105 (0)	小倉 64 (-287)

芝道悪 77 (-1035) ダ道悪 108 (360)

新馬	未勝利	1〜3勝C	OP	重賞
104 (64)	93 (-631)	95 (-592)	70 (-178)	73 (-82)

2歳	3歳	4歳	5歳以上
101 (50)	90 (-832)	84 (-711)	100 (-18)

休明初戦	休明2走	休明3走	連闘
98 (-111)	90 (-424)	78 (-656)	68 (-193)

POINT 長距離ほど×。中京で○。休み明け3走目は×。

厩舎

小崎 憲

2020年ランキング 118位

妙味度（利益度）　　　全体　**96** (-967)

芝 87 (-819)	ダート 99 (-168)	障害 224 (124)
短距離 95 (-733)	中距離 97 (-217)	長距離 133 (67)

左回り 94 (-264)	右回り 96 (-755)

札幌 97 (-26)	函館 63 (-294)	福島 140 (441)
新潟 76 (-437)	東京 105 (56)	中山 131 (154)
中京 95 (-99)	阪神 99 (-64)	小倉 91 (-171)

芝道悪 98 (-28)	ダ道悪 87 (-938)

新馬	未勝利	1〜3勝C	OP	重賞
92 (-195)	99 (-45)	95 (-494)	80 (-307)	21 (-316)

2 歳	3 歳	4 歳	5歳以上
98 (-67)	96 (-415)	85 (-561)	105 (259)

休明初戦	休明2走	休明3走	連闘
103 (187)	94 (-279)	102 (46)	123 (204)

POINT ▶ 障害で○。長距離ほど○。福島で○。

小島 茂之

2020年ランキング 151位

妙味度（利益度）　　　全体　**99** (-321)

芝 106 (836)	ダート 81 (-1443)	障害 106 (25)
短距離 94 (-546)	中距離 96 (-409)	長距離 127 (428)

左回り 87 (-1052)	右回り 105 (690)

札幌 97 (-37)	函館 109 (140)	福島 102 (42)
新潟 86 (-354)	東京 101 (29)	中山 109 (550)
中京 39 (-486)	阪神 72 (-111)	小倉 110 (114)

芝道悪 109 (412)	ダ道悪 85 (-517)

新馬	未勝利	1〜3勝C	OP	重賞
90 (-212)	99 (-72)	100 (36)	96 (-126)	76 (-336)

2 歳	3 歳	4 歳	5歳以上
91 (-247)	94 (-616)	99 (-25)	110 (723)

休明初戦	休明2走	休明3走	連闘
94 (-378)	104 (129)	98 (-40)	52 (-339)

POINT ▶ ダートは×。長距離ほど○。高齢馬ほど○。

小手川 準

2020年ランキング 175位

妙味度（利益度）　　　全体　**99** (-190)

芝 102 (181)	ダート 94 (-384)	障害 ——
短距離 117 (1555)	中距離 70 (-1752)	長距離 97 (-68)

左回り 122 (1978)	右回り 77 (-1785)

札幌 147 (372)	函館 141 (204)	福島 44 (-1228)
新潟 122 (543)	東京 138 (2445)	中山 67 (-1439)
中京 21 (-395)	阪神 ——	小倉 ——

芝道悪 45 (-1870)	ダ道悪 145 (892)

新馬	未勝利	1〜3勝C	OP	重賞
80 (-444)	93 (-504)	105 (353)	21 (-316)	21 (-158)

2 歳	3 歳	4 歳	5歳以上
100 (0)	51 (-2357)	138 (1767)	67 (-468)

休明初戦	休明2走	休明3走	連闘
99 (-27)	110 (221)	146 (683)	120 (178)

POINT ▶ 短距離で○。東京で○。休み明けは3走目。

小西 一男

2020年ランキング 144位

妙味度（利益度）　　　全体　**100** (87)

芝 83 (-712)	ダート 104 (656)	障害 200 (0)
短距離 107 (759)	中距離 96 (-368)	長距離 86 (-176)

左回り 107 (694)	右回り 93 (-861)

札幌 82 (-89)	函館 82 (-233)	福島 103 (66)
新潟 118 (473)	東京 106 (371)	中山 93 (-537)
中京 111 (67)	阪神 61 (-77)	小倉 21 (-395)

芝道悪 115 (134)	ダ道悪 93 (-471)

新馬	未勝利	1〜3勝C	OP	重賞
103 (50)	107 (449)	93 (-914)	117 (85)	240 (561)

2 歳	3 歳	4 歳	5歳以上
96 (-89)	105 (311)	88 (-687)	105 (376)

休明初戦	休明2走	休明3走	連闘
95 (-215)	94 (-213)	105 (102)	26 (-296)

POINT ▶ 短距離ほど○。重賞で○。

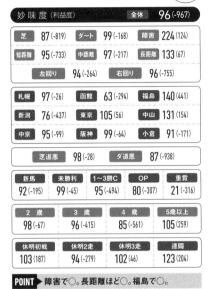
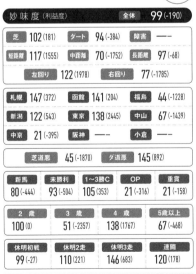

小桧山 悟
2020年ランキング **127位**

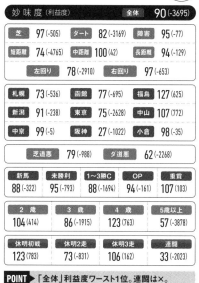

妙 味 度（利益度）　　　全体 **90** (-3695)

芝 97 (-505)	ダート 82 (-3169)	障害 95 (-77)
短距離 74 (-4765)	中距離 100 (42)	長距離 94 (-129)

左回り 78 (-2910)	右回り 97 (-653)

札幌 73 (-536)	函館 77 (-695)	福島 127 (625)
新潟 91 (-238)	東京 75 (-2628)	中山 107 (772)
中京 99 (-5)	阪神 27 (-1022)	小倉 98 (-35)

芝道悪 79 (-988)	ダ道悪 62 (-2268)

新馬	未勝利	1～3勝C	OP	重賞
88 (-322)	95 (-793)	88 (-1694)	94 (-161)	107 (103)

2 歳	3 歳	4 歳	5歳以上
104 (414)	86 (-1915)	123 (763)	57 (-3878)

休明初戦	休明2走	休明3走	連闘
123 (783)	73 (-831)	106 (162)	33 (-2023)

POINT 「全体」利益度ワースト1位。連闘は×。

昆 貢
2020年ランキング **46位**

妙 味 度（利益度）　　　全体 **102** (424)

芝 99 (-180)	ダート 106 (631)	障害 91 (0)
短距離 102 (227)	中距離 104 (387)	長距離 72 (-139)

左回り 97 (-109)	右回り 103 (629)

札幌 99 (-6)	函館 106 (87)	福島 97 (-14)
新潟 107 (66)	東京 88 (-72)	中山 113 (78)
中京 99 (-28)	阪神 112 (810)	小倉 99 (-15)

芝道悪 90 (-310)	ダ道悪 113 (502)

新馬	未勝利	1～3勝C	OP	重賞
83 (-216)	101 (95)	104 (458)	115 (290)	120 (242)

2 歳	3 歳	4 歳	5歳以上
84 (-451)	112 (1254)	104 (147)	95 (-320)

休明初戦	休明2走	休明3走	連闘
103 (145)	92 (-286)	103 (96)	110 (167)

POINT 芝よりもダート。上位クラスほど○。

今野 貞一
2020年ランキング **50位**

妙 味 度（利益度）　　　全体 **96** (-1054)

芝 92 (-953)	ダート 101 (186)	障害 76 (-290)
短距離 97 (-404)	中距離 95 (-573)	長距離 91 (-160)

左回り 118 (1120)	右回り 90 (-1779)

札幌 85 (-30)	函館 50 (-349)	福島 80 (-380)
新潟 92 (-180)	東京 125 (201)	中山 81 (-244)
中京 120 (712)	阪神 95 (-327)	小倉 87 (-454)

芝道悪 96 (-167)	ダ道悪 87 (-715)

新馬	未勝利	1～3勝C	OP	重賞
107 (136)	101 (95)	96 (-425)	73 (-461)	80 (-81)

2 歳	3 歳	4 歳	5歳以上
121 (586)	98 (-190)	99 (-67)	78 (-1488)

休明初戦	休明2走	休明3走	連闘
85 (-1116)	99 (-50)	97 (-85)	70 (-90)

POINT 長距離ほど×。下位クラスほど○。

斎藤 誠
2020年ランキング **37位**

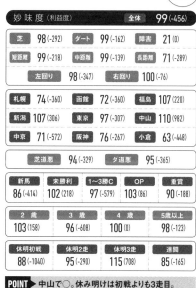

妙 味 度（利益度）　　　全体 **99** (-456)

芝 98 (-292)	ダート 99 (-162)	障害 21 (0)
短距離 99 (-218)	中距離 99 (-139)	長距離 71 (-289)

左回り 98 (-347)	右回り 100 (-76)

札幌 74 (-360)	函館 72 (-360)	福島 107 (220)
新潟 107 (306)	東京 97 (-307)	中山 110 (982)
中京 71 (-572)	阪神 76 (-267)	小倉 63 (-448)

芝道悪 94 (-329)	ダ道悪 95 (-365)

新馬	未勝利	1～3勝C	OP	重賞
86 (-414)	102 (218)	97 (-579)	103 (86)	90 (-188)

2 歳	3 歳	4 歳	5歳以上
103 (158)	96 (-608)	100 (0)	98 (-123)

休明初戦	休明2走	休明3走	連闘
88 (-1040)	95 (-290)	115 (708)	85 (-165)

POINT 中山で○。休み明けは初戦よりも3走目。

坂口 智康

2020年ランキング **166位**

妙味度（利益度）	全体 89 (-2131)

芝 90 (-755)	ダート 87 (-1445)	障害 95 (-37)
短距離 85 (-1928)	中距離 93 (-428)	長距離 101 (14)

左回り 79 (-707)	右回り 92 (-1187)

札幌 21 (-869)	函館 21 (-158)	福島 116 (190)
新潟 73 (-299)	東京 40 (-180)	中山 120 (59)
中京 95 (-136)	阪神 112 (694)	小倉 98 (-41)

芝道悪 98 (-46)	ダ道悪 77 (-1125)

新馬	未勝利	1～3勝C	OP	重賞
64 (-571)	86 (-1003)	95 (-480)	68 (-447)	43 (-284)

2歳	3歳	4歳	5歳以上
93 (-187)	87 (-1106)	100 (18)	71 (-1203)

休明初戦	休明2走	休明3走	連闘
114 (816)	82 (-668)	90 (-270)	21 (-237)

POINT 短距離ほど×。休み明けは初戦。

笹田 和秀

2020年ランキング **70位**

妙味度（利益度）	全体 99 (-128)

芝 101 (143)	ダート 95 (-491)	障害 102 (10)
短距離 96 (-375)	中距離 102 (256)	長距離 94 (-32)

左回り 85 (-525)	右回り 102 (362)

札幌 52 (-96)	函館 76 (-96)	福島 131 (437)
新潟 80 (-245)	東京 106 (12)	中山 130 (237)
中京 83 (-382)	阪神 94 (-417)	小倉 116 (649)

芝道悪 122 (541)	ダ道悪 99 (-23)

新馬	未勝利	1～3勝C	OP	重賞
103 (43)	102 (107)	101 (46)	101 (14)	122 (223)

2歳	3歳	4歳	5歳以上
89 (-273)	98 (-151)	91 (-320)	108 (624)

休明初戦	休明2走	休明3走	連闘
96 (-267)	100 (22)	96 (-119)	45 (-111)

POINT 福島・中山・小倉で○。重賞で○。

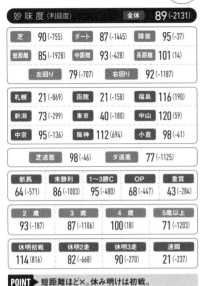

佐藤 吉勝

2020年ランキング **182位**

妙味度（利益度）	全体 96 (-891)

芝 95 (-414)	ダート 98 (-263)	障害 21 (0)
短距離 99 (-182)	中距離 86 (-799)	長距離 118 (109)

左回り 109 (899)	右回り 87 (-1334)

札幌 27 (-653)	函館 87 (0)	福島 90 (-241)
新潟 128 (664)	東京 100 (2)	中山 93 (-483)
中京 57 (-386)	阪神 21 (0)	小倉 102 (10)

芝道悪 112 (359)	ダ道悪 98 (-64)

新馬	未勝利	1～3勝C	OP	重賞
80 (-483)	71 (-3680)	125 (1268)	106 (56)	54 (-138)

2歳	3歳	4歳	5歳以上
74 (-1724)	85 (-1446)	128 (284)	107 (279)

休明初戦	休明2走	休明3走	連闘
102 (79)	109 (281)	87 (-265)	134 (169)

POINT 新潟で○。条件戦で○。2～3歳馬は×。

鮫島 一歩

2020年ランキング **65位**

妙味度（利益度）	全体 104 (1112)

芝 105 (905)	ダート 99 (-92)	障害 115 (170)
短距離 99 (-117)	中距離 106 (854)	長距離 115 (426)

左回り 102 (79)	右回り 103 (735)

札幌 94 (-77)	函館 80 (-183)	福島 104 (104)
新潟 99 (-31)	東京 116 (287)	中山 98 (-35)
中京 108 (162)	阪神 103 (250)	小倉 103 (125)

芝道悪 116 (769)	ダ道悪 100 (12)

新馬	未勝利	1～3勝C	OP	重賞
108 (160)	102 (186)	103 (363)	113 (388)	121 (147)

2歳	3歳	4歳	5歳以上
97 (-71)	100 (-2)	107 (447)	104 (410)

休明初戦	休明2走	休明3走	連闘
90 (-757)	108 (387)	117 (575)	152 (157)

POINT 長距離ほど○。休み明けは初戦よりも3走目。

鹿戸 雄一

2020年ランキング **44位**

妙味度（利益度） 全体 **98** (-693)

芝	99 (-162)	ダート	100 (-12)	障害	61 (-709)
短距離	96 (-511)	中距離	101 (151)	長距離	74 (-789)

左回り	98 (-308)	右回り	101 (183)

札幌	87 (-150)	函館	83 (-149)	福島	100 (1)
新潟	93 (-307)	東京	97 (-287)	中山	105 (468)
中京	85 (-237)	阪神	147 (514)	小倉	59 (-372)

芝道悪	90 (-688)	ダ道悪	105 (139)

新馬	未勝利	1～3勝C	OP	重賞
123 (573)	93 (-724)	100 (29)	99 (-10)	62 (-341)

2 歳	3 歳	4 歳	5歳以上
104 (195)	106 (645)	85 (-805)	95 (-482)

休明初戦	休明2走	休明3走	連闘
92 (-799)	92 (-430)	109 (297)	140 (80)

POINT ▶ 「障害」利益度ワースト5位。新馬戦で○。

清水 英克

2020年ランキング **152位**

妙味度（利益度） 全体 **96** (-952)

芝	91 (-782)	ダート	100 (-37)	障害	93 (-120)
短距離	92 (-1177)	中距離	107 (422)	長距離	95 (-137)

左回り	91 (-792)	右回り	101 (172)

札幌	92 (-56)	函館	52 (-432)	福島	83 (-632)
新潟	101 (57)	東京	79 (-1089)	中山	114 (991)
中京	132 (290)	阪神	76 (-97)	小倉	129 (204)

芝道悪	87 (-251)	ダ道悪	90 (-477)

新馬	未勝利	1～3勝C	OP	重賞
58 (-963)	106 (705)	88 (-996)	59 (-246)	32 (-137)

2 歳	3 歳	4 歳	5歳以上
91 (-572)	101 (62)	83 (-764)	96 (-125)

休明初戦	休明2走	休明3走	連闘
92 (-331)	93 (-253)	73 (-655)	80 (-99)

POINT ▶ 東京よりも中山。休み明け3走目は×。

庄野 靖志

2020年ランキング **102位**

妙味度（利益度） 全体 **107** (1612)

芝	107 (920)	ダート	99 (-68)	障害	130 (302)
短距離	105 (616)	中距離	100 (34)	長距離	125 (570)

左回り	106 (182)	右回り	103 (683)

札幌	94 (-46)	函館	111 (87)	福島	132 (64)
新潟	139 (386)	東京	85 (-103)	中山	77 (-250)
中京	107 (119)	阪神	109 (810)	小倉	95 (-112)

芝道悪	97 (-106)	ダ道悪	91 (-367)

新馬	未勝利	1～3勝C	OP	重賞
105 (104)	106 (558)	95 (-385)	127 (923)	115 (209)

2 歳	3 歳	4 歳	5歳以上
106 (212)	104 (369)	104 (79)	113 (1090)

休明初戦	休明2走	休明3走	連闘
107 (463)	100 (-5)	118 (482)	176 (684)

POINT ▶ オープン戦・重賞で○。連闘で○。

新開 幸一

2020年ランキング **155位**

妙味度（利益度） 全体 **102** (516)

芝	86 (-749)	ダート	106 (798)	障害	118 (212)
短距離	95 (-355)	中距離	109 (962)	長距離	83 (-383)

左回り	99 (-90)	右回り	106 (557)

札幌	132 (389)	函館	124 (218)	福島	113 (228)
新潟	93 (-293)	東京	104 (174)	中山	100 (-11)
中京	99 (-17)	阪神	21 (-158)	小倉	21 (-553)

芝道悪	46 (-703)	ダ道悪	100 (9)

新馬	未勝利	1～3勝C	OP	重賞
86 (-241)	109 (640)	104 (369)	31 (-206)	21 (0)

2 歳	3 歳	4 歳	5歳以上
100 (14)	104 (219)	111 (331)	95 (-408)

休明初戦	休明2走	休明3走	連闘
107 (417)	99 (-37)	106 (163)	104 (8)

POINT ▶ 芝よりもダート。北海道で○。

厩舎

新谷 功一

2020年
ランキング
179位

妙味度（利益度）		全体	**89** (-1904)

芝	62 (-2262)	ダート	99 (-156)	障害	21 (-237)
短距離	69 (-3140)	中距離	123 (1265)	長距離	80 (-239)

左回り	123 (878)	右回り	75 (-3075)

札幌	67 (-402)	函館	54 (-638)	福島	89 (-111)
新潟	21 (-790)	東京	72 (-254)	中山	―
中京	179 (1655)	阪神	78 (-1227)	小倉	178 (778)

芝道悪	21 (-1027)	ダ道悪	111 (360)

新馬	未勝利	1～3勝C	OP	重賞
40 (-1254)	118 (858)	81 (-1272)	151 (354)	191 (365)

2 歳	3 歳	4 歳	5歳以上
99 (-67)	21 (-2212)	73 (-1037)	109 (468)

休明初戦	休明2走	休明3走	連闘
77 (-742)	156 (1405)	21 (-1343)	81 (-168)

POINT ▶ 「芝」利益度ワースト3位。休み明けは2走目。

杉浦 宏昭

2020年
ランキング
147位

妙味度（利益度）		全体	**95** (-1363)

芝	93 (-1192)	ダート	98 (-235)	障害	47 (-106)
短距離	96 (-848)	中距離	96 (-301)	長距離	93 (-85)

左回り	88 (-1399)	右回り	99 (-118)

札幌	95 (-68)	函館	136 (764)	福島	83 (-486)
新潟	77 (-810)	東京	93 (-494)	中山	85 (-1148)
中京	64 (-497)	阪神	60 (-80)	小倉	178 (1095)

芝道悪	98 (-114)	ダ道悪	99 (-17)

新馬	未勝利	1～3勝C	OP	重賞
79 (-616)	84 (-1735)	103 (392)	116 (94)	104 (24)

2 歳	3 歳	4 歳	5歳以上
65 (-3027)	108 (583)	90 (-498)	99 (-33)

休明初戦	休明2走	休明3走	連闘
100 (-16)	103 (89)	105 (114)	99 (-9)

POINT ▶ 函館・小倉で○。上位クラスほど○。

鈴木 孝志

2020年
ランキング
30位

妙味度（利益度）		全体	**111** (2995)

芝	107 (640)	ダート	114 (2227)	障害	161 (306)
短距離	113 (1668)	中距離	112 (1415)	長距離	92 (-66)

左回り	106 (282)	右回り	112 (2576)

札幌	143 (304)	函館	118 (128)	福島	120 (343)
新潟	108 (83)	東京	104 (57)	中山	110 (52)
中京	108 (236)	阪神	106 (571)	小倉	118 (498)

芝道悪	114 (406)	ダ道悪	120 (1409)

新馬	未勝利	1～3勝C	OP	重賞
132 (978)	122 (1756)	101 (74)	91 (-231)	82 (-302)

2 歳	3 歳	4 歳	5歳以上
114 (722)	115 (1769)	107 (289)	103 (144)

休明初戦	休明2走	休明3走	連闘
106 (559)	103 (181)	97 (-72)	109 (122)

POINT ▶ 「ダート」利益度ベスト5位。下位クラスほど○。

鈴木 伸尋

2020年
ランキング
79位

妙味度（利益度）		全体	**101** (203)

芝	116 (1078)	ダート	96 (-858)	障害	136 (145)
短距離	106 (839)	中距離	96 (-413)	長距離	91 (-178)

左回り	106 (662)	右回り	95 (-803)

札幌	85 (-317)	函館	97 (-30)	福島	97 (-100)
新潟	110 (326)	東京	98 (-135)	中山	97 (-175)
中京	136 (474)	阪神	66 (-102)	小倉	105 (59)

芝道悪	98 (-39)	ダ道悪	93 (-469)

新馬	未勝利	1～3勝C	OP	重賞
76 (-367)	114 (1023)	97 (-390)	84 (-477)	63 (-183)

2 歳	3 歳	4 歳	5歳以上
81 (-543)	109 (782)	104 (274)	90 (-728)

休明初戦	休明2走	休明3走	連闘
83 (-1046)	107 (294)	117 (490)	171 (214)

POINT ▶ ダートよりも芝。短距離ほど○。中京で○。

勢司 和浩

2020年 ランキング **163位**

妙 味 度（利益度）　　　**全体 96 (-814)**

芝 102 (137)	ダート 86 (-1513)	障害 ——
短距離 97 (-337)	中距離 92 (-365)	長距離 128 (0)
左回り 102 (279)		右回り 86 (-889)

札幌 90 (-70)	函館 29 (-214)	福島 68 (-192)
新潟 120 (567)	東京 98 (-190)	中山 93 (-311)
中京 61 (-393)	阪神 21 (-158)	小倉 ——

| 芝道悪 88 (-232) | ダ道悪 85 (-594) |

新馬	未勝利	1〜3勝C	OP	重賞
63 (-809)	91 (-745)	108 (523)	36 (-193)	47 (-53)

2 歳	3 歳	4 歳	5歳以上
78 (-652)	96 (-393)	103 (65)	94 (-181)

休明初戦	休明2走	休明3走	連闘
113 (831)	101 (32)	101 (15)	148 (145)

POINT ▶ ダートは×。道悪は×。休み明けは初戦。

高木 登

2020年 ランキング **57位**

妙 味 度（利益度）　　　**全体 107 (2005)**

芝 104 (466)	ダート 110 (1465)	障害 572 (0)
短距離 105 (562)	中距離 113 (1886)	長距離 70 (-505)
左回り 108 (1085)		右回り 106 (918)

札幌 106 (69)	函館 108 (81)	福島 115 (402)
新潟 114 (432)	東京 112 (1043)	中山 106 (426)
中京 78 (-471)	阪神 114 (143)	小倉 65 (-213)

| 芝道悪 99 (-30) | ダ道悪 110 (514) |

新馬	未勝利	1〜3勝C	OP	重賞
122 (598)	123 (2130)	94 (-669)	102 (66)	89 (-199)

2 歳	3 歳	4 歳	5歳以上
124 (1142)	107 (802)	102 (74)	89 (-753)

休明初戦	休明2走	休明3走	連闘
104 (319)	83 (-1110)	99 (-39)	81 (-95)

POINT ▶ 新馬戦・未勝利戦で○。若齢馬ほど○。

高野 友和

2020年 ランキング **32位**

妙 味 度（利益度）　　　**全体 98 (-448)**

芝 99 (-266)	ダート 98 (-129)	障害 88 (-97)
短距離 104 (595)	中距離 95 (-654)	長距離 92 (-159)
左回り 93 (-421)		右回り 100 (97)

札幌 88 (-161)	函館 97 (-31)	福島 106 (112)
新潟 91 (-176)	東京 102 (16)	中山 142 (505)
中京 90 (-367)	阪神 102 (179)	小倉 84 (-443)

| 芝道悪 91 (-597) | ダ道悪 96 (-128) |

新馬	未勝利	1〜3勝C	OP	重賞
92 (-143)	100 (6)	97 (-330)	103 (128)	108 (275)

2 歳	3 歳	4 歳	5歳以上
92 (-257)	105 (482)	97 (-274)	88 (-840)

休明初戦	休明2走	休明3走	連闘
101 (43)	93 (-397)	105 (132)	140 (40)

POINT ▶ 短距離ほど○。中山で○。

高橋 文雅

2020年 ランキング **97位**

妙 味 度（利益度）　　　**全体 109 (2071)**

芝 109 (1068)	ダート 109 (780)	障害 105 (41)
短距離 109 (1030)	中距離 106 (475)	長距離 118 (328)
左回り 114 (1658)		右回り 103 (277)

札幌 136 (109)	函館 74 (0)	福島 100 (3)
新潟 99 (-35)	東京 121 (1666)	中山 104 (278)
中京 127 (274)	阪神 88 (-12)	小倉 68 (0)

| 芝道悪 126 (971) | ダ道悪 105 (174) |

新馬	未勝利	1〜3勝C	OP	重賞
122 (413)	120 (1440)	101 (111)	87 (-93)	58 (-169)

2 歳	3 歳	4 歳	5歳以上
119 (560)	122 (1695)	90 (-293)	106 (481)

休明初戦	休明2走	休明3走	連闘
110 (803)	99 (-31)	103 (70)	95 (-19)

POINT ▶ 「全体」利益度ベスト10位。下位クラスほど○。

厩舎

高橋 康之

2020年ランキング **157位**

妙味度（利益度）　全体 **94** (-1192)

芝 **89** (-853)	ダート **99** (-135)	障害 **25** (-302)
短距離 **91** (-936)	中距離 **99** (-126)	長距離 **84** (-145)

左回り **107** (246)　右回り **93** (-1113)

札幌 **80** (-215)	函館 **88** (-23)	福島 **120** (260)
新潟 **117** (187)	東京 **251** (602)	中山 **47** (-265)
中京 **91** (-180)	阪神 **83** (-1006)	小倉 **91** (-300)

芝道悪 **86** (-410)　夕道悪 **88** (-719)

新馬	未勝利	1〜3勝C	OP	重賞
84 (-339)	**86** (-1220)	**101** (39)	**106** (59)	**87** (-64)

2歳	3歳	4歳	5歳以上
79 (-663)	**90** (-835)	**117** (739)	**94** (-301)

休明初戦	休明2走	休明3走	連闘
112 (764)	**69** (-1286)	**124** (557)	**64** (-288)

POINT ▶ 東京で〇。休み明け2走目は×。

高橋 裕

2020年ランキング **135位**

妙味度（利益度）　全体 **105** (1129)

芝 **101** (180)	ダート **115** (1127)	障害 **30** (-492)
短距離 **110** (1348)	中距離 **95** (-293)	長距離 **49** (-360)

左回り **100** (45)　右回り **113** (1344)

札幌 **105** (31)	函館 **103** (37)	福島 **107** (184)
新潟 **70** (-725)	東京 **110** (692)	中山 **120** (1113)
中京 **83** (-137)	阪神 **97** (-10)	小倉 **57** (-256)

芝道悪 **94** (-228)　夕道悪 **121** (470)

新馬	未勝利	1〜3勝C	OP	重賞
123 (478)	**99** (-37)	**104** (350)	**134** (172)	**176** (227)

2歳	3歳	4歳	5歳以上
123 (872)	**97** (-175)	**78** (-625)	**119** (1437)

休明初戦	休明2走	休明3走	連闘
117 (920)	**79** (-617)	**102** (33)	**106** (19)

POINT ▶ 「障害」利益度ワースト10位。短距離ほど〇。

高橋 義忠

2020年ランキング **39位**

妙味度（利益度）　全体 **96** (-1060)

芝 **97** (-348)	ダート **94** (-691)	障害 **90** (-30)
短距離 **97** (-275)	中距離 **96** (-635)	長距離 **91** (-139)

左回り **105** (322)　右回り **94** (-1211)

札幌 **82** (-202)	函館 **74** (-128)	福島 **110** (187)
新潟 **108** (207)	東京 **108** (83)	中山 **102** (13)
中京 **100** (-8)	阪神 **99** (-81)	小倉 **84** (-500)

芝道悪 **105** (200)　夕道悪 **91** (-468)

新馬	未勝利	1〜3勝C	OP	重賞
96 (-95)	**86** (-1312)	**98** (-234)	**107** (150)	**115** (164)

2歳	3歳	4歳	5歳以上
103 (177)	**91** (-1031)	**95** (-179)	**99** (-41)

休明初戦	休明2走	休明3走	連闘
93 (-322)	**103** (94)	**92** (-147)	**72** (-139)

POINT ▶ 長距離ほど×。オープン戦・重賞で〇。

高橋 祥泰

2020年ランキング **72位**

妙味度（利益度）　全体 **96** (-888)

芝 **98** (-349)	ダート **95** (-394)	障害 **67** (-132)
短距離 **103** (435)	中距離 **88** (-936)	長距離 **87** (-285)

左回り **83** (-1545)　右回り **106** (873)

札幌 **92** (-47)	函館 **103** (47)	福島 **107** (251)
新潟 **85** (-423)	東京 **83** (-971)	中山 **98** (-134)
中京 **64** (-399)	阪神 **140** (201)	小倉 **96** (-52)

芝道悪 **122** (1238)　夕道悪 **102** (54)

新馬	未勝利	1〜3勝C	OP	重賞
125 (448)	**84** (-1578)	**101** (128)	**104** (40)	**103** (23)

2歳	3歳	4歳	5歳以上
96 (-161)	**93** (-865)	**100** (-19)	**105** (181)

休明初戦	休明2走	休明3走	連闘
90 (-548)	**85** (-618)	**124** (698)	**93** (-52)

POINT ▶ 短距離ほど〇。新馬戦で〇。休み明けは3走目。

高橋 亮

2020年ランキング **60位**

妙味度（利益度）　　　　**全体 108** (1900)

芝 113 (1847)	ダート 101 (99)	障害 119 (0)
短距離 108 (1288)	中距離 104 (348)	長距離 128 (166)

左回り 97 (-142)	右回り 109 (1801)

札幌 117 (154)	函館 100 (-1)	福島 157 (623)
新潟 121 (405)	東京 97 (-23)	中山 124 (145)
中京 91 (-231)	阪神 115 (1238)	小倉 107 (157)

芝道悪 102 (100)	ダ道悪 110 (433)

新馬	未勝利	1～3勝C	OP	重賞
94 (-143)	121 (1648)	98 (-267)	138 (461)	161 (484)

2 歳	3 歳	4 歳	5歳以上
108 (328)	113 (1168)	101 (73)	100 (25)

休明初戦	休明2走	休明3走	連闘
123 (1424)	99 (-52)	117 (407)	91 (-63)

POINT ▶ 「芝」利益度ベスト7位。オープン戦・重賞で○。

高柳 大輔

2020年ランキング **86位**

妙味度（利益度）　　　　**全体 105** (1317)

芝 95 (-445)	ダート 107 (1225)	障害 101 (15)
短距離 113 (1606)	中距離 96 (-460)	長距離 105 (126)

左回り 114 (820)	右回り 102 (386)

札幌 61 (-659)	函館 74 (-341)	福島 104 (67)
新潟 84 (-337)	東京 124 (387)	中山 89 (-160)
中京 135 (958)	阪神 98 (-141)	小倉 114 (217)

芝道悪 111 (348)	ダ道悪 109 (680)

新馬	未勝利	1～3勝C	OP	重賞
86 (-418)	105 (522)	100 (43)	127 (530)	210 (440)

2 歳	3 歳	4 歳	5歳以上
120 (1280)	97 (-351)	94 (-294)	106 (241)

休明初戦	休明2走	休明3走	連闘
111 (584)	87 (-557)	107 (197)	90 (-93)

POINT ▶ 中京で○。オープン戦・重賞で○。2歳馬で○。

高柳 瑞樹

2020年ランキング **123位**

妙味度（利益度）　　　　**全体 91** (-1884)

芝 94 (-485)	ダート 90 (-1331)	障害 92 (-91)
短距離 93 (-834)	中距離 88 (-1024)	長距離 121 (228)

左回り 93 (-669)	右回り 91 (-1067)

札幌 77 (-281)	函館 91 (-85)	福島 91 (-191)
新潟 81 (-340)	東京 96 (-269)	中山 94 (-364)
中京 93 (-34)	阪神 28 (-650)	小倉 121 (0)

芝道悪 105 (155)	ダ道悪 93 (-299)

新馬	未勝利	1～3勝C	OP	重賞
98 (-58)	90 (-828)	90 (-715)	78 (-398)	54 (-365)

2 歳	3 歳	4 歳	5歳以上
84 (-601)	95 (-475)	90 (-439)	87 (-493)

休明初戦	休明2走	休明3走	連闘
99 (-96)	79 (-903)	100 (-5)	56 (-131)

POINT ▶ 阪神は×。上位クラスほど×。

武 幸四郎

2020年ランキング **34位**

妙味度（利益度）　　　　**全体 108** (2180)

芝 106 (804)	ダート 114 (1747)	障害 79 (-83)
短距離 108 (1055)	中距離 111 (1257)	長距離 99 (-9)

左回り 99 (-53)	右回り 112 (2668)

札幌 129 (439)	函館 107 (94)	福島 83 (-69)
新潟 117 (84)	東京 113 (39)	中山 78 (-155)
中京 100 (1)	阪神 121 (1650)	小倉 121 (711)

芝道悪 102 (102)	ダ道悪 113 (812)

新馬	未勝利	1～3勝C	OP	重賞
116 (351)	109 (866)	107 (718)	86 (-321)	67 (-263)

2 歳	3 歳	4 歳	5歳以上
105 (223)	115 (1801)	99 (-71)	103 (135)

休明初戦	休明2走	休明3走	連闘
107 (473)	124 (1269)	102 (71)	113 (89)

POINT ▶ 「全体」利益度ベスト9位。下位クラスほど○。

厩 舎

武 英智

2020年
ランキング
115位

妙味度（利益度）		全体	**96 (-1115)**

芝 101 (151)	ダート 95 (-692)	障害 67 (-467)
短距離 89 (-1770)	中距離 109 (1084)	長距離 66 (-840)
左回り 106 (297)		右回り 96 (-844)

札幌 117 (413)	函館 96 (-46)	福島 68 (-385)
新潟 98 (-41)	東京 94 (-57)	中山 100 (-2)
中京 98 (-51)	阪神 89 (-1034)	小倉 81 (-561)

芝道悪 102 (93)		夕道悪 77 (-1513)

新馬	未勝利	1～3勝C	OP	重賞
107 (168)	90 (-1663)	103 (246)	72 (-309)	81 (-175)

2 歳	3 歳	4 歳	5歳以上
98 (-102)	92 (-1220)	113 (579)	83 (-765)

休明初戦	休明2走	休明3走	連闘
85 (-1136)	86 (-984)	99 (-49)	98 (-47)

POINT 障害は×。休み明け初戦・2走目は×。

武井 亮

2020年
ランキング
87位

妙味度（利益度）		全体	**99 (-349)**

芝 99 (-115)	ダート 96 (-501)	障害 110 (100)
短距離 96 (-618)	中距離 102 (139)	長距離 99 (-20)
左回り 100 (23)		右回り 96 (-655)

札幌 103 (25)	函館 77 (-295)	福島 73 (-757)
新潟 109 (339)	東京 96 (-262)	中山 114 (1104)
中京 105 (81)	阪神 126 (157)	小倉 78 (-222)

芝道悪 108 (322)		夕道悪 76 (-1321)

新馬	未勝利	1～3勝C	OP	重賞
100 (5)	100 (49)	98 (-224)	95 (-85)	51 (0)

2 歳	3 歳	4 歳	5歳以上
114 (821)	94 (-604)	86 (-941)	106 (303)

休明初戦	休明2走	休明3走	連闘
94 (-461)	90 (-503)	73 (-778)	69 (-336)

POINT 上位クラスほど×。休み明け3走目は×。

武市 康男

2020年
ランキング
160位

妙味度（利益度）		全体	**93 (-2105)**

芝 93 (-943)	ダート 92 (-1117)	障害 93 (-51)
短距離 93 (-1180)	中距離 90 (-1001)	長距離 96 (-57)
左回り 94 (-775)		右回り 92 (-1301)

札幌 119 (75)	函館 89 (-118)	福島 96 (-133)
新潟 100 (6)	東京 89 (-722)	中山 95 (-505)
中京 77 (-303)	阪神 54 (-186)	小倉 74 (-232)

芝道悪 100 (-4)		夕道悪 96 (-239)

新馬	未勝利	1～3勝C	OP	重賞
96 (-136)	96 (-572)	91 (-913)	74 (-335)	21 (-158)

2 歳	3 歳	4 歳	5歳以上
98 (-152)	91 (-1039)	92 (-387)	85 (-552)

休明初戦	休明2走	休明3走	連闘
89 (-619)	93 (-247)	110 (245)	42 (-871)

POINT 上位クラスほど×。高齢馬ほど×。連闘は×。

竹内 正洋

2020年
ランキング
51位

妙味度（利益度）		全体	**98 (-504)**

芝 80 (-1560)	ダート 102 (379)	障害 110 (203)
短距離 96 (-711)	中距離 98 (-140)	長距離 114 (394)
左回り 96 (-402)		右回り 96 (-611)

札幌 61 (-349)	函館 81 (-192)	福島 91 (-254)
新潟 112 (471)	東京 88 (-842)	中山 101 (103)
中京 90 (-139)	阪神 68 (-64)	小倉 141 (327)

芝道悪 91 (-212)		夕道悪 102 (120)

新馬	未勝利	1～3勝C	OP	重賞
92 (-155)	101 (138)	93 (-765)	89 (-88)	73 (-54)

2 歳	3 歳	4 歳	5歳以上
101 (29)	91 (-1129)	94 (-372)	119 (531)

休明初戦	休明2走	休明3走	連闘
87 (-872)	98 (-82)	131 (1124)	119 (134)

POINT 「芝」利益度ワースト9位。長距離ほど○。

田島 俊明

2020年ランキング **149位**

妙味度（利益度）　全体 **88**(-3021)

芝 88(-1116)	ダート 87(-1976)	障害 89(-43)
短距離 90(-1646)	中距離 84(-1362)	長距離 92(-38)

左回り 92(-884)	右回り 84(-2111)

札幌 110(80)	函館 83(-136)	福島 91(-221)
新潟 89(-253)	東京 96(-308)	中山 84(-1305)
中京 75(-549)	阪神 21(-79)	小倉 21(-474)

芝道悪 90(-332)	ダ道悪 84(-911)

新馬	未勝利	1～3勝C	OP	重賞
130(881)	82(-2290)	85(-1427)	94(-43)	21(-79)

2 歳	3 歳	4 歳	5歳以上
93(-404)	86(-1876)	83(-641)	93(-184)

休明初戦	休明2走	休明3走	連闘
76(-1334)	98(-90)	76(-585)	63(-332)

POINT 「全体」利益度ワースト3位。新馬戦で○。

田中 清隆

2020年ランキング **167位**

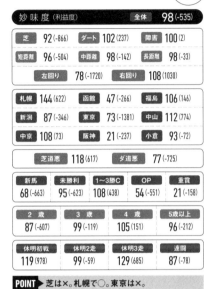

妙味度（利益度）　全体 **98**(-535)

芝 92(-866)	ダート 102(237)	障害 100(2)
短距離 96(-504)	中距離 98(-142)	長距離 98(-33)

左回り 78(-1720)	右回り 108(1030)

札幌 144(622)	函館 47(-266)	福島 106(146)
新潟 87(-346)	東京 73(-1381)	中山 112(774)
中京 108(73)	阪神 21(-237)	小倉 93(-72)

芝道悪 118(617)	ダ道悪 77(-725)

新馬	未勝利	1～3勝C	OP	重賞
68(-663)	95(-623)	108(438)	54(-551)	21(-158)

2 歳	3 歳	4 歳	5歳以上
87(-607)	99(-119)	105(151)	96(-212)

休明初戦	休明2走	休明3走	連闘
119(978)	99(-59)	129(685)	87(-78)

POINT 芝は×。札幌で○。東京は×。

田中 剛

2020年ランキング **129位**

妙味度（利益度）　全体 **98**(-417)

芝 101(89)	ダート 101(67)	障害 64(-604)
短距離 105(816)	中距離 87(-814)	長距離 80(-454)

左回り 105(496)	右回り 97(-352)

札幌 104(43)	函館 89(-99)	福島 82(-414)
新潟 98(-59)	東京 108(514)	中山 104(271)
中京 105(57)	阪神 21(-79)	小倉 32(-541)

芝道悪 93(-190)	ダ道悪 96(-200)

新馬	未勝利	1～3勝C	OP	重賞
108(175)	97(-336)	93(-586)	138(191)	218(235)

2 歳	3 歳	4 歳	5歳以上
119(877)	95(-438)	95(-172)	92(-502)

休明初戦	休明2走	休明3走	連闘
101(88)	90(-496)	87(-332)	91(-63)

POINT 「障害」利益度ワースト8位。短距離ほど○。

田中 博康

2020年ランキング **36位**

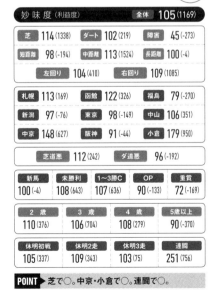

妙味度（利益度）　全体 **105**(1169)

芝 114(1338)	ダート 102(219)	障害 45(-273)
短距離 98(-194)	中距離 113(1524)	長距離 100(-4)

左回り 104(410)	右回り 109(1085)

札幌 113(169)	函館 122(326)	福島 79(-270)
新潟 97(-76)	東京 98(-149)	中山 106(351)
中京 148(627)	阪神 91(-44)	小倉 179(950)

芝道悪 112(242)	ダ道悪 96(-192)

新馬	未勝利	1～3勝C	OP	重賞
100(-4)	108(643)	107(636)	90(-133)	72(-169)

2 歳	3 歳	4 歳	5歳以上
110(376)	106(704)	108(279)	90(-370)

休明初戦	休明2走	休明3走	連闘
105(337)	109(343)	103(75)	251(756)

POINT 芝で○。中京・小倉で○。連闘で○。

谷 潔　2020年ランキング 81位

妙味度（利益度）		全体 105 (1424)
芝 107 (647)	ダート 105 (741)	障害 97 (-47)
短距離 92 (-671)	中距離 114 (1995)	長距離 114 (341)
左回り 97 (-132)	右回り 108 (1551)	

札幌 95 (-93)	函館 77 (-182)	福島 130 (270)
新潟 31 (-759)	東京 93 (-27)	中山 116 (33)
中京 102 (55)	阪神 106 (520)	小倉 122 (672)

芝道悪 132 (803)	ダ道悪 107 (516)

新馬	未勝利	1～3勝C	OP	重賞
111 (257)	104 (495)	110 (863)	85 (-334)	108 (33)

2 歳	3 歳	4 歳	5歳以上
86 (-758)	111 (1302)	117 (487)	106 (379)

休明初戦	休明2走	休明3走	連闘
94 (-254)	104 (124)	93 (-176)	62 (-301)

POINT 長距離ほど○。小倉で○。2歳馬は×。

田村 康仁　2020年ランキング 24位

妙味度（利益度）		全体 95 (-1740)
芝 94 (-902)	ダート 93 (-1018)	障害 104 (118)
短距離 89 (-1132)	中距離 98 (-356)	長距離 100 (12)
左回り 93 (-1019)	右回り 94 (-976)	

札幌 102 (24)	函館 100 (-1)	福島 82 (-556)
新潟 86 (-647)	東京 92 (-735)	中山 97 (-313)
中京 125 (331)	阪神 36 (-128)	小倉 93 (-71)

芝道悪 101 (44)	ダ道悪 94 (-257)

新馬	未勝利	1～3勝C	OP	重賞
102 (64)	95 (-636)	89 (-1445)	97 (-45)	43 (-228)

2 歳	3 歳	4 歳	5歳以上
97 (-182)	91 (-1196)	88 (-806)	107 (475)

休明初戦	休明2走	休明3走	連闘
85 (-1455)	106 (376)	88 (-541)	35 (-130)

POINT 短距離ほど×。中京で○。休み明け初戦は×。

千田 輝彦　2020年ランキング 122位

妙味度（利益度）		全体 102 (612)
芝 100 (-57)	ダート 105 (646)	障害 140 (202)
短距離 104 (663)	中距離 100 (-36)	長距離 89 (-122)
左回り 117 (614)	右回り 98 (-351)	

札幌 67 (-332)	函館 77 (-249)	福島 152 (157)
新潟 142 (502)	東京 79 (-144)	中山 109 (43)
中京 116 (362)	阪神 98 (-217)	小倉 90 (-234)

芝道悪 84 (-620)	ダ道悪 93 (-414)

新馬	未勝利	1～3勝C	OP	重賞
149 (1321)	97 (-255)	101 (68)	128 (281)	21 (-237)

2 歳	3 歳	4 歳	5歳以上
91 (-341)	108 (890)	78 (-835)	108 (516)

休明初戦	休明2走	休明3走	連闘
110 (667)	122 (1221)	104 (139)	83 (-69)

POINT 福島・新潟で○。新馬戦で○。

柄崎 孝　2020年ランキング 187位

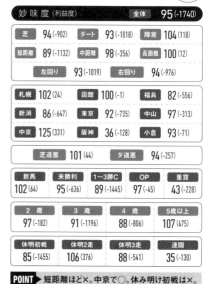

妙味度（利益度）		全体 106 (876)
芝 104 (261)	ダート 105 (278)	障害 73 (-717)
短距離 98 (-145)	中距離 114 (520)	長距離 112 (452)
左回り 123 (1493)	右回り 94 (-338)	

札幌 87 (-63)	函館 63 (-150)	福島 82 (-389)
新潟 99 (-21)	東京 128 (1302)	中山 103 (108)
中京 112 (104)	阪神 32 (-411)	小倉 32 (-271)

芝道悪 121 (517)	ダ道悪 128 (496)

新馬	未勝利	1～3勝C	OP	重賞
45 (-443)	115 (967)	104 (280)	21 (-474)	21 (0)

2 歳	3 歳	4 歳	5歳以上
33 (-1408)	120 (902)	79 (-393)	91 (-599)

休明初戦	休明2走	休明3走	連闘
65 (-1058)	173 (1756)	85 (-246)	35 (-131)

POINT 「障害」利益度ワースト4位。休み明けは2走目。

土田 稔　2020年ランキング183位

妙味度（利益度）　　全体　**95** (-1035)

芝 **75** (-1915)	ダート **98** (-226)	障害 **98** (-23)	
短距離 **90** (-1244)	中距離 **100** (-16)	長距離 **95** (-81)	
左回り **90** (-781)	右回り **99** (-113)		

札幌 **126** (180)	函館 **90** (-121)	福島 **80** (-502)
新潟 **104** (98)	東京 **90** (-638)	中山 **88** (-732)
中京 **44** (-226)	阪神 **182** (328)	小倉 **168** (747)

芝道悪 **79** (-519)	ダ道悪 **99** (-61)

新馬	未勝利	1〜3勝C	OP	重賞
86 (-414)	**92** (-926)	**96** (-109)	**84** (-599)	**85** (-45)

2歳	3歳	4歳	5歳以上
84 (-981)	**102** (177)	**87** (-66)	**90** (-588)

休明初戦	休明2走	休明3走	連闘
91 (-328)	**76** (-591)	**112** (166)	**99** (-7)

POINT ▶ 「芝」利益度ワースト7位。阪神・小倉で○。

角田 晃一　2020年ランキング71位

妙味度（利益度）　　全体　**103** (914)

芝 **103** (429)	ダート **101** (106)	障害 **144** (573)	
短距離 **100** (59)	中距離 **102** (295)	長距離 **128** (451)	
左回り **114** (738)	右回り **98** (-442)		

札幌 **84** (-222)	函館 **115** (183)	福島 **109** (159)
新潟 **115** (382)	東京 **138** (382)	中山 **91** (-54)
中京 **109** (274)	阪神 **93** (-465)	小倉 **106** (257)

芝道悪 **107** (268)	ダ道悪 **99** (-95)

新馬	未勝利	1〜3勝C	OP	重賞
96 (-75)	**113** (1457)	**95** (-455)	**111** (191)	**88** (-87)

2歳	3歳	4歳	5歳以上
99 (-56)	**107** (753)	**109** (739)	**92** (-303)

休明初戦	休明2走	休明3走	連闘
106 (344)	**102** (95)	**93** (-294)	**123** (226)

POINT ▶ 「障害」利益度ベスト3位。長距離ほど○。

寺島 良　2020年ランキング21位

妙味度（利益度）　　全体　**106** (2051)

芝 **107** (1054)	ダート **107** (1143)	障害 **93** (-172)	
短距離 **105** (706)	中距離 **105** (849)	長距離 **108** (501)	
左回り **123** (1675)	右回り **103** (728)		

札幌 **82** (-304)	函館 **124** (364)	福島 **102** (20)
新潟 **96** (-95)	東京 **123** (296)	中山 **69** (-551)
中京 **122** (986)	阪神 **112** (1094)	小倉 **106** (167)

芝道悪 **101** (59)	ダ道悪 **96** (-275)

新馬	未勝利	1〜3勝C	OP	重賞
82 (-432)	**124** (2611)	**103** (486)	**88** (-402)	**86** (-115)

2歳	3歳	4歳	5歳以上
114 (761)	**108** (913)	**107** (967)	**92** (-387)

休明初戦	休明2走	休明3走	連闘
103 (216)	**105** (230)	**110** (351)	**120** (627)

POINT ▶ 中山は×。若齢馬ほど○。連闘で○。

天間 昭一　2020年ランキング178位

妙味度（利益度）　　全体　**96** (-1003)

芝 **106** (605)	ダート **86** (-1574)	障害 **65** (-957)	
短距離 **101** (89)	中距離 **78** (-1027)	長距離 **81** (-643)	
左回り **77** (-2026)	右回り **107** (809)		

札幌 **83** (-171)	函館 **157** (573)	福島 **85** (-493)
新潟 **109** (279)	東京 **58** (-2155)	中山 **88** (-537)
中京 **48** (-890)	阪神 **81** (-290)	小倉 **132** (644)

芝道悪 **186** (3165)	ダ道悪 **78** (-944)

新馬	未勝利	1〜3勝C	OP	重賞
34 (-1263)	**99** (-130)	**102** (170)	**30** (-70)	**31** (0)

2歳	3歳	4歳	5歳以上
66 (-1179)	**101** (49)	**121** (1409)	**88** (-876)

休明初戦	休明2走	休明3走	連闘
100 (6)	**87** (-452)	**131** (815)	**134** (445)

POINT ▶ 「障害」利益度ワースト2位。休み明けは3走目。

戸田 博文

2020年ランキング 48位

妙味度(利益度)		全体	94 (-1760)

芝 97 (-444)	ダート 91 (-891)	障害 53 (-378)
短距離 93 (-553)	中距離 94 (-922)	長距離 92 (-335)

左回り 95 (-802)	右回り 96 (-521)

札幌 109 (94)	函館 61 (-193)	福島 61 (-542)
新潟 86 (-631)	東京 100 (-25)	中山 103 (234)
中京 78 (-352)	阪神 54 (-139)	小倉 62 (-153)

芝道悪 80 (-920)	ダ道悪 91 (-346)

新馬	未勝利	1～3勝C	OP	重賞
86 (-226)	89 (-886)	98 (-295)	100 (-7)	125 (298)

2歳	3歳	4歳	5歳以上
82 (-411)	97 (-393)	94 (-358)	94 (-511)

休明初戦	休明2走	休明3走	連闘
88 (-818)	101 (62)	90 (-360)	66 (-369)

POINT 福島・新潟は×。上位クラスほど○。

中尾 秀正

2020年ランキング 121位

妙味度(利益度)		全体	97 (-766)

芝 97 (-254)	ダート 96 (-467)	障害 81 (-94)
短距離 96 (-550)	中距離 100 (-13)	長距離 72 (-140)

左回り 102 (76)	右回り 95 (-803)

札幌 73 (-321)	函館 85 (0)	福島 116 (131)
新潟 82 (-299)	東京 89 (-22)	中山 67 (-?)
中京 111 (333)	阪神 92 (-629)	小倉 100 (3)

芝道悪 88 (-353)	ダ道悪 96 (-232)

新馬	未勝利	1～3勝C	OP	重賞
132 (631)	97 (-247)	94 (-577)	87 (-52)	74 (0)

2歳	3歳	4歳	5歳以上
89 (-521)	107 (689)	82 (-536)	91 (-504)

休明初戦	休明2走	休明3走	連闘
92 (-437)	90 (-426)	97 (-82)	154 (216)

POINT 中京で○。下位クラスほど○。

中川 公成

2020年ランキング 74位

妙味度(利益度)		全体	100 (-10)

芝 99 (-90)	ダート 101 (89)	障害 21 (0)
短距離 96 (-435)	中距離 106 (637)	長距離 82 (-180)

左回り 100 (12)	右回り 100 (-40)

札幌 120 (225)	函館 105 (41)	福島 90 (-203)
新潟 98 (-39)	東京 103 (244)	中山 99 (-79)
中京 90 (-78)	阪神 104 (8)	小倉 58 (-293)

芝道悪 91 (-182)	ダ道悪 95 (-304)

新馬	未勝利	1～3勝C	OP	重賞
95 (-116)	111 (948)	92 (-865)	76 (-96)	78 (0)

2歳	3歳	4歳	5歳以上
114 (433)	105 (542)	86 (-763)	86 (-474)

休明初戦	休明2走	休明3走	連闘
81 (-1293)	100 (-15)	107 (148)	128 (196)

POINT 若齢馬ほど○。休み明けは初戦よりも3走目。

中竹 和也

2020年ランキング 52位

妙味度(利益度)		全体	102 (509)

芝 96 (-476)	ダート 105 (1074)	障害 109 (37)
短距離 98 (-222)	中距離 103 (590)	長距離 110 (109)

左回り 91 (-662)	右回り 105 (1164)

札幌 45 (-660)	函館 116 (226)	福島 130 (479)
新潟 107 (154)	東京 78 (-352)	中山 96 (-91)
中京 87 (-480)	阪神 97 (-247)	小倉 103 (103)

芝道悪 92 (-242)	ダ道悪 109 (756)

新馬	未勝利	1～3勝C	OP	重賞
84 (-429)	102 (214)	97 (-299)	120 (872)	120 (525)

2歳	3歳	4歳	5歳以上
106 (378)	94 (-957)	100 (-5)	112 (875)

休明初戦	休明2走	休明3走	連闘
104 (241)	109 (384)	110 (295)	52 (-143)

POINT 長距離ほど○。オープン戦・重賞で○。

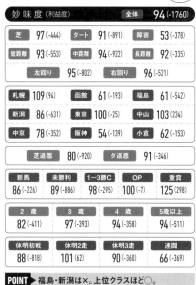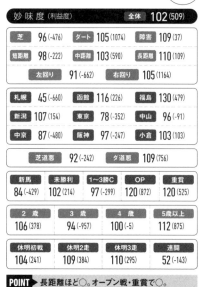

中舘 英二

2020年ランキング **22位**

妙味度（利益度）		全体 **101** (387)

芝 **91** (-691)	ダート **106** (1228)	障害 **74** (-77)
短距離 **97** (-409)	中距離 **109** (1091)	長距離 **86** (-110)
左回り **103** (424)		右回り **99** (-128)

札幌 **71** (-201)	函館 **75** (-276)	福島 **68** (-761)
新潟 **110** (290)	東京 **100** (25)	中山 **112** (1147)
中京 **119** (168)	阪神 **53** (-47)	小倉 **142** (252)

芝道悪 **98** (-69)		ダ道悪 **116** (1211)

新馬	未勝利	1～3勝C	OP	重賞
89 (-313)	**104** (397)	**106** (780)	**83** (-139)	**40** (-301)

2 歳	3 歳	4 歳	5歳以上
96 (-208)	**102** (246)	**110** (557)	**100** (-2)

休明初戦	休明2走	休明3走	連闘
109 (643)	**99** (-44)	**94** (-151)	**62** (0)

POINT ▶ 芝よりもダート。休み明けは初戦。

中野 栄治

2020年ランキング **108位**

妙味度（利益度）		全体 **105** (1337)

芝 **114** (2139)	ダート **90** (-1259)	障害 **87** (-147)
短距離 **104** (794)	中距離 **100** (-10)	長距離 **114** (315)
左回り **118** (1386)		右回り **97** (-506)

札幌 **91** (-292)	函館 **73** (-466)	福島 **123** (1053)
新潟 **108** (214)	東京 **134** (1569)	中山 **99** (-70)
中京 **44** (-669)	阪神 **59** (-204)	小倉 **55** (-1294)

芝道悪 **115** (740)		ダ道悪 **96** (-217)

新馬	未勝利	1～3勝C	OP	重賞
93 (-213)	**116** (1693)	**93** (-938)	**111** (227)	**174** (519)

2 歳	3 歳	4 歳	5歳以上
99 (-43)	**113** (1180)	**95** (-270)	**94** (-407)

休明初戦	休明2走	休明3走	連闘
67 (-1973)	**122** (897)	**124** (520)	**74** (-733)

POINT ▶ 「芝」利益度ベスト5位。休み明け初戦は×。

西園 正都

2020年ランキング **33位**

妙味度（利益度）		全体 **96** (-1392)

芝 **87** (-2078)	ダート **103** (486)	障害 **84** (-65)
短距離 **95** (-995)	中距離 **100** (-64)	長距離 **74** (-311)
左回り **101** (56)		右回り **95** (-1262)

札幌 **139** (195)	函館 **90** (-98)	福島 **111** (205)
新潟 **99** (-20)	東京 **122** (284)	中山 **108** (49)
中京 **87** (-588)	阪神 **93** (-793)	小倉 **96** (-154)

芝道悪 **92** (-394)		ダ道悪 **96** (-260)

新馬	未勝利	1～3勝C	OP	重賞
94 (-202)	**98** (-283)	**92** (-1321)	**92** (-181)	**88** (-145)

2 歳	3 歳	4 歳	5歳以上
95 (-394)	**97** (-364)	**97** (-299)	**91** (-348)

休明初戦	休明2走	休明3走	連闘
90 (-920)	**96** (-269)	**110** (440)	**80** (-203)

POINT ▶ 「芝」利益度ワースト4位。休み明けは3走目。

根本 康広

2020年ランキング **159位**

妙味度（利益度）		全体 **93** (-1600)

芝 **89** (-964)	ダート **90** (-1214)	障害 **128** (507)
短距離 **96** (-472)	中距離 **83** (-1527)	長距離 **106** (133)
左回り **93** (-712)		右回り **89** (-1205)

札幌 **122** (215)	函館 **55** (-227)	福島 **98** (-56)
新潟 **92** (-226)	東京 **92** (-527)	中山 **97** (-166)
中京 **92** (-100)	阪神 **84** (-16)	小倉 **92** (-83)

芝道悪 **125** (764)		ダ道悪 **89** (-463)

新馬	未勝利	1～3勝C	OP	重賞
133 (723)	**97** (-421)	**67** (-2277)	**149** (741)	**21** (-158)

2 歳	3 歳	4 歳	5歳以上
98 (-81)	**89** (-1306)	**94** (-143)	**98** (-98)

休明初戦	休明2走	休明3走	連闘
78 (-920)	**106** (188)	**89** (-181)	**21** (-316)

POINT ▶ 「障害」利益度ベスト7位。オープン戦で○。

厩舎

野中 賢二
 2020年 ランキング **29位**

妙味度（利益度）　　　全体 **102** (465)

芝 91 (-656)	ダート 108 (1108)	障害 ——	
短距離 94 (-561)	中距離 110 (1220)	長距離 57 (-256)	
左回り 93 (-357)		右回り 105 (866)	

札幌 57 (-385)	函館 109 (109)	福島 104 (41)
新潟 114 (116)	東京 90 (-90)	中山 154 (215)
中京 88 (-442)	阪神 102 (98)	小倉 126 (519)

芝道悪 95 (-85)	ダ道悪 105 (327)

新馬	未勝利	1～3勝C	OP	重賞
103 (46)	92 (-586)	108 (696)	114 (346)	138 (532)

2 歳	3 歳	4 歳	5歳以上
82 (-387)	103 (251)	108 (300)	104 (259)

休明初戦	休明2走	休明3走	連闘
99 (-77)	111 (459)	129 (992)	153 (319)

POINT オープン戦・重賞で○。休み明けは3走目。

萩原 清
2020年 ランキング **77位**

妙味度（利益度）　　　全体 **98** (-281)

芝 95 (-378)	ダート 102 (161)	障害 78 (-130)	
短距離 97 (-212)	中距離 101 (102)	長距離 87 (-189)	
左回り 101 (118)		右回り 96 (-308)	

札幌 87 (-138)	函館 150 (399)	福島 92 (-99)
新潟 92 (-153)	東京 106 (390)	中山 93 (-281)
中京 76 (-72)	阪神 93 (-74)	小倉 101 (7)

芝道悪 86 (-346)	ダ道悪 106 (211)

新馬	未勝利	1～3勝C	OP	重賞
104 (84)	100 (12)	98 (-151)	91 (-142)	100 (0)

2 歳	3 歳	4 歳	5歳以上
85 (-323)	108 (555)	95 (-174)	89 (-468)

休明初戦	休明2走	休明3走	連闘
99 (-56)	91 (-301)	97 (-62)	233 (265)

POINT 函館で○。下位クラスほど○。

橋口 慎介
2020年 ランキング **53位**

妙味度（利益度）　　　全体 **97** (-703)

芝 101 (157)	ダート 93 (-614)	障害 82 (0)	
短距離 92 (-902)	中距離 102 (269)	長距離 95 (-79)	
左回り 105 (218)		右回り 95 (-1084)	

札幌 95 (-21)	函館 111 (85)	福島 69 (-432)
新潟 101 (11)	東京 61 (-156)	中山 51 (-247)
中京 114 (437)	阪神 92 (-517)	小倉 88 (-465)

芝道悪 101 (58)	ダ道悪 101 (38)

新馬	未勝利	1～3勝C	OP	重賞
94 (-110)	106 (393)	95 (-670)	71 (-493)	63 (-447)

2 歳	3 歳	4 歳	5歳以上
109 (350)	92 (-753)	92 (-537)	100 (-7)

休明初戦	休明2走	休明3走	連闘
97 (-173)	92 (-365)	110 (334)	47 (-265)

POINT ダートよりも芝。中京で○。2歳馬で○。

橋田 満
2020年 ランキング **104位**

妙味度（利益度）　　　全体 **98** (-333)

芝 87 (-1164)	ダート 106 (512)	障害 122 (426)	
短距離 98 (-141)	中距離 97 (-237)	長距離 97 (-92)	
左回り 84 (-437)		右回り 99 (-194)	

札幌 87 (-77)	函館 107 (76)	福島 83 (-200)
新潟 69 (-468)	東京 76 (-98)	中山 95 (-38)
中京 99 (-15)	阪神 108 (420)	小倉 118 (405)

芝道悪 120 (448)	ダ道悪 103 (112)

新馬	未勝利	1～3勝C	OP	重賞
95 (-68)	96 (-208)	97 (-272)	111 (281)	92 (-73)

2 歳	3 歳	4 歳	5歳以上
74 (-360)	95 (-258)	102 (82)	108 (737)

休明初戦	休明2走	休明3走	連闘
91 (-457)	101 (47)	91 (-259)	89 (-56)

POINT 芝よりもダート。高齢馬ほど○。

長谷川 浩大

 2020年ランキング **145位**

妙味度（利益度）		全体 **104** (831)

芝 **111** (1251)	ダート **84** (-1074)	障害 **144** (352)
短距離 **100** (-22)	中距離 **102** (104)	長距離 **119** (335)
左回り **100** (-6)		右回り **98** (-223)

札幌 **21** (-79)	函館 **66** (-237)	福島 **112** (48)
新潟 **93** (-96)	東京 **116** (141)	中山 **65** (-142)
中京 **108** (169)	阪神 **101** (77)	小倉 **111** (144)

芝道悪 **119** (716)	ダ道悪 **84** (-519)

新馬	未勝利	1～3勝C	OP	重賞
114 (299)	**102** (177)	**99** (-59)	**143** (735)	**182** (489)

2 歳	3 歳	4 歳	5歳以上
118 (842)	**80** (-1488)	**112** (251)	**113** (555)

休明初戦	休明2走	休明3走	連闘
133 (987)	**105** (108)	**92** (-153)	**108** (110)

POINT ▶ ダートよりも芝。オープン戦・重賞で○。

畠山 吉宏

 2020年ランキング **99位**

妙味度（利益度）		全体 **107** (1884)

芝 **107** (916)	ダート **105** (639)	障害 **143** (342)
短距離 **114** (1787)	中距離 **97** (-326)	長距離 **116** (254)
左回り **114** (1813)		右回り **99** (-123)

札幌 **99** (-7)	函館 **120** (197)	福島 **108** (194)
新潟 **114** (552)	東京 **113** (995)	中山 **93** (-510)
中京 **116** (228)	阪神 **143** (255)	小倉 **91** (-55)

芝道悪 **108** (323)	ダ道悪 **102** (102)

新馬	未勝利	1～3勝C	OP	重賞
104 (125)	**107** (730)	**112** (1377)	**84** (-223)	**103** (12)

2 歳	3 歳	4 歳	5歳以上
115 (915)	**99** (-149)	**122** (1419)	**97** (-94)

休明初戦	休明2走	休明3走	連闘
114 (733)	**104** (159)	**95** (-129)	**150** (249)

POINT ▶ 障害で○。阪神で○。休み明けは初戦。

羽月 友彦

 2020年ランキング **132位**

妙味度（利益度）		全体 **102** (445)

芝 **92** (-610)	ダート **105** (912)	障害 **100** (-1)
短距離 **105** (620)	中距離 **101** (165)	長距離 **74** (-106)
左回り **109** (502)		右回り **100** (-96)

札幌 **99** (-10)	函館 **118** (92)	福島 **64** (-465)
新潟 **128** (525)	東京 **100** (-1)	中山 **216** (231)
中京 **91** (-305)	阪神 **98** (-152)	小倉 **95** (-149)

芝道悪 **106** (132)	ダ道悪 **101** (101)

新馬	未勝利	1～3勝C	OP	重賞
77 (-697)	**109** (1006)	**96** (-414)	**125** (223)	**143** (43)

2 歳	3 歳	4 歳	5歳以上
79 (-1177)	**107** (846)	**117** (572)	**87** (-655)

休明初戦	休明2走	休明3走	連闘
66 (-1753)	**109** (309)	**117** (417)	**127** (272)

POINT ▶ 短距離ほど○。休み明け初戦は×。

服部 利之

 2020年ランキング **164位**

妙味度（利益度）		全体 **85** (-2977)

芝 **69** (-2505)	ダート **91** (-1095)	障害 **109** (62)
短距離 **78** (-2166)	中距離 **87** (-1142)	長距離 **94** (-78)
左回り **77** (-461)		右回り **82** (-3251)

札幌 ——	函館 ——	福島 **119** (19)
新潟 **38** (-187)	東京 **97** (0)	中山 **21** (0)
中京 **84** (-289)	阪神 **91** (-777)	小倉 **86** (-423)

芝道悪 **83** (-474)	ダ道悪 **104** (213)

新馬	未勝利	1～3勝C	OP	重賞
106 (107)	**88** (-1077)	**70** (-2758)	**103** (19)	**21** (-158)

2 歳	3 歳	4 歳	5歳以上
79 (-1007)	**94** (-373)	**55** (-2073)	**104** (192)

休明初戦	休明2走	休明3走	連闘
109 (362)	**80** (-469)	**110** (173)	**27** (-367)

POINT ▶ 「芝」利益度ワースト2位。短距離ほど×。

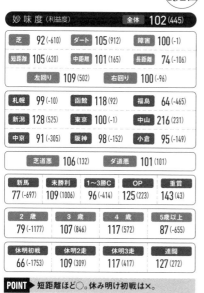

浜田 多実雄

 2020年ランキング 90位

妙味度（利益度）　全体 102 (588)

芝 113 (1253)	ダート 97 (-533)	障害 95 (-11)
短距離 105 (582)	中距離 101 (172)	長距離 90 (-62)
左回り 109 (419)	右回り 100 (98)	

札幌 74 (-131)	函館 101 (12)	福島 138 (872)
新潟 119 (291)	東京 115 (61)	中山 69 (-276)
中京 95 (-134)	阪神 95 (-356)	小倉 112 (314)

芝道悪 105 (155)	ダ道悪 86 (-902)

新馬	未勝利	1～3勝C	OP	重賞
79 (-515)	106 (600)	102 (212)	122 (314)	137 (411)

2歳	3歳	4歳	5歳以上
107 (302)	105 (645)	97 (-106)	100 (14)

休明初戦	休明2走	休明3走	連闘
89 (-648)	118 (839)	104 (139)	155 (658)

POINT ▶ 福島で○。オープン戦・重賞で○。連闘で○。

林 徹

 2020年ランキング 119位

妙味度（利益度）　全体 104 (858)

芝 99 (-134)	ダート 108 (1098)	障害 ——
短距離 101 (115)	中距離 109 (847)	長距離 46 (-327)
左回り 104 (438)	右回り 104 (461)	

札幌 87 (-107)	函館 67 (-301)	福島 109 (145)
新潟 96 (-112)	東京 105 (432)	中山 109 (720)
中京 120 (341)	阪神 188 (88)	小倉 21 (0)

芝道悪 156 (1626)	ダ道悪 97 (-159)

新馬	未勝利	1～3勝C	OP	重賞
84 (-405)	111 (1052)	103 (219)	123 (180)	118 (147)

2歳	3歳	4歳	5歳以上
96 (-188)	112 (1265)	91 (-323)	97 (-181)

休明初戦	休明2走	休明3走	連闘
103 (209)	93 (-439)	157 (1665)	217 (818)

POINT ▶ 休み明けは3走目。連闘で○。

平田 修

2020年ランキング 76位

妙味度（利益度）　全体 95 (-1187)

芝 88 (-1309)	ダート 100 (36)	障害 117 (155)
短距離 92 (-835)	中距離 96 (-419)	長距離 101 (10)
左回り 113 (645)	右回り 90 (-1810)	

札幌 92 (-79)	函館 125 (225)	福島 127 (384)
新潟 116 (214)	東京 112 (118)	中山 65 (-104)
中京 117 (572)	阪神 84 (-1108)	小倉 73 (-590)

芝道悪 70 (-1002)	ダ道悪 94 (-316)

新馬	未勝利	1～3勝C	OP	重賞
97 (-61)	95 (-459)	93 (-555)	94 (-157)	116 (173)

2歳	3歳	4歳	5歳以上
83 (-699)	99 (-149)	97 (-110)	101 (28)

休明初戦	休明2走	休明3走	連闘
100 (-6)	88 (-586)	111 (287)	42 (-116)

POINT ▶ 芝は×。短距離ほど×。阪神・小倉は×。

深山 雅史

 2020年ランキング 162位

妙味度（利益度）　全体 93 (-1548)

芝 95 (-494)	ダート 94 (-771)	障害 50 (-297)
短距離 101 (188)	中距離 76 (-1766)	長距離 48 (-413)
左回り 89 (-1064)	右回り 99 (-101)	

札幌 86 (-231)	函館 21 (-474)	福島 106 (226)
新潟 122 (535)	東京 78 (-1386)	中山 122 (1214)
中京 21 (-869)	阪神 21 (-158)	小倉 96 (-30)

芝道悪 150 (1363)	ダ道悪 87 (-544)

新馬	未勝利	1～3勝C	OP	重賞
150 (1301)	90 (-992)	94 (-472)	21 (-711)	21 (-158)

2歳	3歳	4歳	5歳以上
94 (-386)	95 (-378)	106 (246)	72 (-1220)

休明初戦	休明2走	休明3走	連闘
110 (476)	75 (-972)	93 (-179)	122 (200)

POINT ▶ 長距離ほど×。東京よりも中山。新馬戦は○。

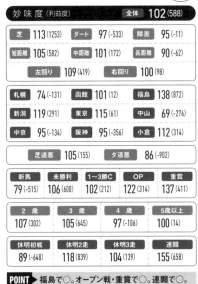

藤岡 健一

2020年ランキング **31位**

妙味度（利益度）		全体	103 (762)

芝 108 (1605)	ダート 89 (-849)	障害 ――
短距離 103 (384)	中距離 105 (521)	長距離 90 (-184)

左回り 116 (1009)	右回り 99 (-288)

札幌 71 (-315)	函館 71 (-343)	福島 99 (-24)
新潟 126 (415)	東京 115 (286)	中山 104 (84)
中京 111 (349)	阪神 101 (69)	小倉 103 (111)

芝道悪 118 (1337)	ダ道悪 93 (-188)

新馬	未勝利	1～3勝C	OP	重賞
115 (381)	96 (-363)	106 (651)	92 (-316)	92 (-157)

2 歳	3 歳	4 歳	5歳以上
111 (480)	100 (-31)	111 (561)	92 (-416)

休明初戦	休明2走	休明3走	連闘
102 (156)	103 (195)	109 (311)	98 (-12)

POINT ▶ 「芝」利益度ベスト10位。新潟で○。

藤沢 則雄

2020年ランキング **169位**

妙味度（利益度）		全体	105 (1055)

芝 84 (-581)	ダート 104 (613)	障害 137 (954)
短距離 98 (-196)	中距離 99 (-53)	長距離 136 (1245)

左回り 100 (9)	右回り 100 (-22)

札幌 145 (500)	函館 32 (-745)	福島 98 (-15)
新潟 108 (143)	東京 59 (-165)	中山 112 (59)
中京 116 (271)	阪神 115 (1069)	小倉 108 (164)

芝道悪 92 (-109)	ダ道悪 99 (-70)

新馬	未勝利	1～3勝C	OP	重賞
87 (-218)	99 (-124)	107 (415)	135 (1009)	89 (-91)

2 歳	3 歳	4 歳	5歳以上
89 (-196)	95 (-473)	92 (-183)	123 (1793)

休明初戦	休明2走	休明3走	連闘
95 (-213)	101 (32)	125 (777)	86 (-122)

POINT ▶ 「障害」利益度ベスト1位。長距離ほど○。

藤原 辰雄

2020年ランキング **174位**

妙味度（利益度）		全体	95 (-1089)

芝 74 (-1138)	ダート 97 (-561)	障害 99 (-3)
短距離 90 (-1068)	中距離 99 (-53)	長距離 96 (-30)

左回り 94 (-510)	右回り 95 (-639)

札幌 92 (-166)	函館 134 (207)	福島 103 (68)
新潟 96 (-59)	東京 96 (-235)	中山 85 (-886)
中京 68 (-127)	阪神 81 (-77)	小倉 38 (-616)

芝道悪 21 (-1027)	ダ道悪 89 (-672)

新馬	未勝利	1～3勝C	OP	重賞
96 (-50)	97 (-195)	94 (-748)	66 (-134)	21 (-79)

2 歳	3 歳	4 歳	5歳以上
89 (-357)	88 (-567)	103 (196)	90 (-500)

休明初戦	休明2走	休明3走	連闘
89 (-475)	79 (-780)	91 (-205)	89 (-53)

POINT ▶ 芝は×。函館で○。休み明け2走目は×。

堀井 雅広

2020年ランキング **146位**

妙味度（利益度）		全体	99 (-431)

芝 93 (-783)	ダート 101 (129)	障害 116 (499)
短距離 103 (502)	中距離 91 (-723)	長距離 94 (-280)

左回り 96 (-470)	右回り 97 (-396)

札幌 72 (-277)	函館 63 (-337)	福島 108 (226)
新潟 108 (312)	東京 97 (-268)	中山 105 (431)
中京 98 (-13)	阪神 33 (-133)	小倉 49 (-202)

芝道悪 66 (-1067)	ダ道悪 101 (53)

新馬	未勝利	1～3勝C	OP	重賞
124 (483)	99 (-84)	98 (-382)	106 (101)	64 (-182)

2 歳	3 歳	4 歳	5歳以上
120 (961)	93 (-670)	81 (-1319)	106 (445)

休明初戦	休明2走	休明3走	連闘
100 (14)	104 (150)	97 (-81)	64 (-356)

POINT ▶ 「障害」利益度ベスト8位。新馬戦・2歳馬で○。

厩舎

本田 優
 2020年ランキング 26位

妙味度（利益度）　全体 **104** (1429)

芝 101 (86)	ダート 108 (1617)	障害 87 (-130)
短距離 106 (1043)	中距離 98 (-223)	長距離 118 (563)

左回り 111 (794)	右回り 104 (993)

札幌 124 (236)	函館 120 (276)	福島 100 (5)
新潟 109 (169)	東京 108 (98)	中山 91 (-75)
中京 113 (536)	阪神 107 (798)	小倉 98 (-78)

芝道悪 99 (-24)	ダ道悪 110 (978)

新馬	未勝利	1～3勝C	OP	重賞
89 (-194)	101 (89)	109 (1689)	80 (-299)	86 (-109)

2 歳	3 歳	4 歳	5歳以上
94 (-211)	108 (1446)	100 (30)	103 (141)

休明初戦	休明2走	休明3走	連闘
117 (728)	108 (285)	103 (90)	134 (771)

 POINT ▶ 北海道で○。休み明けは初戦。連闘で○。

本間 忍
2020年ランキング 170位

妙味度（利益度）　全体 **91** (-2004)

芝 108 (712)	ダート 82 (-2301)	障害 55 (-45)
短距離 93 (-989)	中距離 88 (-821)	長距離 57 (-130)

左回り 93 (-719)	右回り 92 (-970)

札幌 148 (483)	函館 50 (-743)	福島 56 (-922)
新潟 52 (-1062)	東京 106 (389)	中山 98 (-130)
中京 83 (-267)	阪神 21 (-79)	小倉 122 (67)

芝道悪 83 (-425)	ダ道悪 98 (-94)

新馬	未勝利	1～3勝C	OP	重賞
65 (-979)	96 (-366)	91 (-789)	166 (199)	241 (424)

2 歳	3 歳	4 歳	5歳以上
93 (-386)	104 (362)	55 (-2245)	92 (-210)

休明初戦	休明2走	休明3走	連闘
109 (362)	86 (-383)	87 (-247)	154 (381)

 POINT ▶ 「ダート」利益度ワースト6位。長距離ほど×。

牧 光二
2020年ランキング 117位

妙味度（利益度）　全体 **97** (-1012)

芝 98 (-280)	ダート 95 (-728)	障害 21 (-158)
短距離 96 (-699)	中距離 98 (-237)	長距離 82 (-88)

左回り 102 (172)	右回り 91 (-1531)

札幌 90 (-199)	函館 104 (23)	福島 83 (-532)
新潟 105 (123)	東京 102 (166)	中山 95 (-520)
中京 39 (-243)	阪神 21 (0)	小倉 108 (95)

芝道悪 90 (-443)	ダ道悪 88 (-768)

新馬	未勝利	1～3勝C	OP	重賞
95 (-167)	98 (-293)	93 (-753)	96 (-53)	79 (-126)

2 歳	3 歳	4 歳	5歳以上
95 (-334)	99 (-184)	81 (-639)	118 (1078)

休明初戦	休明2走	休明3走	連闘
96 (-275)	101 (71)	90 (-361)	98 (-34)

POINT ▶ 道悪は×。5歳以上馬で○。

牧浦 充徳
2020年ランキング 41位

妙味度（利益度）　全体 **103** (700)

芝 109 (1022)	ダート 99 (-166)	障害 21 (0)
短距離 105 (1002)	中距離 96 (-210)	長距離 113 (52)

左回り 103 (182)	右回り 101 (214)

札幌 74 (-185)	函館 112 (171)	福島 135 (1145)
新潟 112 (474)	東京 80 (-178)	中山 131 (733)
中京 118 (365)	阪神 85 (-718)	小倉 89 (-479)

芝道悪 95 (-196)	ダ道悪 100 (-23)

新馬	未勝利	1～3勝C	OP	重賞
128 (725)	90 (-908)	111 (1279)	89 (-242)	58 (-210)

2 歳	3 歳	4 歳	5歳以上
124 (822)	93 (-998)	111 (467)	110 (468)

休明初戦	休明2走	休明3走	連闘
101 (96)	102 (123)	118 (489)	120 (293)

POINT ▶ 新馬戦・2歳馬で○。休み明けは3走目。

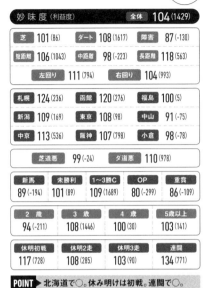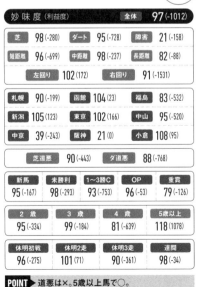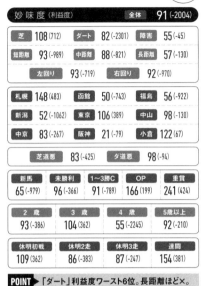

牧田 和弥

2020年 ランキング **137位**

妙味度（利益度）　　　　　全体 **92** (-2268)

芝 91 (-1162)	ダート 92 (-1144)	障害 95 (-84)
短距離 92 (-1290)	中距離 90 (-1017)	長距離 101 (30)

左回り 89 (-565)	右回り 92 (-1689)

札幌 94 (-97)	函館 106 (68)	福島 134 (508)
新潟 90 (-120)	東京 99 (-6)	中山 118 (299)
中京 85 (-502)	阪神 76 (-1862)	小倉 101 (31)

芝道悪 78 (-847)	ダ道悪 95 (-256)

新馬	未勝利	1～3勝C	OP	重賞
85 (-397)	87 (-1503)	97 (-279)	102 (50)	139 (312)

2 歳	3 歳	4 歳	5歳以上
87 (-637)	83 (-2241)	128 (1076)	88 (-725)

休明初戦	休明2走	休明3走	連闘
109 (567)	82 (-851)	93 (-215)	95 (-70)

POINT 福島で○。阪神は×。上位クラスほど○。

松下 武士

2020年 ランキング **54位**

妙味度（利益度）　　　　　全体 **99** (-205)

芝 101 (90)	ダート 99 (-100)	障害 54 (-137)
短距離 101 (138)	中距離 101 (139)	長距離 48 (-470)

左回り 112 (700)	右回り 95 (-1059)

札幌 82 (-158)	函館 63 (-330)	福島 127 (215)
新潟 122 (284)	東京 86 (-71)	中山 69 (-218)
中京 117 (678)	阪神 96 (-381)	小倉 79 (-622)

芝道悪 95 (-213)	ダ道悪 92 (-553)

新馬	未勝利	1～3勝C	OP	重賞
122 (700)	84 (-2058)	105 (442)	117 (330)	140 (560)

2 歳	3 歳	4 歳	5歳以上
92 (-486)	99 (-139)	102 (113)	105 (145)

休明初戦	休明2走	休明3走	連闘
114 (932)	77 (-1022)	89 (-276)	98 (-20)

POINT 福島・新潟で○。新馬戦で○。休み明けは初戦。

松永 昌博

2020年 ランキング **58位**

妙味度（利益度）　　　　　全体 **107** (1589)

芝 96 (-334)	ダート 116 (2314)	障害 70 (-213)
短距離 108 (868)	中距離 108 (886)	長距離 81 (-241)

左回り 106 (207)	右回り 109 (1653)

札幌 50 (-303)	函館 140 (161)	福島 93 (-65)
新潟 91 (-57)	東京 84 (-62)	中山 183 (165)
中京 111 (296)	阪神 99 (-67)	小倉 113 (406)

芝道悪 107 (217)	ダ道悪 121 (1460)

新馬	未勝利	1～3勝C	OP	重賞
113 (210)	96 (-296)	114 (1341)	112 (271)	95 (-41)

2 歳	3 歳	4 歳	5歳以上
95 (-208)	108 (951)	112 (164)	102 (142)

休明初戦	休明2走	休明3走	連闘
109 (509)	118 (692)	100 (6)	93 (-20)

POINT 「ダート」利益度ベスト3位。休み明けは2走目。

松永 幹夫

2020年 ランキング **38位**

妙味度（利益度）　　　　　全体 **104** (1014)

芝 103 (548)	ダート 106 (567)	障害 70 (-91)
短距離 102 (224)	中距離 105 (674)	長距離 107 (77)

左回り 98 (-130)	右回り 106 (1304)

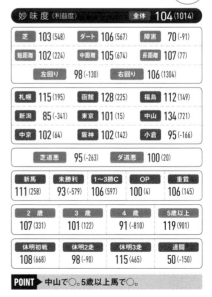

札幌 115 (195)	函館 128 (225)	福島 112 (149)
新潟 85 (-341)	東京 101 (15)	中山 134 (721)
中京 102 (64)	阪神 102 (142)	小倉 95 (-166)

芝道悪 95 (-263)	ダ道悪 100 (20)

新馬	未勝利	1～3勝C	OP	重賞
111 (258)	93 (-579)	106 (597)	100 (4)	106 (145)

2 歳	3 歳	4 歳	5歳以上
107 (331)	101 (122)	91 (-810)	119 (901)

休明初戦	休明2走	休明3走	連闘
108 (668)	98 (-90)	115 (465)	50 (-150)

POINT 中山で○。5歳以上馬で○。

厩舎

松永 康利

2020年ランキング **173位**

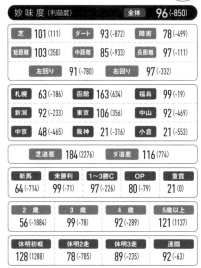

妙味度（利益度）		全体	96 (-850)

芝	101 (111)	ダート	93 (-872)	障害	78 (-499)
短距離	103 (350)	中距離	85 (-933)	長距離	97 (-111)

左回り	91 (-780)	右回り	97 (-332)

札幌	63 (-186)	函館	163 (634)	福島	99 (-19)
新潟	92 (-233)	東京	106 (356)	中山	92 (-469)
中京	48 (-465)	阪神	21 (-316)	小倉	21 (-553)

芝道悪	184 (2276)	ダ道悪	116 (774)

新馬	未勝利	1～3勝C	OP	重賞
64 (-714)	99 (-71)	97 (-226)	80 (-79)	21 (0)

2歳	3歳	4歳	5歳以上
56 (-1884)	99 (-78)	92 (-289)	121 (1137)

休明初戦	休明2走	休明3走	連闘
128 (1288)	78 (-785)	89 (-235)	92 (-63)

POINT 「障害」利益度ワースト9位。休み明けは初戦。

松山 将樹

2020年ランキング **168位**

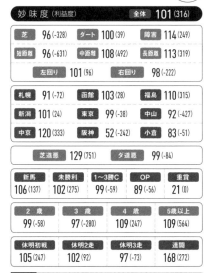

妙味度（利益度）		全体	101 (316)

芝	96 (-328)	ダート	100 (39)	障害	114 (249)
短距離	96 (-631)	中距離	108 (492)	長距離	113 (319)

左回り	101 (96)	右回り	98 (-222)

札幌	91 (-72)	函館	103 (28)	福島	110 (315)
新潟	101 (24)	東京	99 (-38)	中山	92 (-427)
中京	120 (333)	阪神	52 (-242)	小倉	83 (-51)

芝道悪	129 (751)	ダ道悪	99 (-84)

新馬	未勝利	1～3勝C	OP	重賞
106 (137)	102 (275)	99 (-59)	89 (-56)	21 (0)

2歳	3歳	4歳	5歳以上
99 (-58)	97 (-280)	109 (247)	109 (564)

休明初戦	休明2走	休明3走	連闘
105 (247)	102 (92)	97 (-73)	168 (272)

POINT 長距離ほど○。下位クラスほど○。

的場 均

2020年ランキング **172位**

妙味度（利益度）		全体	93 (-1378)

芝	107 (399)	ダート	80 (-2546)	障害	86 (-197)
短距離	93 (-1077)	中距離	76 (-801)	長距離	87 (-255)

左回り	70 (-2343)	右回り	109 (963)

札幌	145 (223)	函館	176 (607)	福島	77 (-295)
新潟	98 (-35)	東京	66 (-1704)	中山	84 (-850)
中京	50 (-744)	阪神	76 (-120)	小倉	142 (753)

芝道悪	112 (209)	ダ道悪	88 (-594)

新馬	未勝利	1～3勝C	OP	重賞
111 (232)	91 (-1075)	87 (-637)	21 (-158)	21 (0)

2歳	3歳	4歳	5歳以上
64 (-1593)	92 (-764)	90 (-203)	95 (-156)

休明初戦	休明2走	休明3走	連闘
96 (-108)	65 (-598)	116 (209)	60 (-755)

POINT 「ダート」利益度ワースト3位。連闘は×。

水野 貴広

2020年ランキング **138位**

妙味度（利益度）		全体	94 (-1819)

芝	96 (-572)	ダート	93 (-1139)	障害	89 (-165)
短距離	93 (-1285)	中距離	96 (-483)	長距離	103 (61)

左回り	83 (-2271)	右回り	103 (526)

札幌	89 (-129)	函館	121 (334)	福島	87 (-483)
新潟	90 (-487)	東京	79 (-1634)	中山	103 (223)
中京	72 (-451)	阪神	74 (-77)	小倉	122 (308)

芝道悪	99 (-33)	ダ道悪	101 (84)

新馬	未勝利	1～3勝C	OP	重賞
74 (-667)	94 (-855)	98 (-203)	59 (-496)	69 (-62)

2歳	3歳	4歳	5歳以上
83 (-851)	97 (-525)	83 (-1170)	115 (744)

休明初戦	休明2走	休明3走	連闘
84 (-1106)	80 (-1045)	119 (603)	115 (287)

POINT 新馬戦は×。休み明けは初戦よりも3走目。

南井 克巳

2020年ランキング **128位**

妙味度（利益度）　全体 **96**(-944)

芝	ダート	障害
90(-968)	98(-245)	100(1)

短距離	中距離	長距離
99(-161)	93(-794)	97(-36)

左回り	右回り
87(-801)	99(-190)

札幌	函館	福島
88(-143)	98(-27)	125(228)

新潟	東京	中山
104(130)	90(-107)	91(-43)

中京	阪神	小倉
69(-850)	100(-7)	98(-43)

芝道悪	ダ道悪
93(-205)	95(-328)

新馬	未勝利	1～3勝C	OP	重賞
95(-97)	101(50)	90(-700)	90(-562)	71(-493)

2歳	3歳	4歳	5歳以上
89(-447)	100(-18)	112(518)	78(-1544)

休明初戦	休明2走	休明3走	連闘
88(-603)	93(-268)	117(467)	66(-402)

POINT ▶ 福島で○。休み明けは初戦よりも3走目。

南田 美知雄

2020年ランキング **189位**

妙味度（利益度）　全体 **88**(-3314)

芝	ダート	障害
94(-854)	82(-2357)	74(-26)

短距離	中距離	長距離
94(-1108)	74(-2191)	83(-204)

左回り	右回り
87(-1448)	82(-2697)

札幌	函館	福島
90(-150)	124(118)	92(-220)

新潟	東京	中山
94(-238)	86(-1050)	80(-1617)

中京	阪神	小倉
135(319)	21(-158)	21(-948)

芝道悪	ダ道悪
87(-464)	78(-1167)

新馬	未勝利	1～3勝C	OP	重賞
56(-971)	77(-2696)	96(-541)	141(328)	38(-124)

2歳	3歳	4歳	5歳以上
74(-1563)	77(-1936)	93(-312)	99(-78)

休明初戦	休明2走	休明3走	連闘
90(-485)	68(-1064)	117(415)	96(-60)

POINT ▶ 「全体」利益度ワースト2位。ダートは×。

宮 徹

2020年ランキング **75位**

妙味度（利益度）　全体 **104**(987)

芝	ダート	障害
100(-15)	109(905)	102(23)

短距離	中距離	長距離
101(135)	106(800)	98(-67)

左回り	右回り
89(-471)	107(1445)

札幌	函館	福島
106(80)	119(169)	138(229)

新潟	東京	中山
113(172)	55(-91)	72(-112)

中京	阪神	小倉
89(-395)	98(-204)	111(341)

芝道悪	ダ道悪
105(227)	115(661)

新馬	未勝利	1～3勝C	OP	重賞
76(-536)	107(790)	112(1073)	73(-376)	26(-368)

2歳	3歳	4歳	5歳以上
92(-447)	111(1215)	104(170)	95(-296)

休明初戦	休明2走	休明3走	連闘
103(131)	112(455)	101(33)	89(-44)

POINT ▶ 福島で○。休み明けは2走目。

宮田 敬介

2020年ランキング **105位**

妙味度（利益度）　全体 **101**(109)

芝	ダート	障害
107(559)	90(-372)	21(-158)

短距離	中距離	長距離
94(-420)	127(1045)	21(-553)

左回り	右回り
97(-151)	106(371)

札幌	函館	福島
72(-199)	103(23)	44(-790)

新潟	東京	中山
85(-253)	99(-43)	140(1172)

中京	阪神	小倉
21(-79)	21(-316)	――

芝道悪	ダ道悪
50(-1255)	84(-359)

新馬	未勝利	1～3勝C	OP	重賞
59(-898)	155(2028)	92(-411)	94(-55)	135(142)

2歳	3歳	4歳	5歳以上
113(504)	94(-149)	100(-7)	56(-926)

休明初戦	休明2走	休明3走	連闘
114(497)	48(-840)	61(-355)	――

POINT ▶ ダートよりも芝。未勝利戦で○。

宮本 博
2020年ランキング **116位**

妙 味 度（利益度）		全体 102（490）

芝 104（451）	ダート 96（-516）	障害 110（259）
短距離 100（-7）	中距離 104（439）	長距離 102（60）

左回り 90（-398）	右回り 103（491）

札幌 92（-57）	函館 80（-202）	福島 112（117）
新潟 125（345）	東京 86（-97）	中山 104（50）
中京 88（-305）	阪神 115（1090）	小倉 101（26）

芝道悪 83（-673）	ダ道悪 102（119）

新馬	未勝利	1～3勝C	OP	重賞
123（560）	98（-217）	103（126）	98（-126）	95（-56）

2 歳	3 歳	4 歳	5歳以上
112（653）	97（-261）	109（121）	98（-185）

休明初戦	休明2走	休明3走	連闘
93（-451）	90（-478）	94（-176）	69（-218）

POINT ▶ 新潟で◯。新馬戦・2歳馬で◯。

武藤 善則
2020年ランキング **96位**

妙 味 度（利益度）		全体 99（-261）

芝 93（-945）	ダート 105（771）	障害 35（-65）
短距離 99（-108）	中距離 100（14）	長距離 91（-148）

左回り 94（-663）	右回り 105（889）

札幌 155（658）	函館 97（-52）	福島 97（-105）
新潟 89（-467）	東京 91（-556）	中山 102（164）
中京 92（-75）	阪神 149（292）	小倉 114（261）

芝道悪 95（-204）	ダ道悪 102（109）

新馬	未勝利	1～3勝C	OP	重賞
93（-208）	101（128）	99（-73）	84（-242）	81（-115）

2 歳	3 歳	4 歳	5歳以上
94（-401）	103（326）	96（-281）	94（-186）

休明初戦	休明2走	休明3走	連闘
100（-26）	98（-97）	99（-28）	188（1325）

POINT ▶ 芝よりもダート。札幌で◯。連闘で◯。

宗像 義忠
2020年ランキング **42位**

妙 味 度（利益度）		全体 103（977）

芝 105（873）	ダート 101（127）	障害 89（-78）
短距離 99（-132）	中距離 109（1263）	長距離 100（-2）

左回り 109（1191）	右回り 101（181）

札幌 105（84）	函館 74（-264）	福島 107（187）
新潟 107（316）	東京 113（1010）	中山 95（-463）
中京 94（-81）	阪神 122（86）	小倉 68（-258）

芝道悪 96（-229）	ダ道悪 132（1202）

新馬	未勝利	1～3勝C	OP	重賞
125（712）	97（-356）	107（638）	96（-64）	90（-50）

2 歳	3 歳	4 歳	5歳以上
102（73）	106（943）	93（-264）	106（283）

休明初戦	休明2走	休明3走	連闘
119（1405）	96（-201）	132（950）	72（-142）

POINT ▶ 新馬戦で◯。休み明け初戦・3走目で◯。

村山 明
2020年ランキング **114位**

妙 味 度（利益度）		全体 107（1781）

芝 64（-2059）	ダート 115（2828）	障害 110（101）
短距離 108（1066）	中距離 103（277）	長距離 111（242）

左回り 101（67）	右回り 108（1609）

札幌 94（-32）	函館 185（509）	福島 118（299）
新潟 45（-1162）	東京 110（78）	中山 106（47）
中京 124（708）	阪神 111（921）	小倉 76（-407）

芝道悪 69（-472）	ダ道悪 122（1995）

新馬	未勝利	1～3勝C	OP	重賞
74（-314）	109（547）	106（923）	102（37）	122（87）

2 歳	3 歳	4 歳	5歳以上
82（-305）	108（533）	116（915）	108（918）

休明初戦	休明2走	休明3走	連闘
127（1221）	84（-643）	115（437）	159（773）

POINT ▶ 「ダート」利益度ベスト2位。芝は×。連闘で◯。

森 秀行

2020年ランキング **62位**

妙味度（利益度）		全体 101 (321)
芝 86 (-2025)	タート 110 (1775)	障害 115 (147)
短距離 104 (845)	中距離 95 (-358)	長距離 104 (61)
左回り 91 (-689)	右回り 104 (890)	

札幌 83 (-302)	函館 114 (236)	福島 90 (-127)
新潟 105 (104)	東京 86 (-415)	中山 112 (236)
中京 86 (-446)	阪神 102 (171)	小倉 134 (808)

芝道悪 81 (-613)	ダ道悪 104 (273)

新馬	未勝利	1～3勝C	OP	重賞
94 (-124)	106 (502)	102 (320)	77 (-800)	49 (-611)

2 歳	3 歳	4 歳	5歳以上
96 (-200)	97 (-427)	119 (672)	102 (197)

休明初戦	休明2走	休明3走	連闘
101 (45)	80 (-1064)	125 (662)	94 (-95)

POINT ▶ 「芝」利益度ワースト6位。休み明けは3走目。

森田 直行

2020年ランキング **100位**

妙味度（利益度）		全体 112 (3388)
芝 110 (1602)	タート 114 (1597)	障害 108 (157)
短距離 111 (2054)	中距離 109 (641)	長距離 117 (519)
左回り 101 (58)	右回り 115 (3257)	

札幌 140 (395)	函館 124 (216)	福島 79 (-278)
新潟 109 (233)	東京 132 (222)	中山 96 (-39)
中京 94 (-244)	阪神 105 (472)	小倉 95 (-141)

芝道悪 117 (708)	ダ道悪 127 (1344)

新馬	未勝利	1～3勝C	OP	重賞
138 (830)	111 (1214)	103 (356)	126 (1409)	115 (472)

2 歳	3 歳	4 歳	5歳以上
122 (1002)	113 (1502)	95 (-218)	114 (1134)

休明初戦	休明2走	休明3走	連闘
93 (-402)	109 (379)	119 (502)	180 (1034)

POINT ▶ 「全体」利益度ベスト4位。連闘で◎。

安田 翔伍

2020年ランキング **59位**

妙味度（利益度）		全体 93 (-1763)
芝 92 (-681)	タート 95 (-819)	障害 43 (-114)
短距離 93 (-719)	中距離 93 (-971)	長距離 90 (-69)
左回り 96 (-250)	右回り 93 (-1295)	

札幌 108 (83)	函館 111 (106)	福島 96 (-61)
新潟 117 (375)	東京 115 (264)	中山 82 (-89)
中京 64 (-973)	阪神 82 (-1181)	小倉 88 (-359)

芝道悪 97 (-67)	ダ道悪 113 (945)

新馬	未勝利	1～3勝C	OP	重賞
93 (-146)	88 (-1718)	96 (-242)	120 (240)	117 (185)

2 歳	3 歳	4 歳	5歳以上
85 (-548)	92 (-1270)	99 (-27)	99 (-17)

休明初戦	休明2走	休明3走	連闘
91 (-518)	82 (-751)	108 (246)	85 (-118)

POINT ▶ 中京・阪神・小倉は×。オープン戦・重賞で◎。

矢野 英一

2020年ランキング **134位**

妙味度（利益度）		全体 93 (-1962)
芝 94 (-659)	タート 92 (-1251)	障害 69 (-94)
短距離 97 (-570)	中距離 82 (-1484)	長距離 53 (-234)
左回り 89 (-1214)	右回り 94 (-864)	

札幌 121 (273)	函館 93 (-95)	福島 86 (-372)
新潟 95 (-196)	東京 93 (-497)	中山 96 (-297)
中京 71 (-322)	阪神 74 (-103)	小倉 85 (-73)

芝道悪 99 (-47)	ダ道悪 82 (-1001)

新馬	未勝利	1～3勝C	OP	重賞
88 (-268)	92 (-789)	93 (-877)	80 (-471)	72 (-313)

2 歳	3 歳	4 歳	5歳以上
96 (-143)	89 (-1575)	99 (-33)	96 (-197)

休明初戦	休明2走	休明3走	連闘
99 (-74)	94 (-274)	101 (19)	78 (-238)

POINT ▶ 長距離ほど×。札幌で◎。

厩舎

吉岡 辰弥 （2020年ランキング 120位）

妙味度（利益度）　全体 **126** (3892)

芝 130 (2446)	ダート 125 (1619)	障害 21 (-158)
短距離 132 (2671)	中距離 117 (958)	長距離 131 (218)

左回り 131 (1182)　右回り 127 (2836)

札幌 128 (256)	函館 142 (254)	福島 120 (340)
新潟 115 (178)	東京 106 (60)	中山 21 (-316)
中京 143 (809)	阪神 118 (783)	小倉 325 (1347)

芝道悪 74 (-563)　夕道悪 123 (559)

新馬	未勝利	1～3勝C	OP	重賞
21 (-1185)	145 (1317)	135 (3395)	117 (50)	——

2歳	3歳	4歳	5歳以上
83 (-468)	139 (670)	138 (2594)	126 (898)

休明初戦	休明2走	休明3走	連闘
171 (3053)	122 (704)	65 (-563)	178 (78)

POINT 「全体」利益度ベスト3位。新馬戦は×。

吉田 直弘 （2020年ランキング 55位）

妙味度（利益度）　全体 **98** (-498)

芝 96 (-375)	ダート 97 (-429)	障害 136 (324)
短距離 97 (-432)	中距離 91 (-270)	長距離 107 (145)

左回り 95 (-230)　右回り 98 (-470)

札幌 108 (114)	函館 67 (-397)	福島 100 (-1)
新潟 87 (-290)	東京 104 (23)	中山 89 (-92)
中京 108 (254)	阪神 99 (-92)	小倉 109 (246)

芝道悪 115 (472)　夕道悪 92 (-566)

新馬	未勝利	1～3勝C	OP	重賞
82 (-444)	104 (348)	95 (-465)	122 (669)	138 (341)

2歳	3歳	4歳	5歳以上
103 (141)	93 (-722)	101 (10)	98 (-155)

休明初戦	休明2走	休明3走	連闘
84 (-848)	103 (112)	98 (-57)	43 (-459)

POINT 障害で○。オープン戦・重賞で○。

吉村 圭司 （2020年ランキング 88位）

妙味度（利益度）　全体 **98** (-486)

芝 99 (-86)	ダート 96 (-419)	障害 128 (0)
短距離 97 (-395)	中距離 98 (-182)	長距離 100 (5)

左回り 102 (139)　右回り 97 (-584)

札幌 78 (-304)	函館 148 (238)	福島 91 (-190)
新潟 102 (41)	東京 118 (201)	中山 94 (-19)
中京 96 (-94)	阪神 97 (-247)	小倉 94 (-159)

芝道悪 84 (-777)　夕道悪 97 (-139)

新馬	未勝利	1～3勝C	OP	重賞
116 (376)	95 (-488)	96 (-294)	93 (-199)	51 (-728)

2歳	3歳	4歳	5歳以上
92 (-338)	95 (-503)	108 (348)	99 (-51)

休明初戦	休明2走	休明3走	連闘
91 (-547)	110 (422)	105 (129)	152 (156)

POINT 函館で○。下位クラスほど○。

和田 正一郎 （2020年ランキング 83位）

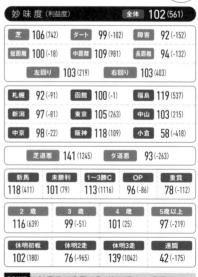

妙味度（利益度）　全体 **102** (561)

芝 106 (742)	ダート 99 (-102)	障害 92 (-152)
短距離 100 (-18)	中距離 109 (981)	長距離 94 (-132)

左回り 103 (219)　右回り 103 (403)

札幌 92 (-91)	函館 100 (-1)	福島 119 (537)
新潟 97 (-81)	東京 105 (263)	中山 103 (215)
中京 98 (-22)	阪神 118 (109)	小倉 58 (-418)

芝道悪 141 (1245)　夕道悪 93 (-263)

新馬	未勝利	1～3勝C	OP	重賞
118 (411)	101 (79)	113 (1116)	96 (-86)	78 (-112)

2歳	3歳	4歳	5歳以上
116 (639)	99 (-51)	101 (25)	97 (-219)

休明初戦	休明2走	休明3走	連闘
102 (180)	76 (-965)	139 (1042)	42 (-175)

POINT 新馬戦・2歳馬で○。休み明けは3走目。

和田 雄二

2020年ランキング **111位**

妙味度（利益度）　全体 **100**(-85)

芝 91(-816)	ダート 100(69)	障害 136(400)
短距離 100(-53)	中距離 100(-35)	長距離 100(-11)

左回り 101(124)	右回り 92(-1031)

札幌 74(-234)	函館 93(-70)	福島 125(743)
新潟 124(544)	東京 96(-320)	中山 82(-1324)
中京 131(305)	阪神 26(-222)	小倉 53(-374)

芝道悪 104(91)	ダ道悪 128(1873)

新馬	未勝利	1～3勝C	OP	重賞
115(434)	97(-315)	102(135)	65(-453)	21(-474)

2歳	3歳	4歳	5歳以上
98(-96)	93(-861)	99(-26)	106(254)

休明初戦	休明2走	休明3走	連闘
100(-2)	105(248)	105(133)	74(-104)

POINT ▶ 障害で○。福島・新潟で○。新馬戦で○。

和田 勇介

2020年ランキング **92位**

妙味度（利益度）　全体 **104**(1054)

芝 106(650)	ダート 98(-253)	障害 140(562)
短距離 98(-213)	中距離 111(918)	長距離 115(291)

左回り 103(278)	右回り 102(262)

札幌 107(87)	函館 92(-90)	福島 97(-99)
新潟 108(280)	東京 101(32)	中山 112(710)
中京 119(281)	阪神 129(59)	小倉 50(-897)

芝道悪 107(281)	ダ道悪 97(-132)

新馬	未勝利	1～3勝C	OP	重賞
68(-584)	115(1785)	100(-13)	90(-117)	83(-84)

2歳	3歳	4歳	5歳以上
93(-227)	113(1514)	85(-418)	112(691)

休明初戦	休明2走	休明3走	連闘
91(-564)	79(-793)	85(-311)	74(-128)

POINT ▶ 「障害」利益度ベスト4位。長距離ほど○。

渡辺 薫彦

2020年ランキング **67位**

妙味度（利益度）　全体 **104**(1055)

芝 112(1800)	ダート 99(-187)	障害 74(-53)
短距離 112(1502)	中距離 100(-59)	長距離 87(-120)

左回り 83(-613)	右回り 108(1938)

札幌 127(188)	函館 101(14)	福島 132(455)
新潟 80(-199)	東京 52(-194)	中山 73(-294)
中京 89(-291)	阪神 121(1976)	小倉 101(48)

芝道悪 121(830)	ダ道悪 99(-44)

新馬	未勝利	1～3勝C	OP	重賞
145(1173)	98(-206)	103(331)	91(-289)	95(-58)

2歳	3歳	4歳	5歳以上
119(806)	99(-68)	103(123)	103(191)

休明初戦	休明2走	休明3走	連闘
98(-111)	99(-52)	114(345)	101(8)

POINT ▶ 「芝」利益度ベスト8位。新馬戦・2歳馬で○。

厩舎ランキング

全体

厩舎は特に、勝利数だけで評価できない!!

昨年6位の荒川厩舎がトップ。リーディングは47位から91位に下がっているが、3着内数は68回から80回に増えている。やはり勝利数だけでは評価することはできない。僅差の2位は昨年1位だった奥村豊厩舎で、ほとんどの項目で妙味度が100を超えている。3位の吉岡厩舎は2020年3月に開業したばかりの厩舎だが、いきなり14勝を挙げ、2021年に入っても昨年を超えるペースで勝ち星を積み上げている。角居厩舎で数々の名馬に携わった経験があるということなので、この好成績も偶然ではないはず。注目される前に狙っておきたい厩舎だ。

森田厩舎、矢作厩舎、鈴木孝厩舎、安達厩舎など、昨年も優秀だった厩舎が多く上位に名を連ねており、藤沢和厩舎、池江厩舎、藤原英厩舎は相変わらず過剰人気傾向なので注意が必要。

順位	利益度	厩舎名	妙味度
1	4918	荒川 義之	115
2	4844	奥村 豊	117
3	3892	吉岡 辰弥	126
4	3388	森田 直行	112
5	3289	大江原 哲	111
6	3080	矢作 芳人	106
7	2995	鈴木 孝志	111
8	2764	安達 昭夫	113
9	2180	武 幸四郎	108
10	2071	高橋 文雅	109
11	2051	寺島 良	106
12	2005	高木 登	107

順位	利益度	厩舎名	妙味度
13	1968	杉山 晴紀	105
14	1913	金成 貴史	107
15	1900	高橋 亮	108
16	1884	畠山 吉宏	107
17	1808	大橋 勇樹	106
18	1781	村山 明	107
19	1717	河内 洋	107
20	1667	佐々木 晶三	106
21	1612	庄野 靖志	107
22	1589	松永 昌博	107
23	1429	本田 優	104
24	1424	谷 潔	105

順位	利益度	厩舎名	妙味度
25	1398	木原 一良	106
26	1365	梅田 智之	105
27	1337	中野 栄治	105
28	1317	高柳 大輔	105
29	1315	青木 孝文	105
30	1176	小野 次郎	105
31	1169	田中 博康	105
32	1129	高橋 裕	105
33	1112	鮫島 一歩	104
34	1055	渡辺 薫彦	104
35	1055	藤沢 則雄	105
36	1054	和田 勇介	104
37	1029	大根田 裕之	105
38	1014	松永 幹夫	104
39	992	飯田 祐史	104
40	987	宮 徹	104
41	977	宗像 義忠	103
42	914	角田 晃一	103
43	876	柄崎 孝	106
44	858	林 徹	104
45	856	相沢 郁	103
46	843	音無 秀孝	102
47	831	長谷川 浩大	104
48	762	藤岡 健一	103
49	700	牧浦 充徳	103
50	635	川村 禎彦	102
51	612	千田 輝彦	102
52	597	北出 成人	102
53	588	浜田 多実雄	102
54	585	西村 真幸	102

順位	利益度	厩舎名	妙味度
55	561	和田 正一郎	102
56	553	五十嵐 忠男	102
57	522	加用 正	102
58	516	新開 幸一	102
59	509	中竹 和也	102
60	490	宮本 博	102
61	465	野中 賢二	102
62	445	羽月 友彦	102
63	424	昆 貢	102
64	403	浅見 秀一	101
65	397	飯田 雄三	102
66	387	中舘 英二	101
67	385	友道 康夫	101
68	345	菊沢 隆徳	101
69	341	木村 哲也	101
70	321	森 秀行	101
71	316	松山 将樹	101
72	263	大竹 正博	101
73	222	蛯名 利弘	101
74	203	鈴木 伸尋	101
75	167	堀 宣行	101
76	134	加藤 征弘	100
77	109	宮田 敬介	101
78	92	斉藤 崇史	100
79	87	小西 一男	100
80	75	伊藤 伸一	100
81	58	安田 隆行	100
82	2	大久保 龍志	100
83	0	手塚 貴久	100
84	-10	中川 公成	100

順位	利益度	厩舎名	妙味度	順位	利益度	厩舎名	妙味度
85	-85	和田 雄二	100	115	-693	鹿戸 雄一	98
86	-91	上村 洋行	100	116	-703	橋口 慎介	97
87	-124	岡田 稲男	100	117	-711	久保田 貴士	97
88	-127	清水 久詞	100	118	-766	中尾 秀正	97
89	-128	笹田 和秀	99	119	-814	勢司 和浩	96
90	-156	中内田 充正	99	120	-830	伊坂 重信	83
91	-190	小手川 準	99	121	-850	松永 康利	96
92	-205	松下 武士	99	122	-888	高橋 祥泰	96
93	-245	上原 博之	99	123	-891	佐藤 吉勝	96
94	-261	武藤 善則	99	124	-944	南井 克巳	96
95	-278	奥平 雅士	99	125	-952	清水 英克	96
96	-281	萩原 清	98	126	-953	石橋 守	96
97	-305	小笠 倫弘	99	127	-967	小崎 憲	96
98	-310	栗田 徹	99	128	-984	藤沢 和雄	96
99	-321	小島 茂之	99	129	-1003	天間 昭一	96
100	-333	橋田 満	98	130	-1012	牧 光二	97
101	-349	武井 亮	99	131	-1035	石栗 龍彦	95
102	-417	田中 剛	98	132	-1035	土田 稔	95
103	-424	国枝 栄	99	133	-1054	今野 貞一	96
104	-431	堀井 雅広	99	134	-1060	高橋 義忠	96
105	-448	高野 友和	98	135	-1060	池添 学	96
106	-456	斎藤 誠	99	136	-1063	岩戸 孝樹	96
107	-486	吉村 圭司	98	137	-1074	伊藤 圭三	97
108	-498	吉田 直弘	98	138	-1089	藤原 辰雄	95
109	-504	竹内 正洋	98	139	-1101	池江 泰寿	96
110	-535	田中 清隆	98	140	-1115	武 英智	96
111	-573	池上 昌和	97	141	-1182	加藤 士津八	95
112	-635	石坂 公一	97	142	-1187	平田 修	95
113	-638	須貝 尚介	98	143	-1192	高橋 康之	94
114	-664	萱野 浩二	97	144	-1217	藤原 英昭	95

順位	利益度	厩舎名	妙味度
145	-1324	大和田 成	94
146	-1360	稲垣 幸雄	92
147	-1363	杉浦 宏昭	95
148	-1378	的場 均	93
149	-1392	西園 正都	96
150	-1497	粕谷 昌央	93
151	-1522	池添 兼雄	94
152	-1546	古賀 慎明	94
153	-1548	深山 雅史	93
154	-1600	根本 康広	93
155	-1719	加藤 和宏	93
156	-1740	田村 康仁	95
157	-1760	戸田 博文	94
158	-1763	安田 翔伍	93
159	-1819	水野 貴広	94
160	-1884	高柳 瑞樹	91
161	-1891	石毛 善彦	91
162	-1904	新谷 功一	89
163	-1938	尾関 知人	93
164	-1962	矢野 英一	93
165	-2004	本間 忍	91
166	-2077	菊川 正達	92
167	-2105	武市 康男	93
168	-2131	坂口 智康	89
169	-2268	牧田 和弥	92
170	-2306	伊藤 大士	92
171	-2650	奥村 武	89
172	-2653	古賀 史生	87
173	-2659	尾形 和幸	90
174	-2899	黒岩 陽一	88

順位	利益度	厩舎名	妙味度
175	-2977	服部 利之	85
176	-2993	浅野 洋一郎	83
177	-3021	田島 俊明	88
178	-3314	南田 美知雄	88
179	-3695	小桧山 悟	90

芝

順位	利益度	厩舎名	妙味度
1	3206	大江原 哲	124
2	2530	荒川 義之	119
3	2446	吉岡 辰弥	130
4	2296	金成 貴史	113
5	2139	中野 栄治	114
6	2008	青木 孝文	112
7	1847	高橋 亮	113
8	1800	渡辺 薫彦	112
9	1717	伊藤 伸一	116
10	1605	藤岡 健一	108

ワースト3			
1	-2523	加藤 士津八	75
2	-2505	服部 利之	69
3	-2262	新谷 功一	62

ダート

順位	利益度	厩舎名	妙味度
1	2985	奥村 豊	119
2	2828	村山 明	115
3	2314	松永 昌博	116
4	2290	安達 昭夫	118
5	2227	鈴木 孝志	114
6	2227	梅田 智之	114
7	2111	矢作 芳人	111
8	1915	荒川 義之	111
9	1849	大橋 勇樹	109
10	1775	森 秀行	110

ワースト3			
1	-3169	小桧山 悟	82
2	-2887	菊川 正達	73
3	-2546	的場 均	80

障害

順位	利益度	厩舎名	妙味度
1	954	藤沢 則雄	137
2	644	五十嵐 忠男	138
3	573	角田 晃一	144
4	562	和田 勇介	140
5	516	荒川 義之	130
6	507	根本 康広	128
7	499	堀井 雅広	116
8	484	金成 貴史	197
9	437	伊坂 重信	209
10	426	橋田 満	122

ワースト3			
1	-1289	稲垣 幸雄	32
2	-957	天間 昭一	65
3	-717	柄崎 孝	73

短距離(1600m以下)

順位	利益度	厩舎名	妙味度
1	3445	荒川 義之	126
2	2671	吉岡 辰弥	132
3	2662	大江原 哲	116
4	2054	森田 直行	111
5	1787	畠山 吉宏	114
6	1785	河内 洋	113
7	1668	鈴木 孝志	113
8	1632	川村 禎彦	110
9	1606	高柳 大輔	113
10	1555	小手川 準	117

ワースト3			
1	-4765	小桧山 悟	74
2	-3140	新谷 功一	69
3	-3031	尾形 和幸	80

中距離(1700〜2200m)

順位	利益度	厩舎名	妙味度
1	2817	安達 昭夫	125
2	2626	奥村 豊	118
3	1995	谷 潔	114
4	1886	高木 登	113
5	1881	杉山 晴紀	110
6	1595	矢作 芳人	105
7	1524	田中 博康	113
8	1415	鈴木 孝志	112
9	1394	加藤 士津八	112
10	1265	新谷 功一	123

ワースト3

1	-2191	南田 美知雄	74
2	-1766	深山 雅史	76
3	-1752	小手川 準	70

長距離(2300m以上)

順位	利益度	厩舎名	妙味度
1	1245	藤沢 則雄	136
2	1109	相沢 郁	148
3	865	荒川 義之	127
4	746	矢作 芳人	120
5	741	奥村 豊	122
6	662	五十嵐 忠男	135
7	619	伊藤 伸一	126
8	609	菊川 正達	118
9	573	浅見 秀一	118
10	570	庄野 靖志	125

ワースト3

1	-1309	稲垣 幸雄	31
2	-840	武 英智	66
3	-789	鹿戸 雄一	74

左回り

順位	利益度	厩舎名	妙味度
1	1978	小手川 準	122
2	1969	稲垣 幸雄	129
3	1813	畠山 吉宏	114
4	1675	寺島 良	123
5	1658	高橋 文雅	114
6	1493	柄崎 孝	123
7	1405	荒川 義之	124
8	1390	河内 洋	126
9	1386	中野 栄治	118
10	1303	伊藤 伸一	114

ワースト3

1	-2910	小桧山 悟	78
2	-2688	加藤 和宏	71
3	-2483	石毛 善彦	69

右回り

順位	利益度	厩舎名	妙味度
1	4602	大江原 哲	127
2	3895	奥村 豊	117
3	3257	森田 直行	115
4	3152	荒川 義之	113
5	2994	安達 昭夫	117
6	2912	矢作 芳人	108
7	2836	吉岡 辰弥	127
8	2668	武 幸四郎	112
9	2576	鈴木 孝志	112
10	2536	青木 孝文	115

ワースト3

1	-3251	服部 利之	82
2	-3075	新谷 功一	75
3	-2697	南田 美知雄	82

札幌

順位	利益度	厩舎名	妙味度
1	799	青木 孝文	138
2	750	北出 成人	207
3	658	武藤 善則	155
4	622	田中 清隆	144
5	594	矢作 芳人	117
6	500	藤沢 則雄	145
7	483	本間 忍	148
8	447	加藤 征弘	141
9	439	武 幸四郎	129
10	413	武 英智	117

ワースト3			
1	-869	坂口 智康	21
2	-660	中竹 和也	45
3	-659	高柳 大輔	61

函館

順位	利益度	厩舎名	妙味度
1	764	杉浦 宏昭	136
2	634	松永 康利	163
3	607	的場 均	176
4	573	天間 昭一	157
5	509	村山 明	185
6	399	萩原 清	150
7	364	寺島 良	124
8	343	石毛 善彦	125
9	334	水野 貴広	121
10	326	田中 博康	122

ワースト3			
1	-745	藤沢 則雄	32
2	-743	本間 忍	50
3	-695	小桧山 悟	77

福島

順位	利益度	厩舎名	妙味度
1	1486	石栗 龍彦	151
2	1251	大江原 哲	157
3	1145	牧浦 充徳	135
4	1053	中野 栄治	123
5	872	浜田 多実雄	138
6	743	和田 雄二	125
7	625	小桧山 悟	127
8	623	高橋 亮	157
9	551	奥村 豊	137
10	537	和田 正一郎	119

ワースト3			
1	-1228	小手川 準	44
2	-922	本間 忍	56
3	-790	宮田 敬介	44

新潟

順位	利益度	厩舎名	妙味度
1	1483	梅田 智之	155
2	1064	加藤 和宏	131
3	876	木原 一良	173
4	673	加藤 征弘	124
5	664	佐藤 吉勝	128
6	642	金成 貴史	123
7	567	勢司 和浩	120
8	554	荒川 義之	125
9	552	畠山 吉宏	114
10	549	河内 洋	130

ワースト3			
1	-1162	村山 明	45
2	-1062	本間 忍	52
3	-978	尾形 和幸	75

東京

順位	利益度	厩舎名	妙味度
1	2445	小手川 準	138
2	1666	高橋 文雅	121
3	1569	中野 栄治	134
4	1302	柄崎 孝	128
5	1261	伊藤 伸一	120
6	1044	相沢 郁	110
7	1043	高木 登	112
8	1010	宗像 義忠	113
9	1008	稲垣 幸雄	122
10	995	畠山 吉宏	113

	ワースト3		
1	-2766	加藤 和宏	48
2	-2628	小桧山 悟	75
3	-2155	天間 昭一	58

中山

順位	利益度	厩舎名	妙味度
1	2180	青木 孝文	127
2	1752	大江原 哲	117
3	1214	深山 雅史	122
4	1172	宮田 敬介	140
5	1147	中舘 英二	112
6	1113	高橋 裕	120
7	1104	武井 亮	114
8	991	清水 英克	114
9	982	斎藤 誠	110
10	890	川村 禎彦	168

	ワースト3		
1	-1778	石栗 龍彦	66
2	-1757	菊川 正達	80
3	-1617	南田 美知雄	80

中京

順位	利益度	厩舎名	妙味度
1	1655	新谷 功一	179
2	986	寺島 良	122
3	958	高柳 大輔	135
4	909	音無 秀孝	121
5	867	荒川 義之	124
6	835	伊坂 重信	219
7	809	吉岡 辰弥	143
8	719	古賀 慎明	151
9	712	今野 貞一	120
10	708	村山 明	124

	ワースト3		
1	-1027	加藤 和宏	21
2	-1004	飯田 祐史	65
3	-973	安田 翔伍	64

阪神

順位	利益度	厩舎名	妙味度
1	3147	荒川 義之	133
2	1976	渡辺 薫彦	121
3	1814	奥村 豊	121
4	1650	武 幸四郎	121
5	1519	木原 一良	121
6	1238	高橋 亮	115
7	1094	寺島 良	112
8	1090	宮本 博	115
9	1069	藤沢 則雄	115
10	973	加用 正	112

	ワースト3		
1	-1862	牧田 和弥	76
2	-1356	川村 禎彦	85
3	-1227	新谷 功一	78

小倉

順位	利益度	厩舎名	妙味度
1	1347	吉岡 辰弥	325
2	1095	杉浦 宏昭	178
3	1049	杉山 晴紀	128
4	950	田中 博康	179
5	859	奥平 雅士	178
6	808	森 秀行	134
7	784	大根田 裕之	121
8	778	新谷 功一	178
9	761	大江原 哲	138
10	753	的場 均	142

ワースト3			
1	-1294	中野 栄治	55
2	-1017	清水 久詞	76
3	-948	南田 美知雄	21

芝道悪(稍重／重／不良)

順位	利益度	厩舎名	妙味度
1	3165	天間 昭一	186
2	2665	大江原 哲	165
3	2276	松永 康利	184
4	1743	奥村 豊	160
5	1626	林 徹	156
6	1539	青木 孝文	134
7	1363	深山 雅史	150
8	1337	藤岡 健一	118
9	1245	和田 正一郎	141
10	1238	高橋 祥泰	122

ワースト3			
1	-1870	小手川 準	45
2	-1255	宮田 敬介	50
3	-1067	堀井 雅広	66

ダ道悪(稍重／重／不良)

順位	利益度	厩舎名	妙味度
1	1995	村山 明	122
2	1873	和田 雄二	128
3	1714	梅田 智之	124
4	1670	奥村 豊	123
5	1578	加藤 士津八	123
6	1460	松永 昌博	121
7	1409	鈴木 孝志	120
8	1344	森田 直行	127
9	1253	大根田 裕之	127
10	1211	中舘 英二	116

ワースト3			
1	-2268	小桧山 悟	62
2	-1513	武 英智	77
3	-1357	菊川 正達	60

新馬

順位	利益度	厩舎名	妙味度
1	1321	千田 輝彦	149
2	1301	深山 雅史	150
3	1173	渡辺 薫彦	145
4	1169	相沢 郁	139
5	978	鈴木 孝志	132
6	881	田島 俊明	130
7	830	森田 直行	138
8	779	金成 貴史	135
9	725	牧浦 充徳	128
10	723	根本 康広	133

ワースト3			
1	-2120	加藤 和宏	29
2	-1817	石栗 龍彦	21
3	-1263	天間 昭一	34

未勝利

順位	利益度	厩舎名	妙味度
1	2611	寺島 良	124
2	2521	大江原 哲	119
3	2130	高木 登	123
4	2028	宮田 敬介	155
5	1923	青木 孝文	119
6	1883	安達 昭夫	123
7	1785	和田 勇介	115
8	1756	鈴木 孝志	122
9	1693	中野 栄治	116
10	1648	高橋 亮	121

	ワースト3		
1	-3680	佐藤 吉勝	71
2	-2696	南田 美知雄	77
3	-2693	石毛 善彦	77

1～3勝クラス

順位	利益度	厩舎名	妙味度
1	3395	吉岡 辰弥	135
2	2151	奥村 豊	118
3	1930	荒川 義之	118
4	1689	本田 優	109
5	1377	畠山 吉宏	112
6	1341	松永 昌博	114
7	1279	牧浦 充徳	111
8	1268	佐藤 吉勝	125
9	1116	和田 正一郎	113
10	1094	北出 成人	113

	ワースト3		
1	-2758	服部 利之	70
2	-2277	根本 康広	67
3	-2130	大和田 成	81

OP（重賞含む）

順位	利益度	厩舎名	妙味度
1	2355	矢作 芳人	121
2	1409	森田 直行	126
3	1239	荒川 義之	148
4	1211	斉藤 崇史	136
5	1121	清水 久詞	122
6	1009	藤沢 則雄	135
7	923	庄野 靖志	127
8	872	中竹 和也	120
9	741	根本 康広	149
10	735	長谷川 浩大	143

	ワースト3		
1	-1462	藤沢 和雄	82
2	-1107	加藤 征弘	67
3	-1045	岡田 稲男	45

重賞

順位	利益度	厩舎名	妙味度
1	1446	斉藤 崇史	154
2	562	手塚 貴久	117
3	561	小西 一男	240
4	560	松下 武士	140
5	532	野中 賢二	138
6	525	中竹 和也	120
7	519	中野 栄治	174
8	489	長谷川 浩大	182
9	484	高橋 亮	161
10	472	森田 直行	115

	ワースト3		
1	-748	藤沢 和雄	85
2	-728	吉村 圭司	51
3	-683	伊藤 圭三	43

厩舎 ランキング

2歳

順位	利益度	厩舎名	妙味度
1	1812	大橋 勇樹	139
2	1754	大江原 哲	127
3	1328	青木 孝文	117
4	1280	高柳 大輔	120
5	1142	高木 登	124
6	1031	小野 次郎	116
7	1002	森田 直行	122
8	961	堀井 雅広	120
9	915	畠山 吉宏	115
10	886	金成 貴史	123

ワースト3			
1	-3027	杉浦 宏昭	65
2	-1884	松永 康利	56
3	-1778	伊藤 伸一	70

3歳

順位	利益度	厩舎名	妙味度
1	2987	奥村 豊	128
2	2402	荒川 義之	116
3	1913	大江原 哲	114
4	1801	武 幸四郎	115
5	1800	安達 昭夫	120
6	1769	鈴木 孝志	115
7	1704	杉山 晴紀	109
8	1695	高橋 文雅	122
9	1584	飯田 祐史	116
10	1514	和田 勇介	113

ワースト3			
1	-2569	尾関 知人	80
2	-2357	小手川 準	51
3	-2241	牧田 和弥	83

4歳

順位	利益度	厩舎名	妙味度
1	2594	吉岡 辰弥	138
2	1767	小手川 準	138
3	1419	畠山 吉宏	122
4	1409	天間 昭一	121
5	1340	奥村 豊	122
6	1076	牧田 和弥	128
7	1002	矢作 芳人	108
8	986	安田 隆行	110
9	967	寺島 良	107
10	915	村山 明	116

ワースト3			
1	-2245	本間 忍	55
2	-2073	服部 利之	55
3	-1537	菊川 正達	69

5歳以上

順位	利益度	厩舎名	妙味度
1	2501	荒川 義之	137
2	1793	藤沢 則雄	123
3	1588	矢作 芳人	113
4	1437	高橋 裕	119
5	1140	北出 成人	114
6	1137	松永 康利	121
7	1134	森田 直行	114
8	1090	庄野 靖志	113
9	1084	伊坂 重信	154
10	1078	牧 光二	118

ワースト3			
1	-3878	小桧山 悟	57
2	-1544	南井 克巳	78
3	-1488	今野 貞一	78

休み明け初戦（中9週以上）

順位	利益度	厩舎名	妙味度
1	3053	吉岡 辰弥	171
2	2509	奥村 豊	133
3	1632	荒川 義之	128
4	1424	高橋 亮	123
5	1405	宗像 義忠	119
6	1292	大江原 哲	120
7	1288	松永 康利	128
8	1221	村山 明	127
9	1199	堀 宣行	110
10	1060	西村 真幸	114

ワースト3

1	-2305	蛯名 利弘	48
2	-1973	中野 栄治	67
3	-1754	池添 兼雄	71

休み明け2走目

順位	利益度	厩舎名	妙味度
1	1756	柄崎 孝	173
2	1405	新谷 功一	156
3	1327	加藤 士津八	132
4	1269	武 幸四郎	124
5	1221	千田 輝彦	122
6	897	中野 栄治	122
7	839	浜田 多実雄	118
8	820	北出 成人	119
9	807	音無 秀孝	112
10	704	吉岡 辰弥	122

ワースト3

1	-1480	尾関 知人	77
2	-1286	高橋 康之	69
3	-1110	高木 登	83

休み明け3走目

順位	利益度	厩舎名	妙味度
1	1665	林 徹	157
2	1124	竹内 正洋	131
3	1042	和田 正一郎	139
4	992	野中 賢二	129
5	950	宗像 義忠	132
6	882	加用 正	133
7	815	天間 昭一	131
8	791	粕谷 昌央	136
9	789	伊藤 圭三	122
10	787	岩戸 孝樹	126

ワースト3

1	-1343	新谷 功一	21
2	-1057	黒岩 陽一	54
3	-862	大和田 成	68

連闘

順位	利益度	厩舎名	妙味度
1	1325	武藤 善則	188
2	1034	森田 直行	180
3	887	杉山 晴紀	144
4	818	林 徹	217
5	801	北出 成人	173
6	800	伊藤 圭三	173
7	773	村山 明	159
8	771	本田 優	134
9	756	田中 博康	251
10	684	庄野 靖志	176

ワースト3

1	-2023	小桧山 悟	33
2	-948	浅野 洋一郎	21
3	-871	武市 康男	42

利益度3000超えパターン

ヘニーヒューズ×ダート	7676	カレンブラックヒル×芝	3676
キズナ×芝	7311	キズナ×阪神	3653
キズナ×右回り	7103	ゴールドアリュール×短縮	3644
キズナ×中距離	5990	ヘニーヒューズ×1〜3勝C	3628
酒井学騎手×芝	5416	菅原明良騎手×中距離	3613
山田敬士騎手×右回り	5244	小林凌大騎手×1〜3勝C	3518
ヘニーヒューズ×短距離	5069	エスケンデレヤ×中距離	3513
カレンブラックヒル×短縮	5012	松山弘平騎手×右回り	3458
ロードカナロア×短縮	4836	横山和生騎手×右回り	3448
国分恭介騎手×右回り	4733	カレンブラックヒル×短距離	3445
ゴールドシップ×芝	4654	荒川義之厩舎×短距離	3445
大江原哲厩舎×右回り	4602	キズナ×3歳	3406
エピファネイア×芝	4485	モンテロッソ×5歳以上	3404
ヘニーヒューズ×右回り	4454	吉岡辰弥厩舎×1〜3勝C	3395
スクリーンヒーロー×短距離	4295	サウスヴィグラス×ダート	3371
ヘニーヒューズ×短縮	4273	リオンディーズ×新馬	3362
横山和生騎手×東京	4234	菱田裕二騎手×未勝利	3347
エスケンデレヤ×3歳	4119	ヘニーヒューズ×延長	3333
中井裕二騎手×ダート	4080	ゴールドシップ×芝道悪	3280
国分恭介騎手×短距離	4051	スクリーンヒーロー×芝	3275
リオンディーズ×芝	4031	森田直行厩舎×右回り	3257
エスケンデレヤ×ダート	4021	クリエイター2×右回り	3251
西村淳也騎手×芝	3962	伊藤工真騎手×左回り	3247
ゴールドシップ×未勝利	3962	モンテロッソ×右回り	3245
嶋田純次騎手×短距離	3944	エスケンデレヤ×未勝利	3234
松山弘平騎手×ダート	3908	西村淳也騎手×短距離	3233
団野大成騎手×阪神	3898	大江原哲厩舎×芝	3206
奥村豊厩舎×右回り	3895	木幡育也騎手×右回り	3165
酒井学騎手×右回り	3875	天間昭一厩舎×芝道悪	3165
マジェスティックウォリアー×3歳	3850	荒川義之厩舎×右回り	3152
山田敬士×中距離	3848	ディープインパクト×3歳	3150
横山和生×ダート	3822	荒川義之厩舎×阪神	3147
西村淳也×右回り	3804	リオンディーズ×2歳	3135
マジェスティックウォリアー×中距離	3800	モンテロッソ×3歳	3123
秋山稔樹騎手×1〜3勝C	3792	横山和生騎手×中距離	3114
マジェスティックウォリアー×ダート	3767	原田和真騎手×芝道悪	3076
国分恭介騎手×ダート	3754	吉岡辰弥厩舎×休明初戦	3053
エスケンデレヤ×延長	3682	松山弘平騎手×中距離	3045

Manji

2007〜2009年の3年間で、28億7000万円の馬券を購入し、払戻金30億1000万円を得たことで大阪国税局に告発され、単純無申告の罪で起訴された、俗に言う〝外れ馬券裁判〟の当事者。

2004年に高回収率を期待できる馬を抽出する独自の指数〝卍指数〟を基に、パソコンで自動購入を行う錬金システムを構築。その後、2ちゃんねるの競馬板で豪快な馬券を当て続け、伝説となっていた。

現在は、卍指数や卍指数活用術に関するサービス等を行なっている（詳しくはブログ「卍の投資競馬術」を参照）。著書に『馬券裁判 競馬で1億5000万円儲けた予想法の真実』、『1億5000万円稼いだ馬券裁判男が明かす競馬の勝ち方』、『1億5000万円稼いだ馬券裁判男卍の投資競馬講座』（ガイドワークス刊）などがある。

ブログ「卍の投資競馬術」
http://manjitoushikeiba.blog.fc2.com
twitterアカウント
https://twitter.com/manji_keiba

中央競馬 妙味度名鑑
1億5000万円稼いだ馬券裁判男が教える 儲かる騎手・種牡馬・厩舎

2021年4月26日初版第一刷発行

著　　　者	卍	
発　行　者	雨奥雅晴	
装　　　丁	oo-parts design	
発　行　所	オーパーツ・パブリッシング	
	〒220-0023　神奈川県横浜市西区平沼1-1-12	
	ダイアパレス高島町501	
	電話：045-513-5891　URL：http://oo-parts.jp	
発　売　元	サンクチュアリ出版	
	〒113-0023　東京都文京区向丘2-14-9	
	電話：03-5834-2507　FAX：03-5834-2508	
印刷・製本	中央精版印刷株式会社	

提供中サービス一覧

1 ｜ 中央卍指数

中央競馬の新馬戦と障害戦を除く全レースの各馬の指数です。以下の8つのサービスで提供されています。

┌ 新バージョン ┐	┌ 初期バージョン ┐
A 競馬予想GxP	**E** 「馬券モンスター」のオプションデータ
B GxP eBOOK ※CSV形式	**F** 卍データダイレクト ※CSV形式
C 競馬放送局	**G** 卍ビュワー
D eプリントサービス ※コンビニプリント	**H** 競馬最強の法則WEB「卍の法則」

2 ｜ ハイグレード中央卍指数

中央卍指数のハイグレード版です。「競馬予想GxP」と「netkeiba.com（ウマい馬券）」と「レジまぐ（卍の競馬教室）」にて提供しています。

3 ｜ 推奨軸馬

中央競馬の推奨軸馬（1レースにつき1頭）です。「競馬予想ＧｘＰ」と「レジまぐ（卍の競馬教室）」にて提供しています。

4 ｜ 当日厳選予想、重賞予想

中央競馬の全レースの中から厳選した数レースの予想と重賞競走の予想を提供しています。「競馬予想ＧｘＰ」と「netkeiba.com（ウマい馬券）」にて提供しています。

5 ｜ 地方卍指数、ハイグレード地方卍指数

ばんえいを除く地方競馬場用の指数です。「競馬予想ＧｘＰ」にて提供しています。

■提供中サービスの詳細はこちら

http://manjitoushikeiba.blog.fc2.com/blog-entry-181.html

■卍氏へのお問い合わせ

Email　manjitoushikeiba@gmail.com

卍指数は、長期間にわたって汎用的に使える指数を目標としているので、個々の騎手や種牡馬や厩舎ごとの評価は反映されていません。よって、本書に記載した個々の評価結果と卍指数とを組み合わせることで相乗効果が生まれ、より妙味度の高い買い目を導き出すことが可能になります。

競馬というゲームを攻略するために必ず覚えておくべき38の格言

亀谷競馬サロン1
永久馬券格言

亀谷敬正 監修　本体1600円＋税　好評発売中

紙の本　電子書籍

馬券で儲けるためのエッセンスを凝縮!

20年以上、競馬予想界の第一線で活躍し続ける著者は、これまで数々の馬券格言を生み出してきました。それらの多くは競馬の本質を突いており、いまだに有効利用できています。本書では、亀谷理論の核となるものからピンポイントなものまで、この先もずっと使える「馬券格言」だけを厳選して紹介します。この一冊を読むだけで数年分の競馬キャリアを得られるはずです。

亀谷◎競馬サロン　①

永久
馬券格言

監修　亀谷敬正　Takamoto KAMETANI

なぜ
亀谷敬正の格言は20年経っても使い続けられるのか!!

血統　穴の構造　鉄則　傾向読み　複習法　買い方

能力の方向性は一定ではない

儲かり続ける「馬券格言」だけを厳選し、競馬予想のエッセンスを凝縮!!

Competis Publishing

血統は馬柱ではわからない能力を予測する最強ツール

電子書籍はスマホで読みやすい形!しかもカラー!!

QRコードでアクセス!

能力の方向性は一定ではない

藤代

　一定方向の能力しか要求されなかったらそのゲームは終わる

亀ちゃんの理論の中で、一番核になるのはこれだと思う。